김장환 목사 외 8인 지음
홍다윗 교수 외 1인 옮김

Korean & English Prayer

한·영
대표 기도문

한국문서선교회

머 리 말

바른 모본을 제시한 기도문

　신앙생활은 하나님의 말씀을 듣고 그 말씀대로 살아가는 것이 중요하다. 그렇게 살기 위해서는 하나님의 뜻을 묻는 기도와 자신의 모든 것을 맡기는 기도가 있어야 한다. 그래서 연약한 사람으로는 해결할 수 없고, 알 수도 없는 것들이 기도함으로써 해답을 얻게 된다.

　국제화 시대를 맞은 이 때에 한국문서선교회에서 펴내는「한영대표기도문」은 목회현장에서 맡겨진 영혼들을 끌어안고 기도하는 교역자들의 심혈이 스며 있는 책으로써, 성도들에게 기도의 모본을 보이는 좋은 계기를 마련해 줄 것이다.

　「한영대표기도문」이 발행될 수 있도록 출판을 담당한 한국문서선교회와 집필에 수고한 동역자들과 번역해 주신 홍다윗 교수와 그의 아내 홍영님께 감사드리며, 이 책이 은혜를 사모하는 모든 성도들에게 기도하는 계기를 만들어 주어 응답받는 체험을 누리게 되며, 기도의 바른 진로를 제시하는 나침반 역할을 하게 되기를 바란다.

저자를 대표하여 **김 장 환** 목사

Foreword

Good Examples of Prayer

What is essential in believers' lives? Listening to God and living out what you hear from Him. To do so, there should be prayers asking God's will and trusting everything to Him. Through such prayers, we receive answers to things we cannot solve or understand.

At such a time of internationalization, Korea Document Missionary Association, published 'Leaders Prayers: in Korean and English.' As it consists of prayers that Korean church leaders prayed with their heart and soul, I trust that this book will provide good examples.

I thank Korea Document Missionary Association, the publisher, and many companions who wrote the prayers. I also thank Professor David Hong and his wife, Young, for translating them into English.

I wish that this book would provide a good motivation to start to pray for many believers, who seek for God's grace and lead them to experience Gods answers. Also, I wish it would become a guiding-compass of prayer for many.

On behalf of the Authors
Jang-Whon, Kim Pastor

차 례

- **예배의 부름** (24편) / 12

- **주일낮예배 기도문** (25편) / 28

- **주일찬양예배 기도문** (17편) / 78

- **수요예배 기도문** (17편) / 112

- **절기예배 기도문** (20편) / 148
  신년주일/고난주일/부활주일/어린이주일/어버이주일/
  성령강림주일/종교개혁주일/추수감사주일/성서주일/
  성탄절/송년주일

- **헌신예배 기도문** (10편) / 188
  제직회/남전도회/여전도회/구역장・권찰/교사회/찬양
  대/청년・대학부/중・고등부

Contents

◉ **Calling to Worship** (24 Pieces) / **13**

◉ **Sunday Morning Worship Prayers** (25 Pieces) / **29**

◉ **Sunday Praise Worship Prayers** (17 Pieces) / **79**

◉ **Wednesday Evening Worship Prayers** (17 Pieces) / **113**

◉ **Seasonal Prayers** (20 Pieces) / **149**

> First Sunday of the Year / Palm Sunday / Easter Sunday / Children's Sunday / Parents' Sunday / Pentecost Sunday / Reformation Sunday / Thanksgiving Sunday / Bible Sunday / Christmas / Last Sunday of the Year

◉ **Dedication Services** (10 Pieces) / **189**

> Elders and Deacons / Men's Meeting / Women's Meeting / Home Group Leaders and Interns / Teacher's Meeting / Choir / Youth and University Students / Middle and High School Students

◉ **교회예식 기도문** (23편) **/ 208**

세례식/유아세례식/성찬예식/목사 안수식/목사 위임식/목사 은퇴식/원로목사 추대식/장로 장립식/장로 은퇴식/원로장로 추대식/집사 안수식/집사 은퇴식/권사 취임식/권사 은퇴식/성전 기공식/성전 준공식/성전 입당식/성전 헌당식/교육관 입당식/교육관 헌당식/교회창립예배

◉ **장례예식 기도문** (15편) **/ 254**

임종을 앞두고/임종/위로/입관/발인/하관/첫성묘/추모

◉ **경건회 기도문** (16편) **/286**

제직회/공동의회/구역장・권찰회/교사회/여전도회/남전도회/찬양대/청년회/학생수련회/야외예배/철야기도회/기업체예배/시무식/종무식/여전도회 연합회/남전도회 연합회

◉ Church Ceremonies (23 Pieces) / **209**

> Baptism / Infant Baptism / Holy Communion / Pastors' Ordination / Pastor's Commissioning / Pastor's Retirement / Nomination of An Honorary Pastor / Appointment of Elders / Elder's Retirement / Nomination of Senior Elder / Appointment of Deacons / Deacon's Retirement / Appointment of Lady Elders / Lady Elder's Retirement / Laying Church's Cornerstone / Completion of Church Building / Entering the Church / Dedication of the Church / Entering Teaching Building / Teaching Building Dedication / Church's Foundation

◉ Funeral Ceremonies (15 Pieces) / **255**

> Approaching Death / Just after Death / Comfort Service / Encoffining Service / Leaving Toward the Grave / Depositing Coffin in the Grave / First Visit to the Grave / Memorial Service

◉ Prayer Meetings (16 Pieces) / **287**

> Elders and Deacons' Meeting / General Assembly / Home Group Leaders and Interns' Meeting / Teachers' Meeting / Women's Meeting / Men's Meeting / Choir / Youth Meeting / Students' Conference / Outdoor Worship / Overnight Prayer Meeting / A Company Worship / Opening of the Year / Closing of the Year / Joint Women's Meeting / Joint Men's Meeting

◉ **청소년예배 기도문** (10편) **/ 302**
　　학생회 부서 활동을 위하여/교회에서 봉사하기 위하여/제자로 헌신된 삶을 위하여/기독학생으로서의 본분을 다하기 위하여/학교에 주님의 주권이 회복되기를 위하여/성적이 떨어졌을 때/불신 친구와 갈등이 있을 때/부모님과의 갈등이 심할 때/두려움으로 시달릴 때/선교에 대한 비전을 품기 위하여

◉ **기도시** (4편) **/ 322**
　　신년/부활/성탄/송년

◉ **기쁠 때 드리는 기도문** (15편) **/ 332**
　　출산/생일/회갑/약혼/결혼/입학/졸업/입사 및 승진/이사 및 입주/개업/사업 확장/임신/제대/퇴원/수상

◉ **어려울 때 드리는 기도문** (17편) **/ 362**
　　환자/입원/수술/사업 실패/불합격/취직 낙방/이혼/재난/도난/교통사고/실종/실직/가난/근심 중에 있는 자/가정 불화/신체 장애자/수감자의 가정

◉ **영적 성장을 위한 기도문** (15편) **/ 396**

◉ **일상생활에서 드리는 기도문** (19편) **/ 426**
　　아침의 기도문/ 저녁의 기도문

- **Youth Services** (10 Pieces) / **303**

    For Activities / For Serving the Church / For Living as Disciples / For Doing Duty as Christian Students / To Recover God's Lordship in Schools / When Grades are Falling / Conflict with Non-Christian Friends / Conflict with Parents / Troubled by Fear / Vision for Mission

- **Prayers on Joyful Occasions** (15 Pieces) / **333**

    Giving Birth / Birthday / Sixtieth Birthday / Engagement / Marriage / Entrance Ceremony / Graduation / Joining a Company or Promotion / Moving into a New House / Opening Shop / Extension of Business / Pregnancy / Leaving The Army / Leaving Hospital / Receiving an Award

- **Prayers in Difficult Times** (17 Pieces) / **363**

    In Sickness / Staying in Hospital / Undergoing an Operation / Failure of a Business / Failing an Exam / Failing a Job Interview / Divorce / A Disaster / Theft / Car Accident / When Somebody is Missing / Losing a Job / In Poverty / In Worry / Family Disharmony / Physical Disability / For the Family of a Prisoner

- **Prayers for Spiritual Growth** (15 Pieces) / **397**

- **Prayers in Everyday Life** (19 Pieces) / **427**

    Morning prayers / Evening prayers

예배의 부름 | Calling to Worship
주일낮예배 기도문 | Sunday Morning Worship Prayers
주일찬양예배 기도문 | Sunday Praise Worship Prayers
수요예배 기도문 | Wednesday Evening Worship Prayers

12
예배의 부름

⟨주일낮예배⟩

하나님, 이 시간이 한 주일 가운데 가장 엄숙한 시간이 되게 하시며, 이 성전이 땅 위에서 가장 존귀한 장소가 되게 하소서. 이 자리가 이사야가 들어간 성전이 되어 "내가 누구를 보내며 누가 우리를 위하여 갈꼬" 하시던 음성을 듣게 하소서. 한 사람도 빠짐없이 성령의 임재를 체험하게 하여 주옵소서.
예수님의 이름으로 간구합니다. 아멘

⟨주일낮예배⟩

우리 몸을 하나님이 기뻐하시는 산제사로 드려 영적 예배를 이루도록 분부하신 하나님, 이 예배가 영적 예배가 되며 저희가 산제물이 되게 하소서. 이 성전에서 바른 방향을 제시하는 말씀이 선포되게 하시고, 선포되는 말씀대로 순종하는 교회 되게 하소서. 주께서 주일에 부활하심을 기억하나이다. 이 시간에 부활하신 주님을 만난 제자들과 같이 주님을 만나게 하시고, 제자들의 결단이 저희의 가슴속에서도 약동하게 하소서. 예수님의 이름으로 간구하나이다. 아멘

⟨주일낮예배⟩

하나님, 이 시간에 진정한 회개가 있게 하사 예배드리기에 합당한 심령들이 되게 하소서. 입술과 마음을 정결케 하사 주님 앞에 열납되는 예배 되게 하소서. 하나님의 거룩하심을 깨닫고, 나를 부르시는 하나님의 소리를 듣게 하소서. 순서 맡은 이들을 성령께서 도우시고 모든 순서가 합하여 하나님께 영광을 돌리게 하소서. 예수님의 이름으로 기도합니다. 아멘

Calling to Worship

<Sunday Morning Worship>

Lord, please let this hour be the most solemn hour of this week and let this church be the most precious place on the earth. Let us stand before you as Isaiah stood in your holiness so that we can hear your voice saying, "whom shall I send?." Please help us to be in your presence.

In Jesus' name. Amen.

<Sunday Morning Worship>

Oh Lord, you commanded us to give our bodies as living sacrifices. We want to worship you in the Spirit. Let your directing word be proclaimed by this church so that your people can obey your word. Also Lord today we remember your resurrection. Help us to meet with you as your disciples met you. Grant us this day the determination to follow you as your disciples did.

In Jesus' name. Amen.

<Sunday Morning Worship>

Lord we want to repent today to enter your presence. Cleanse our lips and our hearts so that we may be acceptable to you. Make us aware of your holiness and your calling. Holy Spirit, help those who are serving in today's worship. Let everything we do glorify you.

In Jesus' name. Amen.

14
예배의 부름

⟨주일찬양예배⟩

하나님, 이 시간 니고데모가 밤에 주님을 찾아와 중생의 도리를 들은 것을 기억하나이다. 이 저녁예배가 저희들에게 새로운 깨달음을 얻는 시간, 성령으로 거듭나는 시간이 되게 하소서. 주일 아침 시간부터 저녁까지 경건으로 함께하사 이날을 주님의 날로 지키게 하심을 감사하나이다. 이 경건이 샘이 되어 이 주간 저희의 삶에 정결함이 넘치게 하소서. 예수님의 이름으로 간구하나이다. 아멘

⟨주일찬양예배⟩

찬양을 받으시기에 합당하신 하나님, 이 저녁에 깨우침을 주사 하나님께서 천지를 지으시고 주관하심을, 이 민족을 사랑하시고 인도하심을 찬양하게 하옵소서. 특별히 이 민족에게 복음을 주시고 교회를 성장시켜 주심을, 이곳에 몸 된 교회를 세우시고 인도하여 주심을 찬양하게 하시며, 성도 하나하나를 기억하시고 지켜 주심을 찬양하게 하소서. 예수님의 이름으로 기도드립니다. 아멘

⟨주일찬양예배⟩

하나님, 아브라함이 후손에 대한 약속을 받았으나 이루어지지 않아 번민할 때 주께서 그를 밖으로 이끌고 나가 밤하늘의 뭇별처럼 자손이 많아질 것을 가르쳐 주신 일을 기억합니다. 이 밤에 약속의 성취를 믿게 하사 하나님 앞에 의롭다 함을 받게 하소서. 의심이 물러가며 번뇌가 물러가게 하소서. 주의 음성을 더욱 뚜렷하게 듣게 하소서. 마음에 새겨 둔 언약을 새로운 마음으로 읽게 하소서. 약속을 주신 예수님의 이름으로 간구합니다. 아멘

Calling to Worship

⟨Sunday Praise Worship⟩

Lord, we now come to you as Nicodemus did, who visited you one night to listen to your truth. Please renew us tonight by your Holy Spirit and teach us your way. Lord we thank you that you are with us always to keep us in your holiness. Let your Holiness be an overflowing fountain in our lives.

In Jesus' name. Amen.

⟨Sunday Praise Worship⟩

Oh Lord, who are worthy of all our praises. We praise you for your love and guidance to our nation. Above all, we praise you for giving us the gospel and helping the church grow. Thank you Lord for building your church and gathering us as your children. Each one praises you from their heart.

In Jesus' name. Amen.

⟨Sunday Praise Worship⟩

Lord, when Abraham was concerned about having an heir, you took him out to the field and showed him that his descendents would be like so many stars in the sky. Tonight we want to stand firmly on your promises so that we may become righteous in your sight. We reject doubt and worry because we want to hear your voice. Help us renew our hearts as we remember the covenants we have made with you.

In Jesus' name. Amen.

16
예배의 부름

⟨수요예배⟩

하나님, 이 시간에 겟세마네 동산의 기도를 기억합니다. 예수님께서 나의 원대로 마옵시고 아버지의 뜻대로 하시기를 간구한 기도를 본받게 하소서. 아버지의 뜻이 무엇인지 확인하여 나의 뜻을 쳐서 아버지의 뜻에 복종시키려는 다짐이 이 저녁에 있게 하소서. 이 시간에 빛으로 오신 주님을 기억합니다. 우리가 빛으로 살게 하여 주시고, 작은 그리스도로 살게 하여 주옵소서.

말씀을 주신 예수님의 이름을 의지하여 기도드립니다. 아멘

⟨수요예배⟩

하나님, 이 저녁에 모인 저희가 기도하며 말씀에 귀를 기울이나이다. 말씀의 자로 나를 재어 보며 다림줄을 드리우는 시간이 되게 하소서. 마음의 풍랑이 가라앉아 평화를 체험하게 하시고 어두움이 사라지게 하소서. 마음 문을 다시 한 번 열게 하시고 굳어진 손을 펴게 하소서. 말씀 위에 서서 걸어갈 것을 다짐하는 시간이 되게 하소서. 레바논의 백향목 향기가 이 예배에 가득하게 하소서. 예수님의 이름으로 기도합니다. 아멘

⟨제직 헌신예배⟩

맡은 자들에게 구할 것은 충성이라고 하신 하나님, 부족한 저희를 충성되이 여겨 직분을 맡기심을 감사드립니다. 주님께서 부족한 저희들을 택하여 세우셨으니 주의 뜻에 따라 방향을 정하고 나아가게 하시고, 주께서 제자들의 발을 씻어 섬김의 모범을 보이신 것과 같이, 저희도 사랑으로 몸을 바쳐 봉사하게 하소서.

직분을 주신 예수님의 이름으로 간구합니다. 아멘

Calling to Worship

⟨Wednesday Worship⟩

O God, we recall Jesus' prayer in Gethsemane. We want to learn from example of Jesus who prayed, "Not my will, but yours be done." Tonight we want to learn your will to obey you. We remember the time Jesus came as the light of the world. Make us like lights and each one like a little Jesus. In the name of Jesus, who gave the Word to us. Amen.

⟨Wednesday Worship⟩

O God, we gather to pray and listen to you tonight. Test us by the plumb-line of your word and know our innermost thoughts. Calm the storms of our hearts so that the darkness will disappear. Open our hearts once more and heal our withered hands. We want to pledge to live by your Word. Fill this place with the fragrance of cedars of Lebanon.

In Jesus' name. Amen.

⟨Dedication of Deacons and Elders⟩

Lord, your Word says your servants must serve faithfully. Thank you for giving us positions to serve even though we are not good enough. Just as you called us, help us to aim to do your will. We desire to serve following the example of Jesus our Lord, who washed his Disciples feet. In the name of Jesus, who called us to serve. Amen.

18
예배의 부름

〈남전도회 헌신예배〉

하나님, 남전도회 회원들이 하나님께 헌신을 다짐하는 예배를 드립니다. 몸과 마음과 건강과 시간과 재능과 물질 등 하나님께서 허락하신 이 모든 것으로 헌신의 삶을 살기로 다짐하는 예배가 되게 하소서. 하나님의 뜻이 이루어지는 곳, 하나님의 주권이 행사되는 곳이 천국이라 하였사오니 남전도회 회원으로 하여금 하나님의 뜻을 이루는 자, 하나님의 통치에 고요히 순복하는 자들이 되게 하소서. 예수님의 이름으로 기도드립니다. 아멘

〈여전도회 헌신예배〉

하나님, 그리스도의 정신으로 교회를 돕고 선교 사업과 사회봉사 사업을 위해 저희를 한 공동체로 묶어 주심을 감사합니다. 이 예배가 강한 힘을 가진 전류가 되어 모두의 가슴이 하나로 뜨거워지게 하소서. 우리에게 허락하신 가정이 작은 천국이 되게 하소서. 이 시간 길과 진리와 생명 되신 주님을 만나고 그 길 위에 걸으며, 그대로 살겠다는 결단을 하게 하소서.

예수님의 이름으로 기도합니다. 아멘

〈구역장 · 권찰 헌신예배〉

하나님, 주님께서 다시 오시마 약속하시고 읽는 것과 권하는 것과 가르치는 것에 착념하라 하심을 기억합니다. 주께서 이 세상에 계실 때 친히 선한 선생님의 모범을 보이신 것과 같이 우리에게도 잘 가르칠 수 있는 능력을 부어 주소서. 이 예배를 통해 주님의 약속과 분부가 새롭게 기억되게 하소서.

재림과 심판의 주인이신 예수님의 이름으로 간구합니다. 아멘

Calling to Worship

⟨Men's Dedication Worship⟩

Oh God, we worship to renew our pledge of dedication to you. We want to live sacrificial lives wisely using the gifts you have given us - body, heart, health, time and talents, etc. It is said that heaven is where your will is done and your Lordship is established. Help us to do your will and submit to your will. In Jesus' name. Amen.

⟨Women's Dedication Worship⟩

Lord, thank you for building us as a community in the Spirit of the Christ. Bind our hearts as one through this worship to serve your church and the mission of you. Please make our homes like little heavens. We determine today to walk with you and for you. You are the light and the truth and the life of the world.

In Jesus' name. Amen.

⟨Home Group Leaders and Lady Elders Devotion worship⟩

Oh Father, we remember Jesus' promise of his second coming. Also he commanded us to make disciples and teach them to obey his commandments. Empower us to teach following the example of Jesus Christ. Refresh our hearts to remember Jesus' promises and commandments.

In the name of Jesus, who is the Lord of the second coming and the resurrection. Amen.

20
예배의 부름

〈교사 헌신예배〉

　전능하신 하나님, 천하보다 귀한 영혼을 말씀으로 양육하는 교사의 직분을 주시오니 감사합니다. 흰 종이와 같이 순수한 영혼들을 저희에게 맡기시고, 또한 저희들을 화가로 세우셔서 말씀의 붓을 쥐어 주심을 감사드립니다. 영혼의 화가로서 소임을 다하기 위하여 이 저녁에 교사의 직분을 허락하신 하나님께 헌신예배를 드리는 모든 교사들이 온전한 헌신을 다짐하게 하옵소서. 내 양을 먹이라고 말씀하신 예수님의 이름으로 기도드립니다. 아멘

〈찬양대 헌신예배〉

　하나님, 찬양대원들이 이 시간 헌신예배를 드립니다. 시와 찬미와 신령한 노래들로 화답하며 마음으로 주께 노래하는 예배가 되게 하소서. 이들의 찬양이 입술에서 나오는 노래가 아니라 신앙의 샘에서 솟아나는 노래가 되게 하여 주소서. 듣는 이들의 갈증을 풀어 주며 새힘을 주는 노래가 되게 하소서. 이 일을 위해서 이들에게 깊은 신앙이 있어야 하겠사오니 순전한 믿음을 주옵소서. 예수님의 이름으로 간구합니다. 아멘

〈청년부 헌신예배〉

　하나님, 부름받은 젊은이들이 이 시간 머리를 숙였습니다. 저들의 가슴속에 하나님의 나라와 하나님의 영광을 위한 서원이 메아리치게 하시고, 그 메아리의 응답 속에서 삶을 설계하게 하소서. 저들의 젊음이 더욱 아름답게 하시며 구원의 은총을 깨닫는 가운데 깊이를 갖고 삶의 초점이 그리스도께 맞춰지게 하소서. 예수님의 이름에 의지하여 간구하나이다. 아멘

Calling to Worship

⟨Teachers Devotion Worship⟩

Oh Lord Almighty, we thank you for giving us so precious a calling as teachers of your Word.

We thank you for entrusting many pure souls like blank papers and making us painters for them. We dedicate ourselves wholly for this work of discipleship. In the name of Jesus, who commanded us to feed the lambs. Amen.

⟨Choir's Devotion Worship⟩

Lord, our choir members are dedicating themselves to you. Let us sing with psalms, praises, and spiritual songs to you with all our soul. Let our praises spring from the fountain of our faith and not merely from our lips. Please use our songs to quench thirst of many and to give strength to the weak. Strengthen our faith. In Jesus' name. Amen.

⟨Youth Devotion Worship⟩

Lord, young people are bowing down before you at this hour. Please help them to make vows for your kingdom and for your glory. Help them to plan their lives when they hear your voice responding to them. May their lives be beautiful and focused in and on Christ.

We plead, trusting in the name of Jesus. Amen

22
예배의 부름

〈고난주일〉

하나님, 십자가 위의 목이 타는 고난 가운데서도 원수를 용서하시고 강도를 축복하신 주님과 같이 저희가 비록 고난 가운데 있다 할지라도 주님의 뜻을 이루는 일을 멈추지 않게 하소서. 우리의 고난이 하나님의 뜻을 이루기 위한 것이 되기를 원합니다. 하나님, 의를 위해 싸울 때에 이길 수 있는 용기를 주소서. 예수님의 이름으로 기도합니다. 아멘

〈부활주일〉

십자가에서 죽으셨던 예수님을 삼일 만에 다시 살리신 능력의 하나님, 저희들로 하여금 이 일의 증인이 되게 하여 주소서. 예수 그리스도의 부활을 통해 저희를 죽음의 두려움과 죄의 권세에서 해방시켜 주신 하나님, 이 자유를 널리 전하게 하소서. 죽음이 우리를 얽어맬 수 없음과 무덤이 우리의 종착지가 아님을 선포하게 하소서. 의와 진리가 무덤 속에 갇혀 있을 수 없음을 깨우치게 하소서. 부활하신 예수님의 이름으로 기도드립니다. 아멘

〈어린이주일〉

어린이를 사랑하시는 하나님, 어린이주일을 맞아 예배하는 심령들마다 어린이의 순수함을 본받게 하시고, 어린이와 같은 심성을 지니고 살아갈 때 이땅에서 천국을 체험할 수 있음을 알게 하소서. 세속적인 가치관으로 자녀들을 양육하지 않게 하시고, 주의 교양과 훈계로 양육하게 하소서. 무엇보다도 신앙을 심어 주며 신앙을 유산으로 물려주는 부모가 되게 하소서. 예수님의 이름으로 간구합니다. 아멘

Calling to Worship

<Palm Sunday>

Lord, we want to forgive our enemies even in suffering as you forgave your enemies on the cross. We want to do your will. Use even our suffering to complete your will. Give us courage to fight for your righteousness. In Jesus' name. Amen

<Easter Sunday>

Our Lord Almighty, who raised Christ from the grave on the third day, use us to be witnesses of the resurrection. Use us to tell the world about the freedom you granted us through the resurrection – freedom from fear and the power of death. Let us proclaim that death can't hold us back any more. Let us understand deep in our hearts that righteousness and the truth cannot be locked in the grave.

In Jesus' name. Amen.

<Children's Sunday>

Our Lord, you love children. Today, help us all to learn the pure heart of children and to experience heaven on earth. Let us not teach our children with secular values but your values and wisdom. The best thing we can ever give to our children is faith in you.

In Jesus' name. Amen.

24
예배의 부름

⟨어버이주일⟩

하나님, 부모님의 사랑을 통해 하나님의 사랑을 보여 주시니 감사합니다. 저희로 하여금 부모 공경을 가르치는 말씀에 귀를 기울이게 하시며, 순종하게 하소서. 룻의 효도를 저희에게 본으로 주신 하나님, 저희도 효도의 모범을 보이게 하소서. 최상의 효도는 내 부모를 예수님께 인도하는 것이오니 이 주간에 가정복음화의 역사가 이곳저곳에서 일어나게 하소서. 효도의 모범을 보이신 예수님의 이름으로 기도드립니다. 아멘

⟨성령강림주일⟩

우리에게 보혜사 성령을 보내어 주신 하나님, 성령강림절에 우리의 신앙이 다시 한 번 새로워지게 하시고 성령의 인도대로 살 것을 다짐하게 하소서. 성령의 지도에 순종하게 하시며, 성령의 위로하심에서 기쁨을 알게 하시고, 성령의 힘 주심으로 피곤을 이기게 하소서. 성령강림의 역사가 이천 년 전 과거의 사실로 그치지 않게 하시고 매일, 매 순간 반복되게 하소서.
예수님의 이름으로 간구합니다. 아멘

⟨추수감사주일⟩

추수할 수 있는 기쁨을 허락하신 하나님, 우리에게 햇볕과 이슬을 주셔서 농작물이 자라게 하시사 풍성한 열매 주심을 감사드립니다. 머리카락 하나까지 헤아리며 저희들을 살피시는 섭리를 인하여 감사드립니다. 오늘 이 예배의 모든 순서를 통해 감사한 마음이 배나 더하게 하시고 모든 일에서 감사의 제목을 찾는 저희들이 되게 하소서. 예수님의 이름으로 기도합니다. 아멘

Calling to Worship

⟨Parents' Sunday⟩

Lord, thank you so much for showing your love through love of our parents. Teach us how to listen to our parents and obey them. Let us be good examples of filial piety as Ruth was. The best love we can ever give to our parents would be leading them to you. In the name of Jesus, our best model. Amen.

⟨Pentecost Sunday⟩

Lord who sent the Holy Spirit to us, renew our faith once more so that we can follow the guidance of your Spirit. We want to listen to the Holy Spirit. Our joy is the comfort of the Holy Spirit. We can overcome our weariness with the strength you give us. May everyday and every moment of our lives be like Pentecost. In Jesus' name. Amen.

⟨Thanksgiving Sunday⟩

Lord, you have allowed us to enjoy the joy of the harvest. Thank you for giving us the sun and rain to harvest abundantly. Thank you for loving us so intimately that you know even the number of our hairs on our heads. Through this worship may our love for you multiply. We thank you for all things.

In Jesus' name. Amen.

26
예배의 부름

⟨성탄주일⟩

하나님, 평강의 왕으로 오신 아기 예수로 인하여 이땅에 평강이 임하게 하소서. 분쟁과 살육과 폭력이 이땅 위에서 그치지 않고 있습니다. 공평과 정의의 나라를 건설하기 위해 오신 아기 예수로 인하여 공평이 이땅 위에 실시되게 하시며 정의의 샘물이 터져 흐르게 하소서. 예수님의 이름으로 간구합니다. 아멘

⟨송년예배⟩

하나님, 이 해를 시작하면서 저희는 많은 것을 하나님께 약속했습니다. 그러나 지금은 때 묻은 빈손을 들고 주님 앞에 서 있습니다. 간구하옵기는, 이 시간이 때 묻은 우리들의 손을 씻는 시간이 되게 하시고, 새힘을 얻는 시간이 되게 하소서. 제십일 시에 온 일꾼들에게도 같은 삯을 주신 하나님, 우리에게도 그와 같은 은총을 베푸소서. 흘러간 시간들에 미련을 두지 않게 하시고, 푯대를 바라보게 하소서. 감사함으로 이 예배를 드리게 하소서.

예수님의 이름으로 기도합니다. 아멘

⟨송구영신예배⟩

하나님, 지난해 우리는 너무 이기적으로 살았습니다. 새해에는 이웃을 위한 삶이 되게 하소서. 또한 말씀을 읽고 묵상하는 일에 너무나 게을렀사오니 용서하시고, 새해에는 말씀을 묵상하며 기도함으로 해답을 찾으며 살게 하소서. 하나님, 겸손한 떨림으로 주 앞에 섰나이다. 이 경건함을 간직하게 하소서. 새해의 설계가 나를 위한 것이 되지 않게 하시고, 주님의 도구로 쓰임받는 해가 되게 하소서. 예수님의 이름으로 기도하나이다. 아멘

Calling to Worship

<Christmas>

Lord, Please send your peace to the earth today for your Son died for it.

Wars and Violence still continue. Establish your rule of impartiality and righteousness and make the fountain of your righteousness overflow on earth for this was the purpose of Jesus' mission.

In Jesus' name. Amen.

<Last Sunday of the Year>

Lord, we promised many things to you in the beginning of this year, but now we stand before you with our empty hands.

We ask you to cleanse our hands and give us new strength from above. Be merciful to us as in the parable of the workers who all got the same wage no matter how long they worked. We leave the past behind and look forward to the new goal. We thank you.

In Jesus' name. Amen.

<New Year's Eve>

Lord, We lived very selfishly last year, but we want to live for others in the coming year. Also, we have been very lazy in reading and meditating on your word. Forgive us Lord. Help us to be close to you. Help us to remember the holy fear we have now. Use our lives as your tools.

In Jesus' name. Amen.

28
주일낮예배 기도문

[찬양·경배] 우리들의 예배를 받으시기에 합당하신 하나님 아버지, 이 예배와 찬양과 경배를 받아 주옵소서.

[정결케 되기를 위해] 이 시간 드려지는 예배를 통해 천국의 비밀을 맛보게 하시며 그 기쁨으로 살게 하옵소서. 하나님의 나라가 조금씩 확장되는 역사를 허락해 주옵소서. 머리 숙인 자녀들을 돌아보시사 회개의 영으로 정결케 하여 주셔서 예배를 마치고 돌아갈 때에 새로운 모습이 되게 하시고, 기쁨이 넘치게 하옵소서.

[간구] 하나님, 이 시간에 이사야가 성전에 나아가 하나님의 음성 들은 일을 기억합니다. 그가 웃시야왕의 죽은 일로 염려를 안고 성전에 들어간 것과 같이 여기 모인 무리들이 각자의 염려를 안고 나아왔사오니 해결받고 돌아가게 하옵소서. 또한 이사야가 성전에서 하나님을 뵙고 문지방의 터가 요동하는 것을 체험한 것과 같이 이 자리의 성도들도 빠짐없이 하나님을 뵙고 지금까지 서 있던 터전이 흔들려 새 터전 위에 서게 하옵소서. 또한 그가 자신이 부정한 존재임을 깨닫고 사죄함을 얻은 것과 같이 이 자리의 성도들도 동일한 체험을 하게 하시옵소서.

[결단] 다시 한 번 간절히 구하옵나니, 하나님을 만나고 거룩함을 체험하며, 새로운 가치관 위에 서며, 사죄함을 얻고 응답하는 자리가 되게 하소서. 모든 유혹에서 이길 힘을 주시옵소서. 많은 자녀들이 실족함을 인하여 그릇 된 길로 갔나이다. 이 예배를 통해 하나님의 사랑을 깨닫게 하시고, 하나님께 내 뜻을 따르도록 요구하는 어리석음을 범하지 않게 하시며 내가 하나님의 뜻대로 살겠다는 결단이 새로워지게 하시옵소서.

예수님의 이름으로 기도드립니다. 아멘

Sunday Morning Worship Prayers

[**Praise · Worship**]　　Father God, you are worthy to receive all our worship. Please bless our praise and worship.

[**Purification**]　　Through this worship, we want to taste the secret of heaven and to gain strength from it. Lord, please allow us to see your kingdom extended. Renew us by the spirit of repentance as we bow down before you. Make our joy overflow.

[**Petition**]　　Lord, we remember Isaiah went into the Temple to hear your voice. As he was so troubled after death of king Uzziah, we come to you bringing our worries to you. Answer us Lord. Shake where we are and move us up to the new spiritual ground. Convict us deeply of our sins in your presence.

[**Determination**]　　We plead to you once again, make this place be where we see you and experience your Holiness. We, the forgiven, respond to you standing on new values.

Give us your strength to overcome all temptations. Many went astray.

Through this worship, help us to realize your love. Renew our determination to live as you want us to.

In Jesus' name. Amen.

30
주일낮예배 기도문

[영광] 주님의 날에 가장 합당한 일은 하나님께 예배드리는 것임을 고백합니다. 이 예배를 통해 하나님 영광받아 주옵소서.

[간구] 거룩하고 복된 주님의 날, 예수님의 부활하심의 그 큰 사건을 다시 한 번 기억하고, 오늘이 작은 부활절이 되게 하옵소서. 주님께서는 우리를 죄에서 해방시켜 주시며 죽음을 이기는 능력의 하나님이심을 믿습니다. 영생에 대한 확신을 주옵소서. 부활을 믿고 따르는 공동체로 저희를 부르셨사오니 이곳에 사랑의 교제가 넘치게 하소서. 이 하루를 기쁜 마음으로 주님께 바칩니다. 일곱 날에서 하루를 주께 바치는 저희들이 일곱 날이 모두 자기의 것으로 알고 있는 사람들보다 더 풍성한 삶의 신비를 체험하게 하시옵소서.

[말씀] 선포되는 말씀 위에 영력을 더하여 주옵소서. 교회는 말씀을 따라가고, 교회가 가는 데로 민족이 함께 감을 아나이다. 바른 방향을 제시하는 말씀이 되게 하옵소서. 예배를 인도하는 이들에게 함께하시며, 예배에 참예하는 이들에게도 같은 은혜를 허락하소서.

예배드리기를 원하지만 자유롭지 못한 환경 때문에 예배드리지 못하는 이들을 기억하시고 긍휼을 베푸시옵소서.

[예배] 이 예배가 여기서 끝나지 않게 하시고 진한 여운으로 한 주간 동안 계속되게 하소서. 변화를 체험하는 예배가 되기를 원합니다. 연약함이 건강함으로, 우둔함이 슬기로움으로 변화되게 하소서. 주님의 피 묻은 십자가를 더욱 힘 있게 붙드는 시간이 되게 해주옵소서.

모든 순서 위에 함께하시며 정성이 모두어지는 예배가 되게 하옵소서. 예수님의 이름으로 기도합니다. 아멘

Sunday Morning Worship Prayers

[**Glory**]　Lord, We confess that worshipping you is the appropriate thing to do on the Lord's day. Be glorified through this worship.

[**Petition**]　Holy and blessed is this day! Let today be like the day of Jesus' resurrection. We believe that you are God who overcame the power of death.
　Let your love overflow among us. We happily give you this day. May we experience more abundant life than those who don't.

[**Word**]　Lord, bless the Word proclaimed today. Since the Word directs the church and the church guides the nation. Give us your Word today. Help those who serve throughout this worship. Please remember and have mercy on those who were willing to come but couldn't.

[**Worship**]　We want to remain in the attitude of worship throughout the coming week. Let our weakness be transformed into strength and our foolishness into wisdom. We cling to your cross. Be with us throughout the whole worship service and help us to worship you with all our heart.
　In Jesus' name. Amen.

32
주일낮예배 기도문

[감사·사랑] 거룩하시며 자비로우신 하나님, 예배하는 복을 누리게 하시니 감사드립니다. 이땅 위에 사랑이라는 말은 많으나 참된 사랑이 없고 사랑이란 말에 메마른 관념만 남아 있습니다. 이 곳에 모인 저희들이 사랑의 실천자가 되기를 원합니다.

[민족] 역사의 주관자이신 하나님, 정치와 경제의 모든 부분들을 간섭하셔서 공의가 실현되게 하옵시고 이 민족의 역사에 나타난 하나님의 기적적인 보호를 밝히 알게 하옵소서. 이 민족 가운데 있는 반목과 질시와 분쟁을 용서하시고, 이 교회를 사랑과 회개와 용서의 장이 되게 하옵소서. 도덕적인 순결의 모범을 보이게 하소서. 저희와 맞서고 있는 북에 대하여 경제적인 풍성함을 내세우기보다 복음을 전파하게 하옵소서.

[교회] 이 교회를 위해 기도합니다. 이땅에 있는 천국 대사관으로서의 사명을 다하게 하소서. 예배와 선교와 교육과 봉사와 교제의 사명을 다하게 하시고, 자체 성장에만 힘을 기울이지 않고 복음을 기다리는 수많은 손길들을 기억하게 하소서. 목표를 잃은 세대에 목표를 주고, 의욕을 잃은 사람들에게 의욕을 주는 교회로써 이땅의 가치관이 아닌 높고 영원한 가치관을 제시하는 교회가 되게 하옵소서. 주께서 십자가에 달리시기 전, 인류의 대제사장으로 최후의 기도를 드리실 때 모든 교회가 하나 될 것을 간곡하게 부탁하신 것과 같이 하나되게 하옵소서.

[예배] 이 예배가 한 시간으로 끝나는 것이 아니라, 주께서 허락하신 한 주간의 삶이 예배하는 삶이 되게 하여 주옵소서. 이 시간 세계 모든 곳에서 드려지는 예배가 하나님을 높여드리게 하시고, 예배에 참여한 모든 이들이 주님의 제자 됨을 다짐하게 하소서. 예수님의 이름으로 기도드립니다. 아멘

Sunday Morning Worship Prayers

[**Thanksgiving · Love**]　Holy and Merciful God, thank you so much for inviting us to worship you. Love is commonly talked of yet so often true love is so difficult to find in this world. We gathered here because we want to practice your true love.

[**Nation**]　O God, you are the Lord of the history. Fulfill your righteousness by intervening in our history help us to see clearly how you protected this nation miraculously in its history. Forgive this nation for its sins such as hostility, jealousy, strife, and use churches to show your love, repentance and forgiveness. Make us a good example of purity. Above all, help us to share the gospel with North Korea.

[**Church**]　God, we pray for the Church that it would do its calling as the embassy of heaven. Help it do its calling in the areas of worship, mission, education, and social service. Help us to remember those who are waiting for the gospel and pour all our resources into only making our churches bigger. Enable your Church to present a vision to this generation and help people to have a will to live. May your Church present noble, everlasting values in contrast to the values of the world. Help all your churches to be one to fulfill Jesus' priestly prayer for unity.

[**Worship**]　Lord, Let our entire lives be a worship for you. Be exalted in each worship offered to you on the earth. Let all partakers become true disciples. In Jesus' name. Amen.

34
주일낮예배 기도문

[영광] 영광 가운데 영광으로 계신 하나님, 존귀하신 이름을 높여드립니다. 이 시간에 함께 모인 모든 심령들이 전심으로 주를 찬송하고, 영원토록 주님의 이름에 영광을 돌립니다. 여호와는 모든 나라보다 높으시며, 주님의 영광은 하늘보다 높으십니다.

[감사] 지난 한 주간 동안에도 때마다, 일마다 간섭하시며 좋은 것으로 만족케 하시고 무엇보다도 거룩하고 복된 날을 구별하여 예배하는 은혜를 누리게 하심을 감사합니다.

[예배] 예배받으시기에 합당하신 하나님, 주님의 귀한 자녀들이 거룩한 성전에 예수님의 이름으로 모였습니다. 이 전에 들어온 모든 이들이 신령과 진정으로 예배드리게 하옵소서. 오직 하나님께만 영광이 되는 예배의 순서순서로 이어지게 하옵소서. 그리고 저희들을 위해서 준비된 하늘의 은혜를 허락해 주옵소서. 특별히 바라옵기는 우리가 어떤 모습으로 살아왔든지 주님의 몸된 교회 안에서 한 공동체를 이루게 하시고, 하나님의 은혜를 사모하며 예배하게 하여 주시옵소서.

[성도들을 위해] 오늘이 참으로 복된 날이 되기를 원합니다. 주일을 구별할 수 있는 은혜를 주시고, 이른 새벽 시간부터 주님께 집중할 수 있게 하심을 감사드립니다. 온 성도들의 마음을 하나로 묶어 예배하는 이 시간에 참 평안과 즐거움을 갖게 하시옵소서. 주님께서 받으셔야 하는 영광을 받으시고, 저희들에게는 기쁨을 누리게 하옵소서.

응답해 주실 것을 믿사옵고 감사드리며 예수님의 이름으로 기도합니다. 아멘

Sunday Morning Worship Prayers

[**Glory**]   Lord of Glory, we exalt your name. We praise you with all our hearts, and honor your name forever. You are above all nations and your glory is higher than the sky.

[**Thanksgiving**]   Lord, thank you for being with us during the last week in everything we have done. Thank you for satisfying our souls with all provision from your hands. Above all, we thank you that your grace has made a way to worship you.

[**Worship**]   Lord, who is worthy to receive our worship. Your children have gathered here in Jesus' name. May we worship you in spirit and truth. We want to worship you alone. Pour out your grace on us. We stand before you regardless of how we lived before we came to Christ. We yearn for your grace.

[**For Believers**]   How blessed this day is! Thank you Lord for it is by your grace that we can observe this Sabbath Day, set apart for you and that we focus on you from dawn. As we worship you, bind our hearts together as one.

Receive all the glory you are worthy of, and grant us real joy. We trust you that you will answer us.

In Jesus' name. Amen.

36
주일낮예배 기도문

[영광] 만물을 지으시고 만물의 주인이 되시는 하나님, 오늘도 지으신 것들을 다스리시는 전능하심을 찬양합니다. 영광 가운데 계신 하나님의 이름을 높여드립니다. 구별된 이 날에 모든 백성이 주의 전에 나아와 존귀하신 하나님을 경배하며 영광을 돌립니다.

[감사] 우리를 지키시는 하나님, 그 인자하심으로 한 주간의 삶을 다스리시고 예수 안에서 승리하게 하시오니 무한 감사드립니다. 험한 세상 혼자 있지 않게 하시고, 어렵고 힘든 일을 만날 때 동행하신 은혜를 더욱 감사합니다.

[회개] 주의 은혜가 없으면 살 수 없는 저희들, 말씀대로 살기를 원하였지만 믿음이 부족하여 부끄러운 모습으로 살았습니다. 긍휼을 베풀어 주시옵소서.

[예배] 자비로우신 하나님, 성도들의 심령을 주장해 주셔서 하나님이 받으시기에 온전한 예배가 되게 해주시고 하나님의 살아계심을 경험하는 살아있는 예배가 되게 하옵소서. 찢겨진 심령, 상한 심령들이 치유받게 하시고, 저희들을 위해서 준비된 하늘의 은혜를 허락해 주옵소서. 특별히 바라옵기는 우리의 형편과 처지가 어떠하든지 주님의 몸 된 교회 안에서 한 공동체를 이루게 하시고, 하나님의 은혜 안에 거하게 해주옵소서.

[교우들을 위해] 하나님, 이 제단에 꿇어 엎드린 주의 사랑하는 성도들을 위하여 기도합니다. 눈물 흘리며 기도하는 기도를 들으시고 좋은 것으로 응답해 주옵소서. 온 성도들이 먼저 하나님 말씀대로 살아가는 믿음을 갖기 원합니다. 저희들을 온전히 이끄셔서 더 굳센 믿음 위에 서게 해주시옵소서. 예수님의 이름으로 기도합니다. 아멘

Sunday Morning Worship Prayers

[**Glory**]   Creator and the Lord of the world, we praise you for you are all powerful. We exalt your name among all glory. We worship you and bow down before you on this holy day.

[**Thanksgiving**]   Lord, our Protector. Thank you so much for watching over us and giving us victory. We thank you that you walk with us closely in this harsh world.

[**Repentance**]   We cannot live without your mercy. We often fail to live on your Word though we desire to do so. Have mercy on us.

[**Worship**]   Merciful God, we want to worship you wholeheartedly to experience you, the Living God. Heal our broken hearts and give us your grace which is prepared specially for us. Whatever we may be facing, we come together as a community in your grace.

[**For Believers**]   Lord, we intercede for those who came forward to the altar. Answer them with good things. Give faith to all of them to live according to your Word. Help us to stand firmly even stronger in faith. In Jesus' name. Amen.

38
주일낮예배 기도문

[영광] 전능하시며 홀로 위대하신 하나님, 주의 권능으로 영광을 나타내심을 찬양합니다. 하나님의 영광을 예배하러 모인 이 무리들 가운데 나타내시옵소서. 하나님의 자녀 된 저희들이 만민 가운데 나타난 하나님의 기이한 행적을 찬양하게 하옵소서.

[감사] 사랑의 하나님, 감사로 예배를 드리며 마음의 무릎을 꿇습니다. 엿새를 세상에서 사는 동안에 모든 육체에게 먹을 것을 주신 하나님 감사합니다. 부족한 저희는 하나님을 잊고 산 적이 많지만, 하나님은 우리를 한 번도 잊지 않으신 인자하신 분이 셨음을 믿고 감사드립니다.

[예배] 주일을 구별하여 여기에 모인 이들을 기억하여 주옵소서. 온 성도들이 하나님께서 받으시기에 합당한 예배를 드리기에 부족함이 없게 하여 주옵소서. 죄를 아파하며 회개하는 예배가 되게 해주시옵소서. 그리하여 하나님의 은혜로 영육간에 회복의 기쁨을 누리는 성도들이 되게 해주옵소서. 이 시간 목사님께 성령충만한 은혜를 주셔서 말씀을 증거하실 때 사단의 권세 일절 틈 못 타게 하옵소서. 찬양대원들이 하나님 앞에 찬양을 드립니다. 받아 주시며, 부르는 이들과 듣는 이들이 함께 은혜를 누리게 하옵소서.

[성도들을 위해] 이 시간에 선포되는 주님의 말씀이 저희를 비추는 거울이 되어 우리의 흩트러진 모습을 발견하게 하시고 신앙으로 바로 서게 하옵소서. 저희들의 삶 전체가 하나님 아버지를 향한 삶이 되게 하시고, 하나님 한 분 만을 희망과 위로로 삼게 하시옵소서. 그래서 말씀대로 살아가는 믿음을 허락하시고, 주님의 영광을 드러내는 살아있는 믿음을 갖게 하옵소서.

예수님의 이름으로 기도드리옵나이다. 아멘

Sunday Morning Worship Prayers

[**Glory**]   Lord, you are glorious and almighty. Reveal your glory to us. Let your children sing of your marvelous works which are displayed among all nations.

[**Thanksgiving**]   God of love, we bow down before you with grateful hearts. Thank you for giving us our daily bread. We thank you that you are faithful to us even we are unfaithful to you.

[**Worship**]   Please remember us. Prepare us to worship you in a appropriate way.

Let us repent our sins deeply so that we can receive your restoration. Fill the preacher with your Holy Spirit, so that Satan would not be able to have any foothold on this worship. Accept the song of the choir and cause your grace abound to us.

[**For Believers**]   Help us to examine our lives through your Word as looking in a mirror and stand firm by faith. Let our lives be focused on you alone. You alone are our hope and comfort. Give us a very active, living faith which reveals your glory.

In Jesus' name. Amen.

주일낮예배 기도문

[영광] 자비로우신 하나님, 여호와의 영광이 이 전에 머무르고 있음을 찬송합니다. 이 전에 모인 이들로 하여금 그의 이름의 영광을 찬양하고 영화롭게 찬송하게 하시옵소서.

[감사와 고백] 사랑을 입은 주의 백성들과 함께하시는 하나님, 주님께서 저희들에게 응답하시고, 순간순간마다 구원이 되셨으니 감사 또 감사합니다.

하나님의 부르심에 합당한 삶을 살아드리지 못한 연약한 저희들을 긍휼히 여기시고, 믿음으로 하나님을 기쁘게 해드리는 사람이 되게 하시옵소서.

[예배] 거룩하고 복된 주의 날에 원근 각처에서 흩어져 생활하던 이들이 한자리에 모였습니다. 거룩한 만남을 이루어 주셨으니 저희들의 마음을 주관하사 살아있는 예배, 신령과 진정으로 아름다운 예배를 드리게 하옵소서. 하나님 앞에 영광을 돌려드릴 수 있도록 인도하여 주시기를 간절히 기도드립니다. 찬양대의 찬양을 통해 홀로 영광을 받으옵소서.

[교우들을 위해] 긍휼이 풍성하신 하나님, 갈급한 심령으로 나아온 저희들이 온전히 채움을 받는 시간이 되게 해주옵소서. 바라옵기는 성령의 뜨거운 역사가 늘 살아 움직이며 생명력이 넘치는 교회가 되게 하옵소서.

저희들 공동체가 이 사회와 국가와 온 세계에까지 뜨겁게 주의 말씀을 증거하며 복음화에 앞장서게 하옵소서. 이 나라 백성들에게 복을 내려 주시고 저희들 가운데 속히 주님의 사랑과 평화가 넘치는 나라가 임할 수 있는 놀라운 복을 허락하옵소서.

예수님의 이름으로 기도합니다. 아멘

Sunday Morning Worship Prayers

[**Glory**]　　Merciful God, we rejoice for your glory is here. We praise you for the glory of your name.

[**Thanksgiving and Confession**]　　Thank you Lord, you are with your people always. We thank you that you are our salvation every moment of our lives and you answer our prayer.

[**Worship**]　　We have gathered here from far and near. Be the Lord of our hearts so that we may worship you in spirit and truth. We desire to glorify you. May you alone be glorified through the choir's praise.

[**For Believers**]　　God of compassion, fill our thirsty hearts with your love as we are so desperate. Let this church be so full of life, full of Holy Spirit's work.

Lord, we want to be at the forefront in evangelizing the world. Bless this nation with surprising blessings so that your kingdom of overflowing love and peace will soon come down.

In Jesus' name. Amen.

42
주일낮예배 기도문

[영광] 영광을 드러내시는 하나님, 이 거룩한 아침에 하늘이 하나님의 영광을 선포하고, 땅과 모든 것들은 하나님의 손으로 하신 일을 나타내고 있습니다. 하나님의 영광이 예배하러 모인 온 성도들에게 임하기를 원합니다.

[감사·고백] 우리에게 생명을 허락하시고 삶을 지켜 주신 하나님의 사랑을 생각합니다. 아들 예수까지도 우리의 죄를 위해 아낌없이 내어 주신 구속의 은혜를 만입이 있어도 다 감사하지 못합니다.

받은 은혜 많사오나 구별된 삶을 살지 못했습니다. 십자가의 사랑을 실천하지 못했습니다. 용서하여 주옵소서.

[예배] 이 시간 말씀을 듣고 단 위에 서신 목사님과 성령님 함께하셔서 생명을 구원하는 능력의 말씀을 증거하실 수 있도록 인도하옵소서. 한 말씀도 땅에 떨어지지 아니하고 성도들의 마음 밭에 새겨져 열매를 맺게 하옵소서. 그리하여 세상에 나아가 하나님 말씀으로 승리하는 삶을 살 수 있도록 도와주옵소서. 찬양 대원들이 하나님 앞에 찬양을 드릴 때에 아름다운 찬양으로 영광 돌리게 하시고, 찬양하는 대원들이나 성도들이 한가지로 은혜를 받게 하옵소서.

[공동체를 위해] 자비로우신 하나님, 이 구별된 주일 아침에 주의 사랑과 은혜를 사모하는 이들에게 풍성한 은혜를 허락하옵소서. 간절한 마음으로 당신을 찾아온 성도들에게 한량없는 자비를 베풀어 주옵소서. 지금도 병마와 싸우며 고통 중에 있는 자들에게 치료와 회복의 은혜를 허락하옵소서. 가정의 여러 문제와 경제적인 문제로 고민하며 간구하는 기도를 주께서 들으시고 친히 응답하옵소서. 예수님의 이름으로 기도하옵나이다. 아멘

Sunday Morning Worship Prayers

[**Glory**]   God of glory, The sky declares your glory and the earth displays your handy work this holy morning. Reveal your glory to those who have gathered here to worship.

[**Thanksgiving · Confession**]   We think of your love which granted us life and guards it – that love which did not spare your own Son but gave him to us so we might gain eternal life. Your redeeming grace cannot be expressed in words even ten thousand tongues would not be enough. Lord, we have received so much of your grace yet we often fail to live holy lives. We have not been able to practice the love of the cross. Forgive us.

[**Worship**]   Lord, Help the pastor to preach your message of salvation. Plant each word in our hearts without failing so that it can bear fruit abundantly. And help us to live victorious life in your Word. May the worship of the choir give you glory and let all receive your grace through the song.

[**For Community**]   Merciful God, pour out your grace upon us who yearn for your love and grace this morning. Heal those who are suffering from illness. Help those who are struggling financially.
In Jesus' name. Amen.

44
주일낮예배 기도문

[영광] 천지와 만물을 다스리시는 하나님 아버지, 이 아침 저희들에게 하나님의 영광과 위엄을 보여 주심을 감사드립니다. 주님의 권세와 영광에 합당한 찬미의 예배를 드리기 원합니다. 구별해서 선택받은 무리들이 모였사오니, 종일토록 주님을 찬송하고 영광을 돌리게 하시옵소서.

[감사] 이 시간, 감사와 찬양을 통해 주님을 바라보게 하옵소서. 그 크신 팔로 감싸 안아 주시는 하나님께 감사함으로 나아갑니다. 주님의 이름을 부르며, 그의 행하심을 예배를 통해 기리기 원합니다.

[예배] 찬양의 주인이 되시는 하나님, 오늘 드리는 저희들의 예배가 주님께서 기뻐받으시는 산제사가 되게 하옵소서. 말씀을 증거하실 목사님에게 영력을 더하셔서 하나님의 대언자로서 생명력 넘치는 살아있는 말씀으로 저희들을 감동케 하시옵소서. 예배의 마치는 시간까지 오직 성령께서 임재하셔서 예배하는 모든 성도들에게 한량없는 복을 내려 주옵소서. 찬양대원들을 기억하시고 저들의 찬양으로 더욱 영광을 받으시옵소서. 이 자리는 은혜로 가득하게 하여 주시며, 찬양대원들과 늘 함께하셔서 신앙고백적인 찬양을 부를 수 있게 하옵소서.

[공동체를 위해] 저희를 불쌍히 여기시는 하나님, 여러 가지 문제를 안고 나아온 성도들이 있습니다. 고단한 중에도 주님의 날을 구별하여 예배하는 이들의 신앙을 귀히 여기시옵소서. 예배를 통해 우리들의 문제를 해결받고, 신령한 은혜를 받게 하옵소서. 사정이 있어 예배에 함께 참여치 못한 사랑하는 성도들을 기억하시고 같은 은혜를 허락해 주옵소서.

예수님의 이름으로 기도드립니다. 아멘

Sunday Morning Worship Prayers

[**Glory**]   O Lord, who rules over the heaven and the earth. Thank you for revealing your glory and majesty this morning. We want to worship you in a way fitting to your power and glory. We, your chosen people, praise and give you glory all day long.

[**Thanksgiving**]   At this hour, we come before you with thanksgiving for you always embrace us with your big arms. We call your name and extol you in our worship.

[**Worship**]   Lord, may our worship be an acceptable sacrifice to you. Empower the pastor to be a mouthpiece for your life-giving words. Holy Spirit, be with us and inspire us throughout the worship. Bless all the saints with abundant blessings. Be glorified in the choir's worship. Fill this place with your grace. We want our worship to be a confession of our faith in you.

[**For Community**]   Lord, you are compassionate. Many of us have brought our difficulties to you. Give ear to them and treasure their faith because they seek your face even in their difficulties. Let us to see solutions in your grace for you answer us. Remember those who wanted to join but could not come.

In Jesus' name. Amen.

46
주일낮예배 기도문

[영광] 성전에 계신 하나님, 온 성도들이 하나님의 이름을 높여드립니다. 하나님께서 홀로 왕권을 갖고 계시는 아버지 집을 사랑합니다. 주님의 영광이 머무는 이곳을 사랑하기에 모인 저희들입니다. 영광으로 주를 찬송하게 하옵소서.

[간구] 이 시간, 예배하러 모인 저희들 주님께 영원히 감사하며 살게 해주시옵소서. 이 전에 함께한 주님의 자녀들이 전심으로 하나님을 찬송하게 하시옵소서. 날마다 함께하시며, 시간과 사건 속에서 영원토록 주의 이름의 영광이 나타나기를 원합니다.

[예배] 전능하신 하나님, 본래 죄의 종이었던 저희들에게 예배할 수 있는 은혜를 주시니 감사합니다. 베푸신 은혜 감사하며, 주의 말씀에 순종하는 마음으로 예배하게 하옵소서. 오늘 드리는 저희들의 예배가 주님께서 기뻐받으시는 산제사가 되게 하시고, 말씀을 전하실 목사님을 붙잡아 주시옵소서. 예수님께서 친히 교회의 머리가 되게 하시고, 주님의 사랑과 진리와 은혜가 가득찬 교회가 되게 하시옵소서. 이미 시작된 때부터 마치는 시간까지 오직 주님만이 임재하셔서 여기 나온 모든 성도들에게 한량없는 복을 내려 주시옵소서.

[나라와 민족을 위해] 이 나라와 민족을 불쌍히 여기사 복을 허락하시고 지켜 주시옵소서. 먼저, 이 나라와 백성이 하나님을 경외하며 두려워하게 하옵소서. 고난과 역경만을 거듭해온 민족입니다. 다시는 이땅에 고난이 없게 하시고, 분쟁이 없게 하여 주옵소서. 남과 북으로 갈라진 이땅을 하루 빨리 통일시켜 주셔서 이 민족의 아픔이 그쳐지게 하옵소서. 우리 교회가 성령님이 역사하시는 공동체가 되게 하시며, 날로 부흥하고 성장하게 도와주옵소서. 예수님의 이름으로 기도하옵나이다. 아멘

Sunday Morning Worship Prayers

[**Glory**]   Lord, who is in the temple, we exalt your name. We love your house where you alone are Sovereign. We gather here because we love to be where your glory dwells. We praise you. In Jesus' name. Amen.

[**Petition**]   Let our thankful hearts last forever. May our praises rise from the bottom of our hearts. Be with us everyday so that the glory of your name may be revealed in time and space.

[**Worship**]   Almighty God, thank you for your grace which enabled us, who were the slaves of sin, to worship you. We worship you with obedient hearts. Accept our worship as a living sacrifice. As Jesus is the Head of this church, may it be full of grace and truth. Throughout the whole worship be with us and pour out your blessings upon us.

[**For South Korea**]   Have mercy on this nation, O Lord, and bless us. Above all, teach us how to walk before you with holy fear. There has been unstopping suffering throughout the history of this country. Cause suffering and division to cease from this land. Reunite this country so that we might be healed.
In Jesus' name. Amen.

48
주일낮예배 기도문

[영광] 우주 만물에 그 이름의 위엄을 나타내시는 하나님, 하나님의 자녀 된 거룩한 옷을 입고, 여호와께 예배하러 나아온 저희들입니다. 이 시간, 주님의 전에서 하나님께 그의 이름에 합당한 영광을 돌리오니 받으시옵소서. 오직 여호와의 이름을 높이고 그 이름을 찬양하는 영광을 돌리게 하옵소서.

[감사] 이 전에서 저희들이 주께 감사함은 돌보아 주심의 은혜로우심이 지극히 크기 때문입니다. 지난 이레 동안에도 하나님의 보호하심을 심히 기묘하게 나타내셨습니다. 주님께서 하시는 일이 기이함을 저희들의 영혼이 잘 알고 있습니다.

[예배] 성령으로 저희와 함께하시는 하나님, 오늘 단에 서서 주님의 귀한 말씀을 증거하실 목사님에게 신령한 능력을 주시고, 성령의 충만한 은혜를 주시옵소서. 그리하여 말씀을 통하여 주의 영광이 드러나게 하시고, 주님께서 귀하게 쓰시는 종으로 삼아 주시기를 원합니다. 예배를 통해서 받는 은혜로 죄에 대해 죽고, 의에 대해 살게 하시기를 원합니다.

[성도들을 위해] 예배에 참석한 모든 성도들을 위하여 간구합니다. 이 시간 온 마음과 정성으로 예배하게 하시고 육신의 질병으로 고통당하는 성도에게 건강과 힘을 주시고, 믿음이 부족한 성도에게는 굳세고 담대한 믿음을 주시옵소서. 여러 가지 문제를 안고 나아온 성도들이 있사오니 이 시간 다 해결받고 은혜받는 시간이 되게 하옵소서. 저희들을 향한 주님의 뜻이 무엇인지 분별하게 하시고 무슨 일을 하든지 말씀의 인도와 기준에 따라 행할 수 있는 믿음을 주시옵소서.

예수님의 이름으로 기도합니다. 아멘

Sunday Morning Worship Prayers

[**Glory**] How majestic your name is on earth, O Lord. We come before, you clothed in your righteousness to worship you. Please receive our worship as we give you glory which is worth of your name. How honorable it is for us to give praise to you and exalt your name.

[**Thanksgiving**] We thank you for your grace is unlimited. We have seen your marvelous protection for us this last week once again. Our lives witness your greatness.

[**Worship**] God who is with us in your Spirit. Empower the pastor to preach in the abundant grace of your Holy Spirit. Use your servant to reveal your glory. We want to be alive to your righteousness but dead to sin.

[**For Believers**] Lord, we intercede for all who are here. We worship you with all our heart and mind. Heal those who suffer from illness and strengthen those of weak in faith. Answer those Who are seeking solutions for their difficulties. Teach us your will and give us faith to do your will in whatever we do.

In Jesus' name. Amen.

50
주일낮예배 기도문

[영광] 하늘 위에 높으신 하나님, 복된 날 이 아침에 아버지 하나님의 영광이 온 땅 위에 높아지기를 원합니다. 여호와의 그 영화로운 이름을 영원히 찬송합니다. 예배하러 주의 백성들이 모인 이 교회에 하나님의 영광이 충만하기를 소원합니다.

[감사] 하나님께서 저희들을 새롭게 해주시고 그리스도 예수를 믿게 함으로 하나님의 자녀로 살게 하시니 감사합니다. 또한 저희를 충성되이 여겨 하나님 앞에서와 세상에서 직분을 맡기시니 더욱 감사합니다.

[예배] 예배를 사모하게 하신 하나님, 먼저 십자가의 그 크신 사랑을 입어 예배하러 나아온 저희들에게 복을 내려 주옵소서. 하나님의 강하게 하시는 은혜를 누리게 하시고, 이 좋은 예배당에 모인 이들에게 성령님의 충만하심을 주옵소서. 예배가 진행되는 순서순서에서 받은 은혜로 입술을 열어 하나님의 높으심을 찬미하게 하여 주옵소서.

[성도들을 위해] 이제, 하나님의 자비로우심으로 성도답게 살게 하시기를 원합니다. 비록 가난하고, 병든 육체를 갖고 살지라도 하늘의 하나님을 바라보게 하옵소서. 저희 교회에 속한 지체들이 한결같이 주님의 뜻대로 사는 종들이 되기를 소망합니다. 그리하여 악을 물리치고 하나님을 기쁘시게 하는 것을 사모하는 삶이 되게 해주시옵소서.

간절히 바라옵기는 하나님의 감동 안에서 사랑으로 하나 되어 영광을 드리는 교회가 되게 하시기를 원합니다. 먹고 살아가는 땅에 것들로 분주하지만 하나님의 일을 이루어드림에 대하여 고민하는 주의 백성으로 살게 해주옵소서. 예수님의 이름으로 기도드립니다. 아멘

Sunday Morning Worship Prayers

[**Glory**]   O God, you are seated on high. Reveal your glory on the earth. We sing of your glorious name forever. We long to see your glory fill this church.

[**Thanksgiving**]   Thank you Lord, you made us anew and you called us to be your children. We also thank you that you consider us to be faithful that you called us to your service towards you and the world.

[**Worship**]   O God, you taught us to worship you. Bless us who are clothed in your love. Make us strong and fill all who are gathered by your Spirit. Let us open our mouths widely to praise you in worship.

[**For Believers**]   Now we want to live our lives fitting with your calling. We look up to you from this toilsome world down below. May every member of this church be your sincere servant. May their lives be pleasing to you, rejecting evil.

We plead you that we will be one in your love to give you glory. May doing your will take the first priority in our lives. In Jesus' name. Amen.

52
주일낮예배 기도문

[찬양] 인간의 생사화복을 주관하시는 하나님, 오늘도 호흡할 수 있게 하셔서 생명을 연장시켜 주심을 감사합니다. 진실로 하나님의 구원이 그를 경외하는 자에게 가까우니 구원받은 우리들로 하여금 감사의 찬양을 받으시옵소서.

[감사] 하나님께서 지난 한 주간 동안에도 저희들을 능하게 하시고, 우리 주님의 성호를 높이며 살게 하셨습니다. 때로는 유혹에 밀려 넘어지기도 하였으나 곧 일어서게 하시고, 사단을 무찌르며 십자가의 군병답게 살도록 인도해 주셨습니다. 이 시간, 주께서 지으신 모든 민족이 나아와서 하나님을 경배하며 감사를 드립니다.

[예배] 사랑의 하나님, 예배하러 나아온 저희들에게 신령한 하늘의 복을 내려 주시옵소서. 이 전에 모인 이들마다 받은 은혜로 입술을 열어 하나님의 높으심을 찬양하게 하옵소서. 오직, 은혜로만 하나님께 영광을 드리고 예배할 수 있음을 고백합니다. 예배하는 가운데 인간의 모든 문제를 해결받는 귀한 역사를 허락하옵소서. 이 시간 저희들이 하나님과 신령한 교제를 갖게 하옵소서. 말씀을 증거하실 목사님께서 예비하신 복음을 선포하도록 도와주시고, 예배의 순서를 담당한 지체들이 거룩한 소명을 다하게 하옵소서.

[교우들을 위해] 교우들을 기억하시고 주님의 십자가로 말미암아 죄의 문제를 해결해 주시옵소서. 예배 후 돌아가는 발걸음마다 주님의 이름으로 죄를 이기겠다는 다짐을 갖게 하옵소서. 하늘을 두루마리로, 바다를 먹물로 삼는다 해도 그 은혜를 다 표현할 길이 없음을 예배를 통해 고백하게 하여 주시옵소서.

예수님의 이름으로 기도드립니다. 아멘

Sunday Morning Worship Prayers

[**Praise**]   O God, you rule over life and death. Thank you for giving us breath for another day. Truly your salvation is near to those who fear you. We praise you.

[**Thanksgiving**]   You helped us through to be strong, enabling us to exalt your name during the last week. You led us to overcome temptation and march as soldiers for the cross. At this hour, nations come to you to worship you and to give thanks to you.

[**Worship**]   God of love, bless us with the heavenly blessings as we came forward to worship you. Open widely every mouth to worship you. We confess that only your grace enables us to worship you. Help us to see the solutions to our difficulties. How sweet it is to have fellowship in your Spirit. Help those who are taking part in this worship.

[**For Believers**]   Remember us Lord, Help us to leave sin by the power of the cross. We determine to gain victory in the name of Jesus. We confess that your grace is far beyond our ability to measure.

In Jesus' name. Amen.

54
주일낮예배 기도문

[감사] 하나님, 귀한 예배를 드리게 하시니 감사합니다. 이 예배가 내 진정 소원 주님께 낱낱이 아뢰는 시간, 뜨거운 시간, 은혜의 시간, 성령을 체험하는 시간, 즐겁고 귀한 시간이 되게 하여 주옵소서.

[예배] 이 예배에 영으로 임하여 주옵소서. 이 예배를 통하여 마음의 상처가 치유되고, 문제를 이길 수 있다는 자신감이 생기고, 나에게 부담을 주는 사람에 대해 가지고 있던 서운한 마음이 그를 사랑하는 마음으로 바뀌게 하여 주옵소서. 이 예배를 통해 은혜받기를 원합니다. 준비한 만큼 은혜받는 줄 아오니 간절한 마음으로 준비하게 하여 주옵소서.

[평화] 하나님, 이땅에는 갈등과 분쟁이 그치지 않고 있습니다. 테러의 위협도 사라지지 않고 있습니다. 이땅의 모든 사람들과 모든 나라가 평화의 왕으로 오신 주님을 맞아들여 평화스러워지게 하여 주옵소서. 각 사람이 자기 포도나무와 자기 무화과나무 아래에서 두려움 없이 지낼 수 있는 날이 있게 하여 주옵소서.

[간구] 성도들의 처지와 형편을 살피시는 하나님, 연세가 많은 성도들에게 큰 평안을 베풀어 주시며, 수험생들에게 지혜를 덧입혀 주옵소서. 군복무 중인 청년들이 자부심을 가지고 국방의 신성한 의무를 감당하게 하여 주옵소서.

이 예배의 순서를 맡은 분들에게 은혜를 주셔서 신령과 진정의 예배가 되게 하시며, 말씀을 선포하시는 목사님의 입술에 주님이 우리에게 들려 주시기 원하시는 말씀을 담아 주옵소서. 성도들에게 은혜를 베푸셔서 예배드리기 전의 마음속에 있던 무거운 짐을 내려 놓게 하시고, 집으로 돌아가는 발걸음이 승리의 발걸음이 되게 하옵소서. 예수님의 이름으로 기도합니다. 아멘

Sunday Morning Worship Prayers

[**Thanksgiving**]　　Thank you Lord, we can worship you today. How sweet and precious this hour is! We pour out our hearts to you and get to know you deeper and deeper through worship.

[**Worship**]　　Come Holy Spirit change our hearts now. We need your healing to share love with those who hurt us. Also we need you to face the walls that block our ways. Fill us with your grace. We prepare our hearts to receive your grace.

[**Peace**]　　God, conflicts and fights never stopped on the earth. The threat of terror is always there. Give your peace to all nations. Let them welcome the King of peace. May each person on the earth enjoy their peaceful days under the vine and fig tree without fear.

[**Petition**]　　Lord, you know all about us. Grant peaceful days for those of old age. Clothe students with your wisdom. Hold those who are undergoing army training so that they will complete the course proudly. Help those who are participating in this worship to worship you in the Spirit and truth. Give your words to the pastor so that we may hear what you intend to speak to us.

　As we hear your voice, we cast our burdens onto you and walk out victoriously from this place. In Jesus' name. Amen.

56
주일낮예배 기도문

[감사] 예배받으시기에 합당하신 하나님, 새로운 주간을 주시고 예배로 시작하게 하시니 감사합니다. 우리의 속사람이 날로 새로워지게 하옵시며, 매일매일을 은혜받는 날로, 매일매일을 구원의 날로 맞이하게 하옵소서.

[예배] 이 예배의 찬양을 통해서 마음의 문이 열리고 뜨거워지게 하여 주옵소서. 하나님께서는 하나님을 찬양하도록 하기 위해 우리를 지으셨으니 더욱 열심히 찬양하게 하옵소서. 열심히 기도하는 가운데 저희 안에 하나님의 형상이 더욱 선명해지게 하시며 저희들의 성품이 조금이라도 주님을 더 닮아갈 수 있게 하옵소서.

이 예배를 통해서 생명의 길을 우리에게 보이시고 충만한 기쁨과 영원한 즐거움을 누리게 하옵소서. 또한 새롭게 출발하게 하시며 부르심의 상이 풍성한 것을 알고 그것을 바라보며 달려가게 하옵소서. 세상살이에서 곤비하지 않고 피곤하지 않는 힘을 얻게 하시고, 뒤를 돌아보지 않고 앞을 바라보며 달려가게 하옵소서.

[복음 전파] 땅 끝까지 복음을 전파하라 하신 하나님, 저희 교회가 후원하고 있는 미자립교회들과 선교기관들이 있습니다. 그 교회들과 기관들이 사명을 다하게 하여 주시고 미자립교회들은 속히 부흥되어 자립하게 하옵소서. 북한의 변화를 위해서 기도하오니 주님이 역사하시면 북한이 세계평화의 걸림돌이 아니라 세계평화의 파수꾼이 될 수도 있음을 믿나이다. 무엇보다도 남북통일을 속히 허락해 주옵소서.

건강 문제로 염려하는 성도들에게 회복과 치유의 은총을 베풀어 주시기를 원하오며 예수님의 이름으로 기도합니다. 아멘

Sunday Morning Worship Prayers

[**Thanksgiving**]　Lord, who is worthy of all our worship. Thank you for giving us a new week and a fresh start. Renew us inwardly every day. Let everyday be a day of grace and salvation.

[**Worship**]　Open our hearts to worship you passionately. We enjoy worshipping you because the purpose of our lives is worshipping you. Imprint your image and character in us while we wait on you in our prayers.

Show the way of life before us and may we enjoy the fullness of your Joy, Give us a new start to run the race towards the goal of our lives without becoming weary.

[**Evangelism**]　Lord, you have commanded us to evangelize until the end of the world. You know there are some small churches and mission teams we are currently supporting. Please help them to grow strong and mature to do their calling. We also pray for the North Korean people. We believe that you could miraculously change them then they can even be used in your hands even as peace makers. Make haste to reunite South Korea and North Korea.

We also pray for those who are suffering from illness.

In Jesus' name. Amen.

58
주일낮예배 기도문

[감사] 임마누엘의 하나님 아버지, 이 한 주간도 사랑으로 이 나라와 저희 교회와 성도들을 둘러 보호하심을 감사드립니다. 졸지도 아니하시며 주무시지도 아니하시고 저희를 지키시는 하나님 아버지의 그 크신 사랑을 찬양합니다.

[믿음의 기도] 저희가 다른 것들을 의지하지 않고 오직 여호와를 의지하는 믿음을 소유하게 하옵소서. 하나님을 더욱 의지하는 마음으로 기도하게 하옵소서. 주님의 영광을 위한 기도, 회개의 기도, 자신의 부족을 고백하는 기도, 하나님의 뜻을 묻는 기도, 이웃을 위한 기도, 교회를 위한 기도, 나의 필요를 아뢰는 기도를 구체적으로 드리게 하옵소서. 그리하여 구체적이고도 세밀한 응답을 체험하게 하여 주옵소서.

[갈등 해소를 위해] 하나님, 우리나라에는 세대 간의 갈등과 나이 많은 세대의 소외감, 박탈감이 큰 문제가 되고 있나이다. 이 나라의 번영과 우리 교회의 오늘이 있기까지 땀 흘리며 수고한 세대를 기억하여 주옵소서. 젊은 세대가 그들의 노고를 잊지 않게 하여 주옵소서. 르호보암이 경험과 지혜가 많은 노인들의 충고를 따르지 않았다가 나라가 갈라지게 된 비극이 있었음을 기억하게 하여 주옵소서.

[심방하고 심방받는 일을 위해] 이 주간에 교역자들이 성도들의 가정을 심방할 때 기도로 준비하고, 심방을 받는 가정에서도 기도로 준비하며 예수님을 맞이하는 마음으로 심방받게 하옵소서. 저희 교회 성도들의 가정에 복을 주시되 특히 온 가정이 믿음으로 하나 되는 복을 누리게 하여 주옵소서. 예수님의 이름으로 기도드립니다. 아멘

Sunday Morning Worship Prayers

[**Thanksgiving**]   Lord, Our Immanuel. Thank you for keeping us in your grace during the last week. You do not sleep nor slumber. We praise your great love. We want to trust you alone not anything else above all else.

[**Pray of Faith**]   Our faith in you drives us to seek you in prayer. We pray today for your glory, for repentance, for seeking your will, for our neighbors, for our church and for our personal petitions. Please answer us in detail.

[**For the Elderly**]   God, the elderly in Korea are facing many crises. They are struggling, feeling alienated and rejected. Lord, Remember this generation who contributed so much to build this country and this church. Help the young generation to remember old generation's hard work. Teach the young generation learn from the older generation and their elders, so that they may not make the same mistake as Rehoboam.

[**For Visitations**]   This week, as the church leaders visit the homes of church members, help both parties to prepare for the meetings prayerfully as if they are welcoming Jesus into their homes. Bless, the families, especially pray that they will be made one in the same faith.
In Jesus' name. Amen.

60
주일낮예배 기도문

[감사와 믿음의 진보를 위해] 저희를 지으신 하나님 아버지, 오늘 거룩한 주일을 맞이하여 예배할 수 있는 은혜 주심을 감사드립니다. 하나님께 예배를 드릴 수 있는 것이 큰 복이요 특권임을 깨닫게 하시며, 예배드릴 때마다 새로운 은혜를 체험하게 하여 주시고 우리의 심령이 새로워지고, 믿음의 진보를 이루게 하옵소서. 저희들의 마음이 겸손한 빈 그릇이 되어 말씀을 채우게 하여 주옵소서.

[기독인으로의 사명 감당을 위해] 하나님, 이 땅에 물이 바다를 덮음같이 여호와를 아는 지식이 세상에 충만하게 하여 주옵소서. 저희에게는 하나님 중심의 경건한 문화로 세상 문화를 정복해야 할 책임이 있는데, 저희는 세상 문화를 정복하기는 커녕 오히려 세속적인 문화에 정복당하고 있나이다. 저희에게 힘과 용기를 더하여 주셔서 하나님 중심의 신본주의를 가지고 인간 중심의 인본주의를 이기게 하여 주옵소서.

하나님 아버지, 사랑과 공의가 이 세상에 널리 퍼져나가게 하시고 주님의 빛을 구석구석 어두운 곳에 비추어 이 세상이 밝아지게 하여 주옵소서.

하나님을 경외하는 것이 일만 지혜의 근원임을 알게 하옵소서. 생명을 존귀하게 여기는 운동이 더욱 강하게 일어나게 하여 주옵소서. 세상의 퇴폐 문화, 향락 풍조, 대중 인기 주의에 휩쓸리지 않게 하옵소서. 우리나라에는 아직도 제사를 비롯하여 전통 문화와 기독교 문화가 충돌하는 일이 많사오니 기독교 문화가 날로 강한 힘을 가지고 구석구석, 가정가정에 스며들게 하여 주옵소서. 오늘 이 예배에서 세상을 이기는 힘을 공급받고 돌아가게 하옵소서. 예수님의 이름으로 기도합니다. 아멘

Sunday Morning Worship Prayers

[**Thanksgiving**]   Our Father, we thank you that we can worship on the Lord's day. How privileged we are to worship you! Renew our hearts, whenever we worship and so strengthen our faith. We want to empty ourselves so that you can fill us anew with your Word.

[**For the Great Commission**]

God, let all the earth be filled with the knowledge of your glory as the waters cover the sea. You called us to conquer the secular culture with your righteousness rather than be conquered. Give us strength and courage to overcome the humanism of the world society.

Father God, let your love and righteousness shine out to the world. Teach us to know that fearing you is the foundation of wisdom. We must have a new movement. We need a revival so that we may honor life appropriately. Hold us strong, not to be swayed by worldliness, corruption, hedonism and popularity. Even still in Korea, these greatly influence Christian families and so bring conflict of values. So Lord, build Christian families strong and spread your righteousness into every family and society. Give us you strength to overcome the world.

In Jesus' name. Amen.

주일낮예배 기도문

[감사] 알파와 오메가이신 하나님, 새 주간이 시작되는 거룩한 주일에 하나님께 예배드리게 하심을 감사합니다. 주일을 주셔서 다시 한 번 새롭게 출발하게 하시는 하나님의 은총을 마음에 담고 살게 하옵소서. 주님께서는 처음부터 끝까지 이 나라와 저희 교회와 저희 가정과 저희 한 사람 한 사람을 살피시며 보호하시며 인도하여 주시는 분임을 믿고 감사를 드립니다.

[복음이 전파되기를 위해] 하나님, 복음을 듣지 못한고로 구원의 복을 누리지 못하고 있는 이들에게 복음의 빛을 비추시고 믿음을 갖게 하옵소서. 여러 가지 어려운 처지와 형편 때문에 이 예배의 복을 함께 누리지 못하는 이들을 위하여 기도하오니 그들이 저희와 동일한 복을 누리게 하여 주옵소서. 낮고 천한 이땅에 오신 주님께서 고아원, 양로원, 청소년 쉼터, 각종 수용 시설, 사회복지시설에 있는 이들을 찾아가셔서 만나 주시옵소서.

[소외 된 자들을 위해] 한때의 실수로 유치장, 구치소, 교도소, 소년원에 있는 이들도 있사오니 갇힌 자를 돌아보라고 하신 주님께서 그들의 심령에 자유를 주시고 저희들이 그들을 위해 더 많은 관심을 갖게 하시고 사랑을 나누기에 힘쓰게 하옵소서. 노숙자들에게 삶의 용기를 주시고, 길을 열어 주옵소서. 병원에 입원해 있는 이들에게 치유와 회복과 강건함과 평안의 은총을 베풀어 주옵소서. 이산가족들, 실향민들을 또한 기억하시어 그들이 고향을 마음 놓고 찾으며 그리운 가족들과 함께 살 수 있는 날을 속히 허락해 주옵소서. 이땅에 와 있는 외국인 근로자들을 살펴 주시며 그들의 고국에 있는 가족들을 지켜 주옵소서. 예수님의 이름으로 기도합니다. 아멘

Sunday Morning Worship Prayers

[**Thanksgiving**]   Lord, you are the Alpha and Omega the First and the Last. Thank you that we can start a new week in worship which brings new starts time and time again. Let us always remember your grace at all times. We thank you for you are our guard, our protector in all things in our nation, church, family and individually.

[**Evangelism**]   Shed your light of salvation to those who don't yet know you. We pray for those who are not able to join in worship even though they are willing. We pray they will be blessed to the same measure.

O Jesus, you came down to the earth to seek the lowly. Please comfort those who are living in orphanages, youth rehabilitation centers, old peoples homes and the like.

[**For the Rejected**]   O God, you commanded us to help the needy and to visit prisoners. We long to see their hearts freed by your power. Help us to be more caring and sharing. Please, heal those who are in hospital and help them to remain in your peace. Also, we long to see the day when separated families can freely visit their homes in North Korea and be reunited with their kin! We pray also for foreign workers in Korea and their families in their home countries.

In Jesus' name. Amen.

64
주일낮예배 기도문

[감사] 부족한 저희를 사랑하시되 자기 몸을 내어 주시기까지 사랑하시고 지금도 변함없이 사랑하시는 하나님, 이렇게 찬양하고 말씀을 듣고 기도하는 예배의 시간을 주시니 감사합니다.

[예배가 금지된 나라를 위해] 하나님, 이 세상에는 예배드리고 싶어도 신앙의 자유가 없는 나라에 살고 있어서 예배드리지 못하는 성도들도 많이 있습니다. 또 복음이 아직 널리 전해지지 못했기 때문에 주님이 누구인지, 예배가 무엇인지 모르고 있는 사람들도 있습니다. 이 예배를 통해 저희들이 그와 같은 나라들에 대해 더 많은 관심을 갖게 하시고, 더 많이 기도하게 하여 주시옵소서.

[선교사들을 위해] 하나님, 미전도지역에서 복음을 전하고 있는 선교사들을 붙들어 주옵소서. 선교의 자유가 원칙적으로 허락되지 않은 중국에서 일하고 있는 선교사들과 선교가 철저하게 금지되어 있는 아랍권에서 복음을 전하고 있는 선교사들을 안전하게 지켜 주옵소서. 또 밀림과 낯선 환경과 오지에서 복음을 전하고 있는 선교사들이 외롭지 않게 하여 주옵소서. 그들의 가슴이 날로 뜨거워지게 하시고 선교의 사명이 더욱 거세게 파도치게 하옵소서.

여호수아에게 "강하고 담대하라 두려워 하지 말며 놀라지 말라 네가 어디로 가든지 네 하나님 여호와가 너와 함께 하시니라" 하신 말씀과, 바울에게 "두려워하지 말며 침묵하지 말고 말하라 내가 너와 함께 있으매 어떤 사람도 너를 대적하여 해롭게 할 자가 없을 것이니 이는 이 성중에 내 백성이 많음이라" 하신 말씀을 그들에게도 들려 주시고 힘을 얻게 하옵소서.

예수님의 이름으로 기도하나이다. 아멘

Sunday Morning Worship Prayers

[**Thanksgiving**]　　Jesus, your love is so complete and unchanging. You even gave us your own body as a sacrifice. How privileged we are that to hear your Word and worship and pray to you as today. Thank you.

[**For Countries where Worship is Outlawed**]　　Lord, there are so many people on earth who have never heard of you or who are prevented from worshiping you in public. Many have not heard the gospel and do not know you at all. We pray for such people today. Cause us to have greater concern and to pray for them more.

[**For missionaries**]　　We pray for those missionaries who are working amongst peoples unreached by your gospel, such as in China and Arab countries. Hold them in your hands and please keep them safe from harm. Please care for them so they don't feel lonely. Strengthen their calling each day like roaring waves.

Speak to them as you spoke in the past to Joshua, "Be strong and very courageous. Be careful to obey all the law that my servant Moses gave you; do not turn from it to the right or to the left, that you may be successful wherever you go." And also as you spoke to Paul, "Do not be afraid; keep on speaking, do not be silent. For I am with you and no one is going to attack and harm you, because I have many people in this city." Please strengthen us.

In Jesus' name. Amen.

주일낮예배 기도문

[간구] 우리의 능력이 되시는 하나님, 저희는 지난 한 주간 세상의 풍랑에 시달리며 살아왔나이다.

이 예배를 통해서 풍랑이 고요해지는 것을 체험하게 하시고 소망의 항구에 들어가게 하시옵소서.

[나라를 위해] 하나님, 이 나라는 지금 심한 풍랑을 겪고 있습니다. 세대 간 갈등의 풍랑, 사고의 차이에서 오는 혼란의 풍랑, 북한 핵 문제의 풍랑, 이기주의의 풍랑, 경제적인 혼란의 풍랑등 제자들이 탄 배가 광풍에 시달리며 물결이 배에 부딪쳐 들어와 배에 가득하게 되어 위기를 만난 것과 같은 형편이 되었습니다. 이 나라를 불쌍히 여기시고 이 풍랑이 가라앉게 하여 주옵소서. 성도들의 마음에 일고 있는 풍랑과 가정의 풍랑도 가라앉혀 주옵소서.

모든 것을 품위 있게 하고 질서 있게 하기를 원하시는 하나님, 우리 사회가 질서 있는 사회, 위기를 만났을 때 침착하게 대처하는 사회가 되기를 원합니다. 각 분야의 일 맡은 이들이 성실하고, 책임감 있게 맡은 일을 감당해 나아가는 사회가 되게 해주옵소서. 성도들이 앞장서서 이와 같은 모습을 보이게 하옵소서. 이 나라가 그동안 너무 들떴고 무질서했고 긴장이 풀어졌으며, 하나님 앞에 교만했었습니다. 용서하시고 긍휼을 베풀어 주옵소서.

[믿음 갖기를 위해] 하나님, 이 예배를 통해서 우리의 믿음이 새로워지게 하여 주시고, 보이지 않는 것들의 증거가 있게 하시며 구원의 확신과 구원의 은총에 대한 감사와 성별된 삶의 다짐이 넘치게 하여 주옵소서. 헌신의 다짐도 새로워지게 하시고, 주님의 뜻대로 살겠다는 고백이 우리 모두에게 있게 하여 주옵소서. 예수님의 이름으로 기도드리옵나이다. 아멘

Sunday Morning Worship Prayers

[**Petition**] Lord, you are our strength. Because of the pressures of the world, we have been tossed back and forth as by great waves in the sea. Cause the waves to settle as we enter into worship.

[**For South Korea**] God, this country is in real crisis. There are so many waves threatening us. We are like the disciples who were nearly shipwrecked and the water seems to be filling the boat we are in. Have mercy on us. Please command the waves over this country, its families and individuals, to be calmed.

You are God of dignity and order. Help us learn how to be in order in the midst of this crisis. Teach each of us to work with responsibility and integrity in our respective fields. Help Christians be good examples. We confess that we are proud of ourselves and not wise. Forgive us and have mercy on us.

[**For Belief**] Renew our faith through this worship. Through faith in you, may we see the evidence of things we cannot yet see. Lord we want to live holy lives because you have saved us and separated us to be holy. We want to do your will.

In Jesus' name. Amen.

68
주일낮예배 기도문

[간구] 우리의 죄를 사해 주시려고 독생자를 보내 주신 하나님, 이 예배에 참석한 성도들에게 특별한 은혜를 허락하여 주옵소서. 마음이 뜨거워지게 하시고, 영의 눈이 열리게 하시고, 영의 귀 또한 열리게 하여 주옵소서. 우리의 입술에 간절한 간구가 담기게 하시고, 우리의 영이 힘을 얻게 하옵소서.

하나님, 저희들이 새벽기도회를 비롯한 모든 예배에 참석하는 것과 회개와 기도와 묵상과 전도와 성경 읽기와 선행과 구제와 절제에 힘쓰는 가운데 주 안에 든든히 서게 하옵소서. 나의 마음 속 가장 중요한 곳에 주님을 모시게 하옵소서.

[교회] 하나님, 교회가 세상을 향해 할 말을 하게 하시고, 바른 방향으로 이 나라를 이끌어 나아가게 하옵소서. 이 세상이 서로 이해하고, 양보하고, 협력하며 공동의 이익을 추구하는 아름다운 모습을 보이게 하옵소서.

[해외선교] 해외선교를 위하여 기도드립니다. 해외선교의 촛대가 이제 서구 교회에서 비서구 교회로 옮겨오는 가운데 한국 교회가 선교에 힘쓰는 나라가 되게 하심을 감사드립니다.

한국 교회가 파송한 만여 명 해외선교사들을 더욱 귀하게 사용하여 주옵소서. 더 많은 선교사들이 파송되게 하시고 선교사 선발과 훈련, 지원과 행정이 날로 성숙한 모습을 보이게 하옵소서. 선교사들의 건강을 지키시며 가정에 함께하여 주옵소서. 특히 자녀들의 교육 문제를 도와주옵소서.

이 예배를 통해 이 주간 세상에서 성도로서 살아갈 힘을 넘치도록 얻게 하여 주옵소서.

예수님의 이름으로 기도합니다. 아멘

Sunday Morning Worship Prayers

[**Petition**]   Father, Thank you so much for sending us your only Son to redeem us. Fill each of us with your grace to warm our hearts and open our eyes spiritually. This fervent prayer is upon our lips, "Strengthen our souls."

Let us grow strong in you while we continue to pray, worship and repent; read, meditate and learn how to be self-controled and as we get involved in evangelism and good deeds. Lord, you look into the most precious place in my heart.

[**Church**]   God, help the Church to lead this nation in the right direction. Help us understand and cooperate for the common good.

[**Mission**]   We pray for overseas mission. Thank you Lord, that South Korea can play a very significant part in World Mission, as the western nations did in the past.

Use the 10,000 missionaries sent by Korean Churches. Also make us willing to go. Teach us to be more mature in selecting, training and supporting missionaries as well as administration. Watch over missionary families, in particular the education of their children.

Strengthen us for this coming week through this worship. In Jesus' name. Amen.

주일낮예배 기도문

[평화] 평강을 주시는 여호와 샬롬의 하나님, 이땅에 평화의 나팔 소리가 골고루 울려 퍼지기를 간구하나이다. 저희들 마음에 평화를 주시고, 가정에 평화를 주시고, 나라에 평화를 주옵소서.

[나라] 이 나라의 기풍이 바로 세워지게 하옵소서. 생산현장과 농업현장의 일꾼들이 땀 흘려 일하는 것의 소중함을 깨닫게 하시고 힘든 일을 기피하는 현상이 사라지게 하옵소서. 윤리와 도덕이 바로 세워지게 하시며, 교육계의 많은 문제들이 잘 해결되고 가르치는 이들의 권위가 세워지게 하옵소서.

많은 힘을 갖게 된 시민단체들과 여론집단이 건전한 방향으로 나아가게 하시고 당리당략보다 국가와 민족을 더 중요하게 여겨야 한다는 너무나 당연한 원칙이 잘 지켜지게 하옵소서.

[선교] 크리스천 운동선수들을 위하여 기도합니다. 그들에게 힘과 기량을 더하여 주시고 깨끗한 경기 태도로 예수 믿는 선수는 다르다는 칭찬을 들으며 좋은 성적을 올려 하나님께 영광 돌리게 하여 주옵소서. 경기 중에 부상당하지 않도록 보호하여 주옵소서. 운동선수로서의 인기를 선교를 위해 잘 선용하게 하여 주옵소서.

우리에게 컴퓨터라는 좋은 선물을 주시어서 생활이 편리해졌는데, 컴퓨터가 잘못 사용되어지고 있습니다. 컴퓨터 정화운동이 확대되어 컴퓨터가 하나님께 영광 돌리는 데, 그리고 선교의 도구로 바르게 사용되게 하여 주옵소서.

[성도들을 위해] 성도들의 간절한 기도 제목들을 아시는 하나님, 막힌 것이 열리게 하시고 맺힌 것이 풀리게 하시며, 구하는 것이 얻어지게 하옵소서. 예수님의 이름으로 기도드리옵니다. 아멘

Sunday Morning Worship Prayers

[**Peace**] God of peace! Let your peace spread out into this land like the sound of a trumpet. Give peace to our families and this nation.

[**For South Korea**] Please establish this country. Nowadays many want to avoid hard work. Help them to understand the importance of both agricultural and industrial work. Restore morality and the respect towards the teacher in our society.

Cause civil organizations and groups influencing public opinion to work righteously. Make politicians place the public good before their own group's interests.

[**Mission**] We pray for Christian athletes to be skillful and to use their gifts for your glory. Make them shining examples to others and protect them from injuries, which can occur in competitions. May they be wise to give you glory when they gain favor.

We also lift computer matters to you. They can be such a gift to mankind but they are so often misused. Raise up people who will show the way to use them rightly. Use them also for your mission.

[**For Believers**] Lord, you know our prayers even before they are on our lips. Open that which is blocked. Loosen that which is bound up. Please answer our prayers.

In Jesus' name. Amen.

주일낮예배 기도문

[겸손해지기를 위해] 이 시간에 하나님 앞에 겸손하게 무릎을 꿇습니다. 지금 저희가 겪고 있는 혼란이 하나님 앞에 겸손하지 않은 결과인 것을 알게 하여 주옵소서. 나부터 겸손해지고, 대통령이 겸손해지고, 목소리 높이고 있는 사람들이 겸손해지고, 인류가 하나님 앞에 겸손해지기 위해 힘쓰게 하옵소서.

[간구] 새로운 전염병과 질병이 여러 나라를 휩쓸며 사람들을 두렵게 하고 있습니다. 우리가 이것을 보며 많은 것을 깨닫게 하시고 하나님 앞에 겸손하게 머리를 숙이게 하옵소서. 질병과 싸우고 있는 이들에게 믿음을 더하여 주시고, 방역에 힘쓰는 이들의 수고를 기억하여 주옵소서. 이 일로 인해 어려움을 당한 이들도 있습니다. 믿음과 지혜를 주셔서 잘 이기게 하옵소서. 사람들이 소문에 휩쓸려서 너무 동요하지 않게 하여 주시옵소서.

지금은 개인, 가정, 교회, 나라, 세계, 모두 치유와 안정과 회복을 갈망하고 있나이다. 하나님께 경배드리는 일을 통해서 이와 같은 일이 이루어지게 하옵소서.

[주일 성수하기를 위해] 하나님께서는 예배드리기 위한 날로 주일을 저희에게 주셨사온데, 이날을 육신의 즐거움을 위해 사용하는 이들에게 깨달음을 주옵소서. 주일을 잘 지키는 것이 나라의 부흥을 지키는 길임을 알게 하여 주옵소서. 주일에 국가 행사를 하고 각종 자격시험을 치르는 일이 시정되게 하여 주옵소서. 주 5일 근무제가 국민들의 소비풍조를 부추기지 않게 하여 주옵소서. 오늘 세계 방방곡곡에서 드려지는 예배를 통해서 하나님 영광받아 주옵소서.

예수님의 이름으로 기도하옵나이다. 아멘

Sunday Morning Worship Prayers

[**For humility**]   Lord, we humbly bow down before you. We acknowledge that our rebellious pride brought this crisis upon us. Humble me. Humble our president and the people who speak out in public. Humble all mankind.

[**Petition**]   Lord, many different kinds of pests are sweeping through our country, troubling us. We realize our need to be more humble before you. Help those who strive hard to prevent epidemics. Help those who are already in trouble give them faith and wisdom. May they not be swayed by inaccurate rumors. Lord, we so desperately need your healing and restoration. We anticipate to receive your healing and restoration through worshipping you.

[**For Keeping the Lord's Day**]   Lord, you set aside the Sabbath as a day of worship but many misuse it for their fleshly pleasure. Lord, show people that keeping the Sabbath will revive this country. Lord, please correct this nation not to have national events and qualifying examinations on Sundays. As more and more people are now working a five-day week, please help us not to cultivate a spirit of consumerism. Be glorified by the worship offered to you everywhere on earth.

In Jesus' name. Amen.

74
주일낮예배 기도문

　　[감사] 하나님 아버지, 지난 주간을 은혜 가운데 인도하여 주시고 오늘 주일예배로 모이게 하심을 감사드립니다. 이 예배를 위해서 수고하는 분들을 기억하여 주옵소서. 말씀 준비, 찬양 준비, 제단 꽃꽂이, 청소와 차량운행, 모든 수고가 합력하여 선을 이루게 하옵소서.

　　[기도 응답] 저희들이 기도할 때 반드시 응답하실 뿐만 아니라 저희들이 구한 것보다 더 많은 것을 주시는 하나님, 오늘 예배에서 드리는 기도에도 풍성한 응답을 베풀어 주실 줄로 믿습니다.

　　[어르신들을 위해] 연세 많은 성도님들을 위하여 기도하오니 그분들에게 강건과 평안의 복을 더하여 주옵소서. 믿음이 깊어질수록 소망도 풍성해지는 줄 아오니 믿음이 날로 깊어지게 하여 주옵소서. "우리가 낙심하지 아니하노니 우리의 겉사람은 낡아지나 우리의 속사람은 날로 새로워지다"는 바울의 고백과 같이 연세 많은 성도님들의 속사람이 날로 새로워지게 하옵소서. 그분들에게 주어진 시간의 여유를 세계 평화를 위해, 나라를 위해, 교회를 위해, 자녀들을 위해 기도할 수 있게 하옵소서. 그분들의 기도에 힘 입어 이 교회가 든든하게 서가고 악한 세력이 틈타지 못하게 하여 주옵소서.

　　노쇠하여 기동하기 어려워 성전 뜰을 밟지 못하는 분들을 위하여 기도하나이다. "내 주 예수 모신 곳이 그 어디나 하늘나라"라고 하셨으니 있는 그곳에 평안과 소망을 허락하여 주옵소서.

　　어린이로부터 나이 많은 분들까지 한마음으로 하나님께 영광을 돌리오니 주여 받아 주옵소서. 예수님의 이름으로 기도드립니다. 아멘

75
Sunday Morning Worship Prayers

[**Thanksgiving**]　　Lord God, thank you for keeping us in your grace during the last week and for bring us here today. Remember the effort of the many workers involved in preparing the Word, Choir, flower arrangement, cleaning and driving. Let everything work for the good.

[**Answered Prayer**]　　Lord, you surely answer our prayer, giving us far more than we ask. We trust you today.

[**For Elderly People**]　　Lord, we ask you that you will give peaceful days to the elderly. Strengthen their faith and give them greater hope. Renew their inner lives everyday as St. Paul confessed, "We do not lose heart. Though outwardly we are wasting away, yet inwardly we are being renewed day by day." Teach them to sacrifice their time to pray for the peace of the world, South Korea, the Church and their children. May their prayers be a powerful protection against evil for this church.

There are some elderly people who are so weak they can no longer walk to church anymore. Give them perfect peace and hope just as a hymn says, "Wherever Jesus is, there is heaven for me." People of all ages glorify you together. Please receive our worship.

In Jesus' name. Amen.

76
주일낮예배 기도문

[감사] 언제나 한결같은 사랑으로 저희를 돌보시는 하나님, 예배드리게 하심을 감사합니다.

[하나님 만나 뵙기를 위해] 마음을 합하여 하나님께 영광을 돌리는 시간으로 삼아 주옵소서. 세상에 어지러운 소리가 많이 들리고 있는데 이 예배에서 찬양하는 소리, 기도하는 소리, 복된 소리, 소망의 소리가 울려 퍼지게 하여 주옵소서. 엘리야가 지쳐 주저앉았을 때 세미한 음성으로 엘리야에게 새힘을 주시고 그가 해야 할 일을 알려 주신 하나님, 이 예배에서 하나님의 세미한 음성을 듣게 하옵소서.

[간구] 저희들에게 혀를 주신 하나님, 저희들의 혀가 주님을 찬양하고 증거하며 주님께 기도하는 데에 더 많이 쓰일 수 있도록 주장하시옵소서.

기도하는 마음에 기쁨이 있사오니 기도를 통해 순수하고 진정한 기쁨이 저희에게 넘치게 하시고 소망의 불빛이 밝아지게 하시고, 기도로 우리 영혼의 파수꾼을 삼게 하여 주옵소서.

하나님, 성도들의 가정과 일터에 임하시어 지켜 주시며 이끌어 주옵소서. 사회 각 분야에서 많은 수고를 하고 있는 성도들이 일터에서 더욱 인정받게 하시고 존경받게 하여 주옵소서. 그들의 건강을 지켜 주시고 사회생활에서 바쁘다는 것이 경건생활에 걸림돌이 되지 않도록 인도하여 주옵소서.

[예배] 성령님이 함께하지 않으시면 이 예배 시간이 지루하고 삭막한 시간이 되기 쉽습니다. 성령님 함께하여 주셔서 알찬 시간, 마음이 시원해지는 시간 그리고 뜨거워지는 시간, 문제가 해결되는 시간이 되게 하여 주옵소서. 예수님의 이름으로 기도합니다. 아멘

Sunday Morning Worship Prayers

[**Thanksgiving**]   Thank you. Lord, your love is forever unchanging. Thank you for allowing us to worship you.

[**To see God**]   Lord, we glorify you for joining our hearts together. Let the sound of worship, the sound of prayer, the sound of blessing and hope overcome the noise of the world. Lord, when Elijah was so exhausted and weary, you whispered to him to strengthen him and then you gave him a new calling. We also long to hear your whisper.

[**Petition**]   Lord, you gave us tongues. We dedicate our tongues to you to pray and praise more.

Lord, we know that we can receive real joy from you only in prayer. As we devote ourselves to prayer, may your hope shine in us. Make us watchmen over souls for you.

Lord, keep us safe both at home and at our work. Cause hard-working believers to be well approved and respected by others. May their commitment to work not become a stumbling block in their faith walk.

[**Worship**]   Worship without your presence can be so dry and tiring! Holy Spirit, be with us and touch our hearts. Answer us when we are in trouble!

In Jesus' name. Amen.

주일찬양예배 기도문

[찬양·감사] 졸지도 아니하시고 주무시지도 않으시며, 불꽃 같은 눈으로 저희의 모든 것을 지키시는 하나님, 이 시간 하나님을 찬양합니다.

세상에 많은 가르침과 훌륭한 이들이 있지만 저희가 저희와 같은 피조물에게 예배드리지 않고 하나님께 예배하게 하시니 감사합니다.

[고백] 창조주이신 하나님, 하나님께서는 천지 만물을 지으시고 보시기에 좋았다고 말씀하셨습니다. 가치가 있다고 하셨습니다. 하나님께서 보시기에 좋았다고 하신 천지 만물이 이제는 심히 타락하여 흉악한 모습을 하고 있습니다. 보시기에 좋은 모습으로 회복시켜야 할 책임이 부름받은 저희들에게 있음을 고백합니다.

우선 저희들의 삶이 하나님 보시기에 좋은 것이 되게 하옵소서. 하나님께서는 천지 만물을 지으시고 저희를 그 관리자로 삼으셨으니 충실한 관리자가 될 수 있도록 도와주시고, 먼저 자신에게 주어진 시간과 건강과 재물을 잘 관리하게 하시옵소서.

[거듭남] 하나님께 감사드리는 이 찬양의 시간에 자신이 죄인인 것과 사죄의 은총에 대한 확신이 새로워지게 하심으로써 자유함을 누리는 시간이 되게 하시옵소서.

찬양하는 마음속에 기쁨이 있는 것과 같이 이 예배에 기쁨이 넘치게 하소서. 수술받아야 할 환자의 육신을 메스 앞에 내밀듯 우리의 영혼을 말씀의 칼 앞에 겸손히 내어 놓습니다. 말씀이 혼과 영과 관절과 골수를 찔러 쪼개는 역사를 체험하게 하시고, 거듭나게 하시며, 새롭게 하옵소서. 마음의 찬양을 드리게 하여 주시기를 원하오며, 예수님의 이름으로 기도드립니다. 아멘

Sunday Praise Worship Prayers

[**Praise · Thanksgiving**]　Lord, you neither slumber, nor sleep. You watch over us with eyes like flame – we praise you.

Thank you, Lord. We worship neither the many teachings of the world nor the wise men of the world but you, the Creator.

[**Confession**]　Lord, when you created the world, you valued it saying, "It is good." But now the natural environment is badly polluted. It is becoming an ugly world. We admit our responsibility for recovering the earth.

Help us to be good stewards of the world, our time, and wealth which you have given us.

Restore our lives to be good in your eyes again.

[**For Being Born Again**]　Free us now by renewing the conviction that we are sinners and you have forgiven us by your grace. Let your joy overflow through this worship. We lay down our souls before just as a patient entrusts himself to a surgeon. We want to experience your Word like a "double-edge sword …… dividing soul and spirit, joints and marrow." Renew us. We praise you with all our hearts.

In Jesus' name. Amen.

주일찬양예배 기도문

[간구] 찬양받으시기에 합당하신 하나님, 찬양예배를 드리는 이 성전이 하나님의 산 호렙이 되게 하시며, 우리가 지치고 절망에 빠졌을 때 이 산을 찾은 엘리야가 되게 하옵소서.

주께서 고요한 가운데 세미한 소리로 나타나셨나이다. 고요히 머리 숙여 주님을 찬양하는 마음에 주님의 음성이 들려지게 하시고 무엇보다도 이땅 위에 하나님의 뜻대로 살려는 믿음의 동지들이 끊이지 않고 있음을 알게 하시옵소서. 엘리야가 고요한 가운데 세미한 음성을 듣고 일어나 힘 있게 걸어간 것처럼 저희도 일어나게 하여 주옵소서.

예배로 시작하여 찬양으로 끝나는 거룩한 주님의 날과 같이, 우리의 생활도 예배와 찬양이 연속되기를 원합니다. 이 시간에 하나님이 친히 여기 계신 것과 주님께서 홀로 우리의 구세주이신 것을 믿사오며, 주님께서 저희를 불러 주셨기에 이 자리에 나아올 수 있음을 고백합니다.

[고백] 이 천지간에 많은 이름이 있지만, 주님의 이름만이 찬양을 받으시기에 합당한 이름임을 고백하며 찬양을 드리오니 받아 주시옵소서. 연약한 저희들, 하나님 앞에 부끄러운 죄가 많았음을 고백합니다. 특히 언어생활에서 실수가 많았으며, 이웃을 사랑하지 못하고 미워했음을 고백합니다. 또한 한 믿음의 공동체로 부름받은 성도를 사랑으로 섬기지 못하고 미워한 죄와 음욕의 죄를 고백하오니 용서해 주옵소서. 그리하여 슬픈 탄식이 기쁨으로 바뀌는 체험이 이 찬양예배를 통해 주어지게 하옵소서.

[감사] 은혜의 하나님, 이 저녁에 성령의 임재를 체험할 수 있게 해주옵소서. 하나님께서 우리를 보호하시며 스승이 되심을 감사드립니다. 예수님의 이름으로 기도합니다. 아멘

Sunday Praise Worship Prayers

[**Petition**]   Lord, who is worthy of all praise, let this place be like Mount Horeb where Elijah ran to when he was exhausted.

Lord, you spoke to Elijah in quietness and reminded him that there were still many who were faithful to you and you strengthened him to do your work again. Lord, do to us as you did to Elijah. Speak to us, strengthen us.

Let our every day be like Sunday for us starting with worship and ending with praise. We believe that you are here with us now. You are our Savior. We acknowledge that we are here because of your grace calling us.

[**Confession**]   We worship you and confess that there is no other name to be worshipped among the nations. We are sinners before you. Particularly, in our speech, we have made many mistakes and have spoken against our neighbors. Also we confess we have not lovingly served our brothers and sisters. Please forgive us for dwelling on lustful thoughts. Turn our sadness into joy as we receive your forgiveness.

[**Thanksgiving**]   God of Grace, we want to experience your Spirit tonight. Thank you for being our Protector and Guide.

In Jesus' name. Amen.

주일찬양예배 기도문

[각 기관의 화합] 찬양받으시기에 합당하신 하나님, 이 시간 드리는 예배를 받아 주옵소서. 주님께서 몸 된 교회의 지체로 세우신 각 기관들이 지체의 본분을 다하도록 도와주옵소서. 한 지체가 고통을 받으면 모든 지체가 고통을 받고, 한 지체가 영광을 받으면 모든 지체도 함께 즐거워함을 알게 하사, 경쟁이 아니라 화합하여 선을 이루는 기관들이 되게 하옵소서.

[교회학교] 교회학교의 각 부서를 지키시옵소서. 많은 영혼들이 교회학교를 통해 복음을 접하고 예수님을 영접하게 된 것을 봅니다. 바른 복음의 씨앗이 뿌려지도록 도와주옵소서. 저희 교회가 좀 더 교육에 힘쓰는 교회가 될 수 있게 하옵소서.

[남·여전도회] 남·여 전도회를 기억하시고 소속된 모든 회원들에게 은혜 내려 주옵소서. 저들이 친교회가 되지 않기를 원합니다. 저들에게 사랑의 안경을 주사 도움을 호소하는 손길들을 보게 하시며, 사랑의 귀를 주사 지친 영의 탄식소리를 들을 수 있게 하옵소서. 무엇보다도 뜨거운 가슴을 주셔서 그 손길, 그 탄식에 호응해서 일어나게 하옵소서.

[재정부·관리부] 재정부와 함께하사 하나님의 사업이 물질 문제로 어려움을 겪지 않게 하시고, 하나님의 재물을 하나님의 뜻에 맞게 사용할 수 있도록 도와주옵소서. 관리부를 기억해 주옵소서. 주님의 전을 정성을 다해 가꾸고, 주어진 직분이 곧 다섯 달란트임을 고백하면서 많은 이익을 남기게 하옵소서.

하나님, 주님의 몸 된 교회의 지체가 된 우리들이 예배의 자리에 있게 하심을 감사합니다. 이 시간 드리는 찬양이 조화를 이루어 아름다운 찬양이 울려 퍼지게 하옵소서. 예수님의 이름으로 기도드리옵나이다. 아멘

Sunday Praise Worship Prayers

[**For Unity between Departments**]   Lord, you are worthy of our praise. Please accept our worship. Help each department fulfill their calling. Let us understand that when one part of the Body receives glory, other parts should rejoice and when one part suffers, the others suffer too. Let us not be divided through competition but united.

[**Church Schools**]   Hold the parts strong in you. We see you are gathering many souls through them. Help them spread the good seed of the gospel and become more effective.

[**Men and Women's Meetings**]   Lord, remember the members of all these meetings. May their reason for meeting be more than mere fellowship. Give them glasses of love to see the needs of others. Give them ears to hear the sighs of weary souls. Especially, give them passionate hearts to respond to them.

[**Finance and Management Departments**]   Lord, help the finance department to have enough so that they won't struggle in doing your work. Remember the management department and make them fruitful.

Thank you, Lord, that we are here to worship you. We want to praise you in harmony.

In Jesus' name. Amen.

주일찬양예배 기도문

[경배] 성전에서 만나 주시는 하나님, 여호와의 영광이 이 자리에 있는 것을 보고 엎드려 경배합니다. 성전을 통해서 주의 백성들과 함께하시는 하나님의 선하심을 찬양합니다. 이 저녁에도 인자하심이 영원하신 하나님을 경배합니다.

[회개] 저희들의 악함을 회개합니다. 겉으로 드러나지는 않으나 마음에 품은 죄악을 용서해 주시기 원합니다. 예배드릴 때 뿐, 언제나 순종에 부족한 저희들이었습니다. 주님을 바란다 하면서도 주님께 대한 목마름 없이 지내왔습니다. 예배하기 전에, 하나님의 은혜와 사랑으로 죄를 씻음받게 하옵소서.

[예배] 이 시간 드려지는 찬양의 예배로 우리의 심령이 새로워지며 뜨거운 찬양을 드리는 시간이 되게 하옵소서. 주 안에서 한 가족이 된 성도들이 같은 마음으로 영광을 드립니다. 예배로 말미암아 온 교우들이 한 공동체의 친교를 갖게 하옵소서. 단 위에 세우신 목사님께 영육간에 강건함을 주옵소서. 하나님의 말씀을 증거하실 때 힘 있는 말씀, 능력 있는 말씀이 되게 하시며, 듣는 우리 교우들이 강단의 메시지에 은혜를 받게 하옵소서.

[은혜를 간구함] 저희 교회에 속한 권속들을 위하여 기도합니다. 찬양예배를 통해서 가정마다 은혜의 강물이 흘러나게 하시옵고 더욱더 믿음 안에서 굳건히 세워지는 권속들이 되게 하옵소서. 간절히 바라옵기는 그 은혜로 치유와 문제의 해결, 위로가 나타나기를 소망합니다. 자라나는 자녀들에게는 기쁨을 허락해 주옵소서. 그리하여 우리 모두 믿음의 역사를 이어가는 권속들이 되게 해주시기를 간절히 원하옵고 예수님의 이름으로 기도하옵나이다. 아멘

Sunday Praise Worship Prayers

[**Worship**]   O God, you meet your people in your temple. We bow before you seeing your glory here. We praise you this evening because you are with us and your mercies endure forever.

[**Repentance**]   We repent of our wickedness. We also confess the wicked sins of our hearts. We often fail to obey you in our daily lives. We say with our lips that we want you but our hearts are not desperate for you. Before we worship, wash our sins in your love and grace.

[**Worship**]   Renew us now in our worship. Let our hearts burn passionately for you. We worship you as one in Christ. Help us to enjoy fellowship as a community. Strengthen our pastor in body and spirit. Empower his message so that all who hear it will receive your grace.

[**Asking for Grace**]   We pray for all who belong to this church. Let your grace flow out from the worship service and strength us in faith. We plead to you that many will receive the solution for their problems. Give your joy to young ones. Make us participants in the history of faith.
 In Jesus' name. Amen.

주일찬양예배 기도문

[감사] 전능하신 하나님, 저희들에게 복된 날을 허락해 주셔서 아침부터 이 시간까지 하나님을 찬양하며 예배하게 하시오니 감사합니다.

[회개] '회개하고 돌이켜 너희 죄 없이 함을 받으라' 하셨으니, 먼저 죄를 고백합니다. 저희들은 어리석어 부지불식간에 죄를 짓고도 모릅니다. 거룩한 백성답게 구별된 삶을 살고자 했으나 연약한 인간이기에 하나님을 잃어버린 삶을 살아온 저희들을 긍휼히 여겨 주옵소서. 저희들의 죄가 주홍같이 붉을지라도 눈처럼 희게 되는 용서의 기쁨을 주시옵소서.

[은혜받기를 위해] 예배를 기뻐하시는 하나님, 이 시간에 드리는 저희 예배가 영과 진리로 드릴 수 있게 되기를 원합니다. 하나님의 자비하신 구원의 은혜를 저희들에게 흡족하게 내려 주시옵소서. 이 시간에 찬양예배를 드리오니 주님께서 기뻐받아 주시고, 이 찬양을 통하여 저희들의 마음을 밝게 해주시기를 원합니다. 찬양 가운데 인간의 연약함에서 벗어나고, 하늘의 용기로 살아가는 다짐이 있게 하옵소서. 성령의 충만함을 통하여 능력을 받고 그 능력으로 저희들의 이웃과 형제들에게 이 복된 빛을 전하기에 부족함이 없게 해주옵소서.

[성도들을 위해] 믿음이 연약한 심령들에게는 강하고 담대한 믿음을 허락해 주시옵소서. 말씀에 갈급하고 굶주린 심령들에게는 말씀의 충만함이 있는 예배, 말씀이 깨달아지는 예배가 되게 해주옵소서. 저희들 중에는 여러 가지로 세상에 시달리며 근심에 빠져 있는 성도들이 있사오니, 그들의 무거운 짐을 주님께서 대신 맡아 주옵소서.

예수님의 이름으로 기도드립니다. 아멘

Sunday Praise Worship Prayers

[**Thanksgiving**]   O Lord, God Almighty. Thank you for giving us this day of blessing. We worship you all day long.

[**Repentance**]   We confess our sins as you commanded, so that we will be cleansed from our sins. Often we sin unknowingly. We desire to live a dedicated life as your holy people but we often lose sight because of our weakness. Have mercy on us. Give us the joy of forgiveness even though our sins are as scarlet.

[**To Receive Grace**]   God, you rejoice in our worship, we want to worship you now in spirit and truth. Rain down your saving grace on us abundantly. Please accept our worship and enlighten our hearts through this time. We want to overcome our weakness and live in a way pleasing to you. Make us your Spirit-filled witnesses to our brothers and neighbors.

[**For the Saints**]   Give strength to those who are weak in faith. Bless those with hungry hearts to be filled with your knowledge. Lift the burdens from those who are crushed in their spirit.

In Jesus' name. Amen.

주일찬양예배 기도문

[경배] 영원한 왕이시며 만주의 주이신 하나님, 저희의 생명을 지으신 여호와 앞에 무릎을 꿇는 예배를 드리려 합니다. 참 좋으신 하나님께 그 이름에 합당한 경배를 받으시옵소서.

[회개] 육신의 삶에 쫓겨 하나님의 은혜를 잊고 지냈음을 회개합니다. 입으로는 예수님이 나의 주인이라 하면서도, 주인의 뜻을 따라 살지 못했습니다. 진심으로 용서를 구합니다. 십자가의 사랑으로 용서해 주시옵소서.

[예배] 이 예배의 주인이신 하나님, 이 시간 드려지는 찬양예배가 형식이나 습관대로 드리는 것이 아니기를 원합니다. 감사와 찬양이 넘치는 예배가 되도록 주님께서 친히 주장하여 주시옵소서.

기도로 설교를 준비하신 목사님께 힘을 더하셔서 권세 있는 말씀을 선포할 수 있게 하옵소서. 그 말씀으로 주저앉았던 저희들이 다시 일어나는 체험을 갖게 해주옵소서.

이 예배로 인하여 저희 교회가 온전히 하나님의 영광을 드러내는 교회가 되게 하시기를 원합니다. 나아가 이 세상에서 방부제의 역할을 감당하며 많은 생명들을 주님 앞으로 인도하여 구원의 기쁜 소식을 전파하는 데 부족함이 없게 하여 주시옵소서.

[목사님과 제직들을 위해] 사랑으로 다스리시는 하나님, 교회를 섬기시는 목사님께 함께하셔서 영육간에 신령함과 강건함을 주시옵소서. 교회를 위해 눈물 흘리며 기도하는 소리를 들으시고 응답해 주옵소서. 일꾼으로 부름을 받은 제직들에게 능력을 주셔서 맡겨진 일들을 수행할 때 부족함이 없게 하옵소서.

예수님의 이름으로 기도합니다. 아멘

Sunday Praise Worship Prayers

[**Worship**]　　O, Everlasting King and Lord of all! We bow down to worship you, our Creator. Accept our worship for you are worthy.

[**Repentance**]　　We repent that we often forget you, rather we busy ourselves to meet our fleshly needs. We confess that you are Lord but we so often live according to your will. We sincerely ask your forgiveness. Forgive us by your love shown on the cross.

[**Worship**]　　God, you are the Lord of our worship. We want to worship you not from formality but with sincere praise springing from thankful hearts. Help us, Lord.

Help the pastor to preach with the authority you gave him. Let our knees be strengthened to stand up. Reveal your glory through this worship. Equip us to be salt and light in the world to lead many souls to you.

[**For the Pastor, Elders and Deacons**]　　God, you rule over us with your love. Please keep our pastor in good health both physically and spiritually. Hear and answer his prayers as he weeps for the saints. Equip your servants with your power so that they may serve you efficiently.

In Jesus' name. Amen.

주일찬양예배 기도문

[경배] 홀로 찬양을 받으실 하나님, 분주한 일상의 삶을 쉬고, 종일토록 하나님께 예배하는 은혜를 주시오니 감사합니다. 이 시간, 찬양예배로 경배를 받으시옵소서.

[회개] 하나님께 기도하며 자복할 수 있는 은혜를 허락해 주옵소서. 하나님의 영광을 가리울만한 죄들을 회개하게 하시며, 용서하심의 은혜로 새롭게 하옵소서. 이제, 저희들이 지은 모든 죄를 고백하고 뉘우치오니 용서하여 주옵소서. 저희들이 주님의 마음을 닮지 못하고 허영과 시기와 미움으로 살아왔사오니, 고쳐주시기를 원합니다. 사유하시는 은혜로 거듭나는 시간이 되게 하옵소서.

[은혜를 간구함] 찬양 속에 임하시는 하나님, 이 시간의 예배로 진정 하나님을 만나게 해주시옵소서. 새로운 삶을 사는 계기가 되게 하시며, 영원토록 주님으로 즐거워하는 삶을 살게 하시옵소서. 주님을 사랑하고 계명을 지키는 자를 위하여 언약을 지키시고 그에게 인자를 베푸시는 하나님을 알게 하옵소서. 하나님의 마음에 합한 사람 되기를 원합니다. 하나님의 음성을 듣는 신실한 주님의 백성이 되게 해주셔서 세상의 기쁨보다는 하나님의 기쁨이 되게 하시옵소서.

[약한 이들을 위해] 불쌍히 여기시는 하나님, 육신이 연약한 자에게 육신의 건강함을 주시고, 믿음의 확신이 없는 자에게 믿음의 확신을 주시고, 말씀이 없어서 방황하는 자에게 말씀의 위로를 받게 해주옵소서. 오직 하나님의 위로와 소망을 바라며 사는 저희들이 되게 하옵소서. 우리가 힘들고 지쳐 넘어지려고 할 때, 너는 내 아들이라는 주님의 사랑스런 음성을 듣고 용기와 희망을 갖게 하옵소서. 예수님의 이름으로 기도합니다. 아멘

Sunday Praise Worship Prayers

[**Worship**]   Lord, you are worthy to receive our praise. We thank you that we are called to worship you all day long. We bow down before you.

[**Repentance**]   Give us grace to repent. We confess our sins which don't glorify you. Make us anew by your grace. Forgive all our sins. Heal us from our vanity, jealousy and hatred.

[**Asking for Grace**]   Lord, you are enthroned in our praise. We want to see your face. Use this worship to live the new life. Make us glad in you forever. We want to be the people whom you are pleased with. We want to hear your voice to be God pleasers, not man pleasers.

[**For the weak**]   Compassionate God, make the weak strong and strengthen the faith of those who are weak in faith. Speak to those who go astray without your word. We so much need your comfort and hope. When we are so weary and about to collapse, let us hear your lovely voice saying, "You are my beloved child." Hearing your voice, let us be revived, having new courage and new hope.
In Jesus' name. Amen.

92
주일찬양예배 기도문

[경배] 자비로우신 하나님, 주님의 사랑을 입은 자들이 오늘 하루를 온전히 구별해서 영광을 돌리게 하시니 감사드립니다. 여기에 모인 주님의 백성들이 마음으로 몸을 굽혀 얼굴을 땅에 대고 여호와를 경배합니다. 우리의 경배를 받으시옵소서.

[회개] 사유하시는 하나님, 각 사람이 행한 대로 심판하실 하나님을 두려워하게 하시옵소서. 그리하여 죄를 지었던 삶에서 돌이켜 회개하고 모든 죄에서 떠나는 용기를 주시옵소서. 저희들은 지난 한 주간 동안에 세상에 살면서 주님을 기쁘시게 하지 못하고, 저희들의 육신을 위하여 이기적인 욕망과 많은 죄악에서 살아왔습니다. 저희들을 용서해 주시고 이제는 죄를 거절하며 살 수 있는 믿음의 용기를 주옵소서.

[설교를 위해] 이 시간 선포되는 말씀으로 예수님의 십자가로 말미암아 죄의 문제가 해결되었음을 다시 한 번 확인하게 해 주시고, 하나님나라의 백성으로 살아가려는 다짐을 새롭게 하게 하옵소서. 말씀의 거울로 저희를 비추시고 우리의 영혼을 가르치사 저희들의 삶 전체가 하나님 아버지를 향한 삶이 되게 하시고, 주님을 저희의 희망과 위로로 삼게 하옵소서. 강단에 세우신 종을 통해서 하나님의 말씀이 온전히 선포되게 하옵소서.

[찬양대] 이 시간에도 우리의 찬양과 경배를 한 목소리로 표현하는 찬양대원들에게 은혜를 내려 주옵소서. 그들이 예배를 위하여 거룩하게 준비한 찬양이 주님의 영광을 선포하는 것이 되기를 원합니다. 또한 입술이 아니라 그들의 몸으로 부르는 찬양이 되기를 원합니다.

이 한 시간의 예배가 드려지기 위하여 수고한 많은 이들의 헌신을 기억해 주옵소서. 예수님의 이름으로 기도합니다. 아멘

Sunday Praise Worship Prayers

[**Worship**]   O Merciful God, thank you that your loved ones gather here to worship you all day long. We humbly kiss the ground in worship of you. Please, accept our worship.

[**Repentance**]   Living God, may all fear you, the Judge of the earth. Embolden us to forsake the sinful lifestyle. Even last week, we made our flesh our priority and so we failed to please you. Forgive us and embolden us in faith to say 'No' to sin.

[**For the Sermon**]   Through this sermon, reassure us of the cancellation of our sin by the cross. Renew your covenant with your people. Shine your word on us and teach our soul so that, having been rooted in your hope and comfort, we will live for you. Proclaim your word through the preacher you have called.

[**Choir**]   Pour out your grace upon the choir as they express our worship in harmony. Help them proclaim your glory. Let them sing not only with their lips but also with their bodies.

Remember the dedication of the many who labored to prepare this worship.

In Jesus' name. Amen.

94
주일찬양예배 기도문

[경배] 만물의 주인 되시는 하나님, 태초에 세상을 지으신 그 때부터 오늘에 이르기까지 우주 만물을 다스리시고, 연약한 인생을 보호하여 주시오니 찬양과 경배를 드립니다. 구원이신 예수 그리스도를 우리에게 보내신 크신 사랑을 감사합니다.

[회개] 자기의 죄를 숨기는 자는 형통하지 못하나, 죄를 자복하고 버리는 자는 불쌍히 여김을 받으리라 하신 말씀을 기억합니다. 다시금 다짐하오니 죄에 대해 죽고, 의에 대해 살겠습니다. 긍휼히 여기시고 이 다짐에 은총을 내려 주시기를 원합니다. 손으로, 발로, 머리로, 가슴으로, 마음으로, 생각으로 춤추며 주님께 영광을 돌립니다.

[예배] 예배를 받으시는 하나님, 준비된 예배를 드리게 하옵소서. 이미 찬양과 경배로 시작된 예배를 마칠 때까지 주관해 주시기를 원합니다. 단 위에 세우신 목사님에게 성령의 감동을 주셔서, 하나님의 뜻이 온전히 선포되게 하여 주시옵소서. 그 말씀으로 저희들을 향한 주님의 뜻이 무엇인지 분별하게 하옵소서. 저희들은 말씀에 순종하여 무슨 일을 하든지 말씀의 인도와 기준에 따라 행하게 하시옵소서.

[은혜를 간구함] 하나님의 자비로우심으로 성도답게 살게 하옵소서. 이미 빛과 소금이 되라 하신 주님의 뜻대로 사는 종들이 되게 하옵소서. 그리하여 악을 물리치고 하나님을 기쁘시게 하는 것을 사모하는 삶이 되기를 원합니다. 하나님나라를 상속받기 위해 경건한 자녀로 살게 하시고, 우리의 의지를 꺾고 겸손히 주님의 뜻과 계획에 온전히 순종하게 하옵소서.

예수님의 이름으로 기도하옵나이다. 아멘

Sunday Praise Worship Prayers

[**Worship**]   Lord of all the earth, we worship and praise you for your greatness. You are the ruler of the universe and yet you are mindful of our frailty. Thank you for sending Jesus our Savior.

[**Repentance**]   Lord, your word says, "If we confess our sins, God is faithful and just and will forgive us our sins and purify us from unrighteousness." We determine once again to die to sin and to live to your righteousness. Have mercy on us and help us. We want to glorify you with our heads, hearts and hands.

[**Worship**]   Let our hearts be prepared to worship you. Watch over us till the end of our worship. Fill the preacher with your Spirit to deliver your message clearly. We want to walk righteously in your will in everything we do.

[**Pleading for Grace**]   Have mercy on us and help us to live holy lives. We want to do your will, being salt and light to the world. Then we might live lives pleasing to you, loving you but rejecting sin. Help us to live holy lives and inherit your kingdom. We want to submit our will to your will.

In Jesus' name. Amen.

주일찬양예배 기도문

[찬양] 찬양을 받으시기에 합당하신 하나님, 주님의 몸 된 전에 주님의 귀한 자녀들이 모였사오니 찬양과 영광을 받으시옵소서. 존귀하신 그 이름이 높아지기를 원합니다.

[회개] 저희들의 지난 한 주간 동안은 결코 아름답지 못하였습니다. 주님의 보내심으로 빛이요, 소금이 되어야 했던 세상이었건만 그렇게 하지 못하였습니다. 육신이 연약하고 믿음이 부족하다는 핑계로 주님의 말씀대로 살지 못하였습니다. 여러 가지로 범한 죄와 허물이 많이 있사옵나이다. 이 시간 저희들의 모든 죄를 주님께 자복하고 회개하오니 주 예수 그리스도의 보혈로 깨끗함을 얻게 하옵소서.

[예배] 예수님의 이름으로 모인 무리들이 높고 귀하신 하나님께 예배하고자 합니다. 살아있는 예배, 회복되는 예배가 되도록 도와주옵소서. 오직 하나님께만 영광이 되는 예배의 순서순서로 이어지기를 원합니다. 주일을 마감하는 시간에 저희들을 위해서 준비된 하늘의 은혜를 허락해 주시옵소서. 새 힘을 공급받는 은혜의 시간이 되게 해주옵소서.

[교회] 하나님 아버지, 주님의 몸 된 교회를 위하여 기도합니다. 주님의 크신 뜻이 계셔서 이 곳에 교회를 세워 주시고 오늘날까지 지켜 주시니 감사합니다. 우리 교회가 이 지역에 없어서는 안 될 구원의 방주가 되게 하시며, 크신 능력과 은총을 허락하셔서 죽어가는 많은 심령들에게 복음의 기쁜 소식을 전할 수 있게 도와주시옵소서. 또한, 역할과 사명에 따라 기관을 세우셨사오니 각 기관을 지켜 주시고 늘 새로운 힘을 주셔서 맡은바 사명을 감당하게 하시고 날로 성장하게 하시옵소서.

예수님의 이름으로 기도드립니다. 아멘

Sunday Praise Worship Prayers

[**Praise**]　　Lord, you are worthy of all praise. Be glorified by your children's praise. We want to exalt your name.

[**Repentance**]　　Last week, our lives were far from beautiful. We failed to be salt and light in the world. We excused that we are so weak, both physically and spiritually. We have sinned greatly. Cleanse us by Jesus' Blood as we confess all our sin before you.

[**Worship**]　　We gather here in Jesus' name to worship you. We want to worship you meaningfully. Please rejuvenate us through this worship. We want to glorify you alone in all we do. As we approach this evening, give us your grace which is prepared in heaven. Lord, Revive us now.

[**Church**]　　Father God, we pray for the church, the body of Christ. We thank you so much for establishing and keeping it. Make this church an ark of salvation for the local area and help us to deliver the gospel to the many dying souls through your might and grace. Also, we commit the various departments of this church as you have appointed them to do their calling. Protect them and strengthen them daily for growth.

In Jesus' name. Amen.

98
주일찬양예배 기도문

[감사] 시와 찬송과 신령한 노래들로 서로 화답하며 너희의 마음으로 주께 노래하며 찬송하라고 하신 하나님, 저희들에게 찬양예배의 시간을 주신 것을 진심으로 감사드립니다. 함께 예배드리는 좋은 믿음의 이웃들을 주신 것을 감사드리고, 찬양으로 예배를 돕는 이들을 주신 것을 감사합니다.

하나님, 찬양하는 동안 우리의 마음이 뜨거워지게 하옵소서. 그리스도만을 나의 구주로 신뢰하게 하시고 그분이 우리의 죄를 가져가시고 죄와 사망의 법에서 우리를 구원하셨다는 확신이 새로워지게 하여 주옵소서.

[교회] 하나님, 교회가 새로워지게 하여 주옵소서. 뜨거워지게 하여 주옵소서. 다시 일어나 빛을 발하게 하시고, 민족을 위해 앞장 서게 하여 주옵소서. 사회를 변화시키고 백성들에게 소망을 주는 교회가 되게 하옵시고, 교인은 정직한 사람들, 믿어도 좋은 사람들, 이와 같이 신뢰를 받는 성도들이 되게 하여 주옵소서.

[나라] 도우시는 하나님, 이 예배에서 나라를 위해 기도드립니다. 지금 이 나라는 주님의 도움이 절실히 필요하오니 도와주옵소서. 이 나라가 하나님을 알지 못하는 무리들로 인하여 위급한 가운데 놓였사오니 역사의 통치자이신 하나님께서 간섭해 주시옵소서. 복음의 나라가 되게 하시고 하나님을 두려워하는 백성이 되게 하여 주시옵소서. 나라를 위해 뜨겁게 기도하던 구국기도회의 전통이 되살아나게 하시고, 찬양이 이 나라 방방곡곡에서 울려 퍼지게 하여 주옵소서.

이 찬양예배를 통해 성도들의 마음이 평안을 얻게 하여 주시고, 소망이 새로워지게 하여 주옵소서.

예수님의 이름으로 기도하옵나이다. 아멘

Sunday Praise Worship Prayers

[**Thanksgiving**]   Lord, you taught us to bring hymns and spiritual songs to you when we gather to worship you with praise springing from the bottom of our hearts. Thank you for giving us this time of praise.

Thank you for giving us our neighbors to worship you together and also for those who serve in this worship. Set our hearts on fire while we praise you. Renew our faith in Christ, the only Savior who has saved us from sin and death.

[**Church**]   O God, renew the Church. Give us passion. Help us to stand up again to shine your light, to lead this nation. Help us to reform and give hope to this society. Train us to be trustworthy.

[**For South Korea**]   Lord, our Helper, we pray for South Korea. We are so desperate now, help us. O God, the ruler of history, please intervene in our history, this country is endangered by people who don't know you.

Teach us to fear you. Revive the powerful prayer movement of the past and let our praises ring throughout this country.

Comfort the hearts of your saints to find peace and hope in you through this praise and worship.

In Jesus' name. Amen.

100
주일찬양예배 기도문

　[감사]　새 노래로 찬양을 받으시고 열 줄 비파로 찬양받으시기에 합당하신 하나님, 세상에는 죄악의 밤이 깊어가는데 우리에게 은혜의 밤을 갖게 하시고, 은혜의 세계로 깊이 들어가게 하심을 감사드립니다. 이 시간이 모든 염려 근심에서 벗어나는 시간이 되게 하여 주옵소서. 입으로는 기도하고, 마음으로는 근심하는 어리석음을 범하지 않게 하여 주시옵소서.

　[은혜받기를 위해]　하나님, 저희들의 입술에 할례를 베푸시어 찬양을 통해 주님께 영광 돌리고 기쁨을 회복하게 하시고, 우리들의 귀에 할례를 베푸시어 말씀 듣는 일을 통하여 은혜받게 하옵소서. 이 시간 말씀을 듣고 깨닫게 하셔서 말씀대로 살아가는 믿음의 사람이 되기를 소원합니다. 위기를 만날 때 능력의 말씀으로 이기게 하옵시고 무슨 일을 하든지 하나님의 영광이 드러나는 삶이 되게 하여 주시옵소서. 예배에 참여한 모든 심령들의 가정을 지켜 주시고 말씀으로 승리하게 하옵소서.

　[청소년들을 위해]　하나님, 이땅의 청소년들이 찬양하기를 기뻐하게 하옵소서. 청소년들이 찬양하는 동안에 주 안에서 삶의 목표와 바른 가치관이 정립되게 하여 주옵소서. 청소년들의 입에서 반석이 터져 생수가 솟구치듯 찬양이 쏟아지게 하옵소서. 세상의 속된 음악들과 건전하지 못한 풍조 속에 노출되어 있는 청소년들을 지켜 주옵소서.

　이 나라의 교육 현장에 함께하시어서 교권이 확립되게 하시고, 교사들이 권위를 가지고 가르칠 수 있게 하여 주옵소서. 교단의 갈등과 왕따가 사라지게 하시며 공교육이 제자리를 찾게 하여 주옵소서.

　예수님의 이름으로 기도드립니다. 아멘

Sunday Praise Worship Prayers

[**Thanksgiving**]   We praise you with new songs and make music like on a ten-stringed harp. As the night advances, the world commits more sins yet you invited us to come here tonight to experience more of your grace. Free us now from all our worldly worries. Let us not sin against you by praying only with our lips yet holding onto worry in our hearts.

[**To Receive Grace**]   Lord, circumcise our lips so that we can glorify and receive your joy as we offer you praise. Circumcise our ears to understand your Word. We want to live according to your Word. By the power of your Word, we want to overcome crises and so glorify you through our lives. Protect our families and make them victorious through your Word.

[**For Teenagers**]   O God, help them rejoice in praising you. May they find their calling and set their eyes on higher things while they sing for you. Protect them from unclean music and ungodly, secular culture. Help their teachers to teach with authority. Help them to sort out conflicts and bullying problems so that public education may find its proper place.
In Jesus' name. Amen.

102
주일찬양예배 기도문

[감사] 측량할 수 없을 만큼 위대하시고 크게 찬양받으시기에 합당하신 하나님, 저희들의 부족한 입술로 하나님을 찬양하게 하심을 감사드립니다.

[믿음 성장을 위해] 하나님께 드리는 이 찬양이 우리에게 힘이 되게 하시고, 위로가 되게 하옵소서. 찬양을 통해서 우리의 믿음이 더욱더 성장하기를 원합니다. 찬양을 마치고 돌아갈 때에 우리의 마음에 변화가 있게 하옵소서. 오늘 드리는 찬양과 오늘 듣는 말씀과 오늘 드린 기도가 영혼의 양식이 되어 우리 안에서 믿음의 불길로 타오르게 하여 주시옵소서.

[새힘 얻기를 위해] 지친 영혼들이 찬양을 통해서 새힘을 얻게 하시고, 좌절한 성도가 찬양을 통해 의욕을 갖고 다시 도전할 수 있도록 도우시고, 갈급한 영혼에게는 이 찬양이 생수가 되게 하여 주옵소서.

이 시간 하나님께 받은 은혜를 찬양하는 시간이 되게 하시고, 찬양을 통해 은혜의 바다로 나아가게 하여 주시옵소서.

[찬양대원] 하나님, 찬양대원들에게 함께하여 주셔서 진정 감사한 마음으로 우리의 주인 되시는 하나님, 교회의 머리가 되시는 주님께 찬양을 드리게 하여 주옵소서. 입술의 찬양이 아니라 마음의 찬양, 신앙고백적인 찬양, 영혼의 찬양을 드리게 하여 주옵소서.

[말씀 듣기를 위해] 말씀을 증거하실 목사님을 붙들어 주옵소서. 준비된 말씀이 선포되어질 때 하늘의 능력이 나타나게 하옵소서. 듣는 이들의 심령이 풍성한 은혜를 누리게 하옵소서. 이 예배를 통해 주의 존귀하고 영광스러운 위엄이 이 성전에 임하는 것을 보게 하여 주옵소서. 예수님의 이름으로 기도합니다. 아멘

Sunday Praise Worship Prayers

[**Thanksgiving**]   O God, your greatness cannot be measured, you are worthy of our praise. Thank you for letting us praise you with our lips.

[**For Growing in Faith**]   Strengthen and Comfort us as we worship you. Increase our faith through the praise. Change our hearts as we leave this place. Make our praise, the Word we have heard and the praises have offered, become our souls' food for the burning flame of faith within us.

[**For New Strength**]   Rejuvenate our weary souls as we praise you. Help those sitting in despair to rise up to new challenges. Quench the thirst of souls from this well of praise.
   We are stepping deeper into the sea of grace as we sing of your grace.

[**Choir members**]   Be with the choir members and help them to sing to you our God, the Church's Head. May their praise be a spiritual confession of faith from their hearts.

[**For Hearing the Word**]   Hold the preacher in your hands. Display heaven's power as the Word is proclaimed. May its hearers receive your abundant grace. May your glorious majesty come down in this place.
   In Jesus' name. Amen.

104
주일찬양예배 기도문

[감사] 주를 찬양하는 일이 선하고 아름답다고 하신 하나님, 주님을 찬양하게 하시고 기도하게 하심을 감사드립니다. 하나님 아버지, 무한하신 능력으로 이 시간 우리가 드리는 기도에 응답하여 주시기를 원합니다. 믿음 없는 저희들은 하나밖에 구하지 못했으나 둘로, 또는 셋으로 응답하여 주시는 하나님의 크신 사랑을 감사합니다.

[기도 응답받기를 위해] 저희들이 믿음이 부족하여, 송구스러워서, 알지 못하여 미처 구하지 못한 것도 이루어 주시는 하나님을 오늘 찬양예배를 통해 만나뵈옵기를 원합니다. 하나님을 경외하는 자들의 부르짖음을 들으시는 하나님, 사랑하는 양들이 여러 가지 문제를 놓고 눈물 흘려 기도할 때 응답해 주시옵소서.

하나님, 주님께서 갈릴리 바다의 풍랑을 잔잔하게 하신 것과 같이, 우리 마음속의 풍랑을 잔잔하게 하여 주옵소서. 상심한 자들을 고치시고 상처난 부분들을 싸매어 주옵소서.

[나라] 이 나라 정치계, 경제계, 교육계, 노사 문제, 사회 전반의 심한 풍랑이 가라앉게 하여 주옵소서. 범죄의 파도도 사라지게 하여 주옵소서. 서로가 양보의 미덕을 갖게 하시고, 진실한 대화로 타협하는 일이 많아지게 하여 주옵시고, 갈등은 사라지고 이해가 많아지게 하여 주옵소서. 서로 신뢰할 수 있는 사회가 되게 하여 주옵소서.

[선교사] 선교사들을 위해 기도하오니 선교사들이 사역하는 곳에 주님을 찬양하는 소리가 높아지게 하여 주옵소서.

하나님, 저희들이 평생 동안 주님을 찬양하게 하여 주옵소서. 찬양을 통해 우리의 삶이 아름다워지게 하시고 우리의 예배에 은혜가 넘치게 하여 주옵소서. 예수님의 이름으로 기도합니다. 아멘

Sunday Praise Worship Prayers

[**Thanksgiving**]   Lord, you said that praising you is good and pleasant! Thank you for enabling us to praise and pray to you. Father God, answer our prayers with your unlimited power. We thank you that you are God who answers prayer much more than we ever ask.

[**For Answers to Prayer**]   Lord, we are often unable to ask in detail because of our lack of faith, our feeling of unrighteous or our ignorance. Yet you generously answer things we have not prayed for. We want to see you today. Answer our tearful pleas.

Calm the waves of our hearts as you did on the sea of Galilee. Heal our wounds.

[**South Korea**]   Rebuke the waves of chaos in politics, economics, education, labor-management disputes, etc. Cause crime to disappear from our country. Teach us how to concede to each other and communicate sincerely. Help us to understand each other and not oppose each other. Cause relationships in society to be trustworthy.

[**Missionaries**]   We pray for missionaries that they will raise up their voice to praise you wherever they are.

Lord, we want to worship you for as long as we live. Beautify our lives as we worship and let your grace overflow into our lives.

In Jesus' name. Amen.

106
주일찬양예배 기도문

　[**찬양하는 이들을 위해**]　호흡이 있는 자마다 여호와를 찬양하라고 하신 하나님, 오늘 저희들이 드리는 찬양이 이 교회가 있는 지역사회와 성도들의 가정과 주변에 울려 퍼지게 하옵소서. 또한 하나님을 찬양하는 심령들을 붙드셔서 하나님의 나라를 확장시켜가는 일에 귀하게 사용하여 주시고, 주님의 명령과 소원을 이루어 드리는 일에도 귀하게 쓰임받게 하옵소서. 우리의 찬양이 성도들의 영적 성장과 경건생활에도 큰 도움이 되고 민족과 세계 복음화에도 큰 힘이 될 것을 믿습니다.
　나 대신 돌아가신 그 놀라운 사랑을 찬양할 때 주 예수보다 귀한 것은 없다고 진정으로 고백하게 하시고, 세상 자랑과 세상 즐거움을 버릴 수 있는 결단이 있게 하시옵소서.
　[**기도**]　오늘 기도할 때 저희들의 부족함을 숨김없이 아뢰게 하시고, 저희들 마음속 깊은 곳에 있는 소원을 낱낱이 고하게 하여 주옵소서. 자세하게, 구체적으로 아뢰고 그로 말미암아 구체적으로 응답받게 하여 주옵소서.
　성도들이 걸어온 날들을 돌아보며 그 안에 있는 하나님의 사랑과 섭리를 깨닫게 하시고, 나의 나 된 것은 주님의 은혜라고 고백하게 하시고, 앞날을 내다보며 비전을 새롭게 할 수 있도록 도우시옵소서.
　[**사명 감당하기를 위해**]　찬양대원과 교사와 선교회와 구역장(속장)과 여러 가지 직무를 맡은 이들이 직분 맡은 것을 감사하며, 직분을 소중하게 여기게 하여 주시사 맡은 자에게 구할 것은 충성이라는 말에 부끄럽지 않게 되기를 소원합니다.
　이 예배가 신령과 진정의 예배가 되기를 원하오며 예수님의 이름으로 기도합니다. 아멘

Sunday Praise Worship Prayers

[**For Praising People**]　　Lord, you said that all who have breath should praise you. May we praise you in our homes and in each locality. Take hold of our lives and use us to extend your kingdom and do your will. May our praise enlighten the spiritual growth of the saints and aid the evangelization of his nation and the world.

We confess that nothing is more precious than Jesus our Lord. We sing of his wondrous love shown in his dying in our place. We want to determine to forsake worldly pleasure and pride.

[**Prayer**]　　We confess all our sins without hiding anything. We want to confess in every detail so that we may also be answered in detail.

As we look back on our lives, we realize your great love and providence. We confess that we live solely by your grace. Refresh our vision to look to the future.

[**To Do our Calling**]　　We now pray for the choir members, teachers, mission department, home group leaders and all other servants in the Church. Teach them to treasure their callings and serve you with all their heart.

We want to worship you in spirit and truth.

In Jesus' name. Amen.

108
주일찬양예배 기도문

[찬양] 저희들에게 찬양을 선물로 주신 하나님, 저희들의 찬양이 기쁜 소리, 구원의 소리가 되게 하시고, 저희들을 찬양으로 주님의 마음을 기쁘게 해 드리는 종으로 삼아 주옵소서.

[감사] 저희들이 사는 나라에 복음이 전해지게 하시고 또 신앙의 자유를 누리게 하심을 감사드립니다. 또 이와 같이 좋은 신앙공동체를 주셔서 함께 찬양하고 함께 기도하게 하심을 감사드립니다.

[새힘 얻기를 위해] 지금은 영적인 추수기이온데 찬양을 통해 추수에 힘쓰는 이들이 새힘을 얻게 하시고 더 많은 열매를 거두게 하시옵소서. 찬양하는 성도들에게 새로운 다짐이 있게 하시고, 변화와 진보와 성숙이 이루어지게 하여 주옵소서.

[교역자, 수험생들을 위해] 하나님, 교역자들의 건강을 지켜 주셔서 목회에 지장이 없게 하여 주옵소서. 또 목회를 마치고 은퇴한 원로 교역자들에게 강건함과 평강을 허락하옵소서.

수험생들이 시간을 아껴가며 집중적으로 공부하게 하시고, 지치지 않도록 체력을 지켜 주옵소서. 다시 한 번 도전하는 재수생들에게는 배의 의지를 주시고 그것이 배의 기쁨으로 열매를 맺게 하옵소서.

[찬양예배] 교회의 여러 예배 가운데 특히 찬양예배를 주시고 이 예배에 나올 수 있는 건강과 시간과 믿음을 주시니 감사드립니다. 더 많은 사람들에게 같은 마음을 주셔서 교회마다 이 찬양예배의 시간이 차고 넘치게 하여 주옵소서. 이제 선포되는 말씀이 있습니다. 그 말씀으로 우리의 심령이 기쁨을 회복하는 은혜, 첫사랑을 회복하는 은혜가 있게 하시옵소서. 예수님의 이름으로 기도드립니다. 아멘

Sunday Praise Worship Prayers

[**Praise**]   O God, you gave us praise as a gift for us. We want to make a joyful sound, the sound of salvation. May we be servants who gladden your heart.

[**Thanksgiving**]   Thank you for giving the gospel to our country and for religious freedom. Thank you so much for giving us to each other to become one family to praise and pray to you together.

[**For New Strength**]   Lord, this is the time for spiritual harvest. Strengthen the laborers to be strong to gather more fruits. Renew those who praise you to experience changes for further growth and maturity.

[**For Church Workers and Students Taking Exams**] Lord, keep the church workers in good health. Also watch over retired church workers, to live healthy and peaceful lives.

Please help those students to fight a good fight. Especially bless those who are retaking exams to have twofold determination and so joyfully succeed with excellence.

[**Praise and Worship**]   We especially thank you Lord, that we can worship with praise and are able to come here. Thank you for the health, time and faith you give us. Give the same heart to many more so that each church would be full for worship. Now is the time to proclaim the Word. By your grace, restore our first love of you. In Jesus' name. Amen.

주일찬양예배 기도문

[**성령충만을 위해**] 많은 사람 중에서 저희를 택하시고 주님을 찬양하게 하신 하나님, 찬양을 통해 저희들의 믿음이 여름에 초목이 자라는 것처럼 성장하게 하여 주옵소서. 찬양을 통해 사단이 물러가게 하시고 은혜가 충만하게 하여 주시옵소서. 우리들의 입술에서 찬양이 떠나지 않게 하시고, 성령충만한 삶을 살 수 있게 하옵소서.

[**찬양 사역자들을 위해**] 우리에게 각각의 달란트를 주신 하나님, 교회 음악의 발전을 위해 힘쓰는 이들에게 재능과 사명감을 더하여 주시고, 찬양대를 지휘하는 이에게 지도력을 더하여 주시고, 복음성가를 작사하고 작곡하고 부르는 이들과 악기를 연주하는 이들에게는 경건함을 더하여 주옵소서. 찬양을 인도하는 이들에게는 힘을 더하시며 찬양 팀에게는 화합의 아름다운 모습을 주옵소서. 모두가 다섯 달란트 받은 종이 되게 하여 주옵소서.

[**나라**] 역사의 주인이신 하나님, 오늘날 이땅 위에는 긴장이 감도는 곳이 많습니다. 그곳에 총성 대신에 평화를 알리는 나팔 소리와 찬양 소리가 메아리치게 하여 주옵소서.

하나님, 이 나라를 지켜 주옵소서. 하나님을 의지하는 나라, 하나님을 기쁘시게 해 드리는 나라, 하나님을 찬양하는 나라가 되게 하여 주옵소서. 하나님께서 이 나라를 제2의 이스라엘로 택해 주셨음을 확실히 믿사오니 믿음의 모범을 보이는 민족, 선교 민족, 영적 민족, 찬양하는 민족으로 사명을 다하게 하여 주옵소서.

[**예배**] 드려지는 예배가 하나님 받으시기에 합당한 예배, 마음과 뜻과 정성을 모두어 드리는 향기 나는 예배가 되게 해주옵소서. 예배를 통해 막혀 있던 모든 것들이 시원케 되는 역사가 있게 하옵소서. 예수님의 이름으로 기도합니다. 아멘

Sunday Praise Worship Prayers

[**To be Filled Fully with the Holy Spirit**]   Thank you Lord, for choosing us from among many to praise you. Through this worship, help us to grow in our faith like green trees in Summer. Let your grace be so abundant that Satan will flee as we worship. May we never cease praising you as we live Spirit-filled lives.

[**For the Choir Leaders**]   O God, you give each person talents. Multiply the talents of those who serve through music. Increase their awareness of their calling. Strengthen the conductor's leadership and piety to compose and perform sacred music. Unite the praise team in harmony. Make them like the servant who received five talents.

[**South Korea**]   Lord, you are the ruler of history. There are many place in South Korea with high social unrest. Let trumpets ring out proclaiming peace, instead of the sound of gunshots.

Lord, protect this country. Cause this nation to rely on you, to please you and to praise you. Lord, we believe you have chosen South Korea to be a second Israel so make us a nation of faith, mission and Spirit-filled praise.

[**Worship**]   May our heart-filled worship be pleasing and fragrant to you, O God. Open up all spiritual blockages through the worship. In Jesus' name. Amen.

수요예배 기도문

　[감사] 사랑의 하나님, 분주한 삶을 지내다가 모든 것 잠시 멈추고 예배의 자리에 있게 하심을 감사합니다. 모든 이 예배의 자리에 모인 우리 모두가 하나님께서 허락해 주신 삶의 현장에서 하나님의 영광을 드러내는 삶을 살 수 있도록 도와주옵소서.

　[세상에서의 삶] 저희들이 작은 그리스도가 되고, 일터와 가정이 작은 교회가 되게 하여 주옵소서. 작은 등불들이 곳곳에 켜질 때 어두운 그늘이 없어지고 모두가 밝음 속에서 거하게 됨을 압니다. 이 시간에 기름을 새로 채우고 새힘을 얻게 하여 주시옵소서.

　예수님께서 가르치시기를 먹고 마시며 입는 것을 걱정하지 말라고 하셨는데 저희는 물질의 문제에 관심을 집중하며 이방인과 같은 생활로 사흘을 보냈습니다. 이제는 하나님의 나라와 하나님의 의를 구하는 믿음 있는 사람이 되게 해주옵소서. 하늘의 것을 구할 때 땅의 것도 이루어 주실 줄로 믿습니다.

　은혜로우신 하나님, 지난 사흘간에도 이땅 위에는 많은 변화가 있었습니다. 슬픔을 당한 가정과 기쁜 일을 만난 가정과, 여러 가지 일들로 인해 하나님의 도우심이 필요한 가정이 있습니다. 위로하여 주시고 감사하게 하옵소서. "하나님의 뜻을 이루게 해주옵소서"라는 기도가 모든 일의 우선이 되기를 원합니다. 오직 영원한 것은 하나님나라뿐임을 고백하게 하시옵소서.

　[간구] 하나님, 배신당하며 괴로워하는 영혼이 있습니까? 하나님은 우리를 영원히 배반하지 않는 분임을 알게 하시고 외로워하는 영혼이 있습니까? 주님은 우리의 진실한 친구임을 알게 하여 주옵소서.

　예수님의 이름으로 기도합니다. 아멘

Wednesday Evening Worship Prayers

[**Thanksgiving**]　God of Love, thank you for allowing us to take time out from the hectic pace of life to come and worship you. Help each one of us to glorify you wherever we are.

[**For Life in the World**]　Make us like little Christs and make our homes and work places to be like little churches. Let us be like little lights piercing through the darkness and shedding light into the World. Renew our strength.

We have spent most of our time focusing on material things just like those who don't know you. Jesus clearly taught us not to worry about what we will eat or what we will wear. From now on, we want to live our lives seeking your kingdom and your righteousness. We believe that when we seek first after heavenly things then you will meet our earthly needs also.

God of Grace, there have been many changes in this land in the last three days. There are many families, both happy and sad, who need your help in many areas. Comfort them so that they may give thanks to you. Let our first prayer always be, I want to do your will. We confess that your kingdom will last forever and everything else will pass away and be forgotten.

[**Pleading**]　Lord, is there anyone here who feels betrayed? Let them know that you will never betray them. Is there anyone who is lonely? Let them know that you are our faithful friend.

In Jesus' name. Amen.

114
수요예배 기도문

[감사] 하나님, 한 주일의 중간입니다. 유혹받기 쉬운 때입니다. 가룟 유다가 주님을 배반하고 대제사장을 찾아간 것도 고난주간의 수요일이었습니다. 이러한 때에 저희를 불러 주시니 감사합니다. 신앙의 재 무장이 이루어지게 하여 주옵소서.

[고백과 응답] 기도하기 위해 이 자리에 나왔습니다. 세리와 같이 가슴을 치며 죄를 고백하고 의롭다 인정함을 받는 기도를 하게 하소서. 주님을 세 번 부인한 베드로를 용서하시고 세 번이나 사명을 주신 하나님, 지나간 시간에 주님을 부인한 일이 많았던 저희를 용서해 주시고 새로운 사명을 주옵소서. 그리하여 저희의 허물이 저희를 얽어매는 올무가 되지 않고, 용서하시고 새 힘을 주시는 하나님을 증거하는 증표가 되게 하시옵소서.

주님께서는 저희의 필요를 아십니다. 혹 저희가 정욕으로 잘못 구하는 것이 있으면 깨우쳐 주시옵고 저희가 먼저 구해야 할 것이 무엇인지 알게 하옵소서. 하나님의 도움을 받기 위해 상한 심령을 가지고 나아온 심령들을 치유해 주옵소서.

[예배에 참석지 못한 성도들을 위해] 하나님, 더욱 많은 성도들이 수요예배에 참석하기를 원하오나 여러 가지 형편으로 이 자리에 참여하지 못한 성도들이 있습니다. 지금 어떤 곳에 어떤 모습으로 있든지 살펴 주시고 함께하옵소서. 실수함이 없게 하시고, 있는 그 자리에서 경건한 제단을 쌓을 수 있헤 해주옵소서.

군문에 가 있는 성도들, 국내외 각지에서 모 교회를 그리워하며 이 시간을 보내고 있는 성도들을 기억해 주옵소서. 성령의 교통하심이 함께하실 줄로 믿습니다. 배나 뜨거운 마음으로 기도하며 찬송하며 말씀을 듣는 시간이 되기를 원하오며, 예수님의 이름으로 기도드립니다. 아멘

Wednesday Evening Worship Prayers

[**Thanksgiving**] O God, we are halfway through the week – the time when it seems we are more easily tempted. This is the day when Judas visited the High Priest Caiaphas to betray Jesus. Thank you for calling us to you in such a time as this. Help us put on the your armor by faith.

[**Confession and Answer**] We want to pray like the tax-collector, who Jesus praised because his actions demonstrated his genuine repentance. Lord, forgive us once again and give us a new calling just as you restored Peter by reaffirming him three times. Use even our shortcomings as opportunities to show your grace. May they not become a snare that strangles us.

Lord, you know our every need. Give us understanding if we have asked anything from fleshly motives. Heal those with wounded hearts who came forward to be healed.

[**For Those who Are Unable to Participate in Worship**] Lord, there are many who could not come tonight, even though they wanted to. Be with them and take care of them.

Remember those undergoing military service and those abroad. We believe our hearts are united by the Holy Spirit. Make us zealous for a double portion in prayer, healing and praise.

In Jesus' name. Amen.

116
수요예배 기도문

[고백] 하나님, 이 시간에 달란트를 받고 열심히 장사하다가 중간 계산을 하는 종의 심정으로 하나님 앞에 섰습니다.

지난 사흘 동안 얼마의 이익을 남겼는지 정직하게 계산하게 하옵소서. 저희에게 주신 하루하루가 많은 이익을 남기는 날들이기를 원합니다. 하나님나라 건설에 벽돌 한 장씩 보태는 날들이 되도록 도와주옵소서.

[이웃과의 관계] 하나님, 저희들의 삶이 수직과 수평이 조화를 이룬 삶이기를 원합니다. 주님께서 십자가를 지심으로 아담으로 인해 끊어진 나와 하나님과의 관계를 회복시켰을 뿐만 아니라, 가인으로 인해 끊어진 나와 이웃 간의 관계도 회복시키셨사오니 하나님과 바른 관계를 갖고 나아가 이웃과도 바른 관계를 갖고 살게 해주옵소서. 저 높은 곳에 대한 소망이 날로 새로워지는 가운데 이땅에서 십자가의 군병으로, 빛으로, 소금으로 사는 생활에 충실하게 하옵소서.

[은혜] 수요예배를 통해 위로부터 내리는 영적인 힘을 받기를 원합니다. 이 힘이 이웃과의 관계를 바로하는 데 사용되게 하셔서 십계명을 통해 하나님께 대한 계명 뿐만 아니라 인간에 대한 계명도 함께 주신 하나님의 뜻을 이루게 하옵소서. 수고하고 무거운 짐진 자들을 오라고 하신 주님의 말씀에 의지하여 주님 앞에 나아왔사오니 주 날개 밑의 진정한 안식을 누리게 하옵소서.

이 시간 드리는 기도로 인하여 저희의 마음이 평안을 얻고, 이 시간 배우는 성경을 통하여 우리의 믿음이 반석 위에 서게 하옵소서.

예수님의 이름으로 기도하옵나이다. 아멘

Wednesday Evening Worship Prayers

[**Confession**]　　Lord, standing here before you, we feel like the servant who stood before his master to evaluate the worth of his labor. We evaluate the worth of our last three days' labor. Make our days fruitful for you. Everyday, We want to lay a brick for your kingdom.

[**Relationships with Neighbors**]　　O God, let our lives be in harmony, both with our neighbor and with you. This is now possible because Jesus died on the cross to reconcile us with Father God and our fellow man. Having been renewed by this heavenly hope, lead us to be salt and light in this world as your soldiers of the Cross.

[**Grace**]　　Through this worship we want to receive spiritual power from above. We need your spiritual power to fulfill your commandments concerning God and mankind. We approach you trusting your Word which invites the weary and heavy laden. Give us the rest in the shadow of your wings, which you promised.

Let us receive your peace through the prayers we offer you and let our faith stand on the rock as we learn your Word today.

In Jesus' name. Amen.

118
수요예배 기도문

[찬양] 지금도 살아서 저희들을 지켜 주시는 이스라엘 하나님 여호와를 찬송합니다. 도와주시는 사랑에 감사하며 찬양을 드립니다. 이 시간, 온몸으로 찬양하며 예배하게 하옵소서.

[회개] 성령의 인도하심을 따라 예배하러 나아온 저희들, 주님의 십자가를 바라보니 용서함을 구할 것밖에는 없습니다. 주님을 의지한다 하면서도 눈에 보이는 것들에 마음을 두고 살았고, 하나님나라보다는 세상의 욕심과 정욕을 따라 살았습니다. 믿음보다는 사람의 생각으로, 하나님의 뜻보다는 자신의 일을 이루기 위해서 동분서주했습니다. 용서하옵소서.

[교회를 위해] 자비로우신 하나님, 저희들 속에 성령으로 충만하게 채워 주셔서, 하나님의 영광을 나타내는 삶이 되게 하여 주옵소서. 주께서 세우신 교회에 복을 내려 주시기를 원합니다. 교회가 세상 속에서 주님의 뜻을 나타내게 하시고 하나님의 진리를 선포하게 하옵소서. 성도들의 기도와 사랑으로 지역을 섬기는 교회 되게 하옵소서. 이를 위해서 저희들이 물질을 드리는 일에도 열심을 내게 하옵소서. 복음을 드러내는 교회로서의 사명을 다하기에 부족함이 없도록 도와주시기를 원합니다.

[일꾼들을 위해] 교회를 세우시고, 일꾼을 선택하신 하나님, 주님의 교회에서 일꾼으로 부름받은 종들을 기억하시고 능력을 베풀어 주옵소서. 저희들에게 죽어가는 영혼들을 불쌍히 여기는 마음이 불일 듯 일어나게 하시기를 원합니다. 믿지 않는 이웃들을 주께로 인도하기에 부족함이 없게 하옵소서. 모든 기관과 부서들이 세우신 목적을 따라 아름답게 교회를 섬기기에 부족함 없게 하옵소서. 응답해 주실 것을 믿사오며 예수님의 이름으로 기도드립니다. 아멘

Wednesday Evening Worship Prayers

[**Praise**]　　We praise you, Lord, for you are the living God of Israel who protects his People. Thank you for your love. We want to worship you with our whole bodies.

[**Repentance**]　　We have come to worship as the Holy Spirit leads. We ask your forgiveness when we look upon your Cross. We loved material things more than loving you. We have put our greed and fleshly desire before your kingdom. We have been running around to do what we want with our human ideas rather than having faith and relying on you. Forgive us, Lord.

[**For the Church**]　　O merciful God, fill us with your Spirit so that our lives may glorify you. Bless the church you have established here. May it teach your will to the world and proclaim your truth. Make it a church serving its locality with prayer and love. Help us to give more generously. May we not lack anything in fulfilling your calling as your church.

[**For Church Workers**]　　O God, you established this church and chose its workers. Remember the ones you appointed and empower them. Fan the flame in our hearts so that our compassion for dying souls would consume us. Make us effective in leading non-believing neighbors to you. Help each department to serve you, fulfilling its calling. We trust you will answer us. In Jesus' name. Amen.

120
수요예배 기도문

[찬양] 찬양으로 영광을 받으셔야 할 하나님의 귀하신 이름을 송축합니다. 모든 주님의 백성들이 여호와를 찬양하게 하옵소서. 무지한 저희들은 다 양 같아서 각기 제 길로 갔지만, 주님께서는 독생자까지 보내 주시고, 대속의 은총을 베푸셨사오니 감사의 찬양을 드립니다.

[교회를 위해] 먼저, 저희 교회를 비롯해서 한국 교회를 위해 간구합니다. 이 지역에 구원받아야 할 하나님의 백성들이 많은 것을 깨닫게 하옵소서. 그리고 사회의 아픔에 동참하는 참으로 의로운 교회가 되게 하옵소서. 세계를 향한 교회, 사랑 안에서 서로 연합하고 교제하는 교회, 성령의 질서와 말씀이 흥왕하는 교회, 교회의 아름다움을 보고 날마다 구원 얻는 자가 더해가는 교회 되게 하옵소서.

[민족을 위해] 민족의 흥망성쇠를 다루시는 하나님, 이 민족과 나라를 불쌍히 여겨 주옵소서. 하나님의 공의가 강물처럼 흐르는 사회를 만들어 주시며, 이땅 곳곳에 주님을 두려워하는 모습들이 나타나기를 원합니다. 저희 교회가 민족에 대한 사명을 갖고 이 나라와 백성들을 섬기게 하옵소서.

[소원] 주님의 형제와 자매들이 남의 잘못이나 허물이 있을 때마다 자신을 먼저 돌아보는 사랑으로 충만하기를 원합니다. 진정으로 감싸 주고, 피차 덕 세우기를 힘쓰는 사랑하는 저희들로 만들어 주옵소서. 하나님의 나라를 넓혀가야 할 일꾼답게 나라와 사회에서 일어나는 문제들에 대하여 책임지고 기도하게 하옵소서. 주님의 자녀 된 우리가 성경을 토대로 진리의 빛을 비추어 나아가는 삶을 통해 하나님나라를 보여 줄 수 있도록 함께해 주옵소서. 예수님의 이름으로 기도합니다. 아멘

Wednesday Evening Worship Prayers

[**Praise**]   We praise your name which is worthy of worship. Let your people praise you for you gave us your only Son to save us when we were walking in darkness.

[**For Korean Churches**]   We pray for all churches in South Korea. Help us realize how many need to be saved in this local area. Let this church identify with this society's pain. Make it to be a church that goes out into the world, being united in fellowship and rich in the Word, radiating your beauty to attract the unsaved.

[**For South Koreans**]   Lord, you command the rise and fall of nations. Have mercy on this nation. Let your righteousness flow like a river – may we fear you. May this church fulfill its calling to serve the nations.

[**Desire**]   Let us be so saturated with your love that we cover others faults. May our love be sincere and may we eagerly be a blessing to each other. As God's workers who extend your kingdom, may we be faithful in prayer for social problems. Be with us and help us to live holy lives, shining with the light of your truth.

In Jesus' name. Amen.

수요예배 기도문

[찬양] 저희들을 죄로부터 구원하여 주신 하나님을 찬양합니다. 저희들의 지난 삶을 에덴동산을 돌보셨듯이 지켜 주신 손길에 감사하오며, 하나님의 영화로운 이름을 찬양합니다.

[감사] 지난 삼일 동안도 은혜를 베푸신 하나님, 영원히 멸망받아 마땅했던 저희들을 구원의 반열에 서게 하시고 보호해 주셨음을 감사드립니다. 때로는 불신자들과 어울려야 했으며, 하나님을 대적하는 세력과 같이 있었으나 믿음으로 살게 하셨음을 감사드립니다. 하나님께서 구별하시고 지켜 주셔서 입술이 지혜를 말하며, 마음에 하나님의 법을 두게 하셨사오니 감사드립니다.

[예배] 구하기 전에 이미 있어야 할 것을 아시는 아버지여, 하늘의 의를 먼저 구할 때에 이 모든 것을 더하여 주리라 하신 말씀을 기억합니다. 오늘의 예배 위에 크신 복을 내려 주시사 향기로운 제사가 되게 하옵소서. 여전히 부족하지만, 이 시간의 예배를 통해서 우리의 걸음이 악에서 떠나 실족치 않게 하시고, 선을 행하게 하옵소서. 우리의 모든 경영과 계획을 주께서 아시오니 선하신 뜻 안에서 이루어져 영광스런 열매를 맺게 하옵소서.

[영혼 사랑] 선지자 이사야가 여호와께 간구하매 아하스의 해시계 위에 나아갔던 해 그림자를 십도 뒤로 물러가게 하셨습니다. 이에, 간구하오니 저희들에게 한 영혼이 천하보다 귀한 것을 다시 한 번 기억하고 영혼을 사랑할 수 있게 하옵소서. 이 지역에 복음을 듣지 못한 백성들에게 복음을 전파하는 저희들이 되게 하옵소서. 이 시간에도 각 교회에서 주님을 섬기는 종들과 특별히 세계만방에 복음을 전파하고 있는 하나님의 사람들 위에 은총을 더하여 주옵소서. 예수님의 이름으로 기도드립니다. 아멘

Wednesday Evening Worship Prayers

[**Praise**]   We give you our praise for you have rescued us from our sins. We thank you and praise you because you care for us as you tended the Garden of Eden.

[**Thanksgiving**]   Lord, you have shown us your mercy for the past three days. We deserve to be destroyed forever but you have saved us and protect us – thank you. We thank you for helping us to live by faith when we are with those who don't know you and even with those who hate Christians. We thank you that you protected us and set us apart to speak wisdom and to keep your law in our hearts.

[**Worship**]   Father, you know what we need even before we ask you. Bless our worship so it may be to you as a fragrant sacrifice. Though it is imperfect, use it to help us to spurn evil and to do good. O Lord, you know all our plans, so help us to be fruitful in your perfect will.

[**Loving Souls**]   Lord, when the prophet Isaiah pleaded to you, you moved the sunlight back ten paces. We pray that you will teach us to love souls understanding that a soul is more precious than the whole world. Use us to share your gospel in this area. At this hour, bless those ministers who are serving you both inside and outside this country. In Jesus' name. Amen.

수요예배 기도문

[찬양] 교회를 지키시는 하나님, 세상을 다스리시며 교회를 보호하시는 하나님께 영광을 드립니다. 주님의 이름으로 모인 저희들로부터 찬양을 받으시고, 영광을 취하시기를 원합니다.

[교회를 위해] 은혜 위에 은혜를 주시는 하나님, 저희들이 분주히 지냈던 지난 사흘 동안에도 하나님은 역사를 쉬지 않으셨습니다. 성령님의 감동하심이 이 전에 다시 모이도록 하셨사오니 성령으로 충만한 시간이 되게 하옵소서. 성도들의 기도하는 소리를 들으시고 주님의 역사를 나타내 주시옵소서. 그리하여 주님의 이름으로 새롭게 되는 역사의 주인공들이 되게 하옵소서. 힘으로 되지 아니하며, 능으로 되지 아니하고, 오직 하나님의 신으로 되는 것을 믿고 기도하게 하시며 성령의 충만함을 받게 하옵소서.

[공동체를 위해] 모든 성도들이 자신을 돌아보고 맡기신 사명을 감당하도록 붙들어 주시기를 원합니다. 저희들이 이땅 위에 사는 동안에 하나님의 사람이라는 인생의 본분을 잊지 않게 하옵소서. 그리고 교회의 머리 되신 예수님을 남편같이 귀히 섬기게 하시옵소서.

[나라를 위해] 나라를 세우시고 지키시는 하나님, 이 민족 모두의 가슴을 사랑으로 채워 주시기를 원합니다. 스스로 겸손의 띠로 허리를 동이고 복음의 신발을 신어 화해와 평화의 사도가 되게 하옵소서. 나아가 이 강산과 이 교회가 주님으로 인하여 사는 길을 찾도록 회개의 영을 부어 주옵소서.

[소원] 하나님은 간구하매 응답하시고, 우리를 모든 두려움에서 건지십니다. 사랑이신 하나님, 이 시간 드리는 성도들의 기도와 간구를 들으시고 그들의 일을 돌아보시옵소서. 예수님의 이름으로 기도드립니다. 아멘

Wednesday Evening Worship Prayers

[**Praise**]　　Lord, we give you all the glory for you are the ruler of the world and your Church's protector. Receive our praise and be glorified.

[**For the Church**]　　O God, you give us grace upon grace. you have never stopped working – even in the last three days. Fill us with your Holy Spirit as we gather here because Holy Spirit led us to come. Move among us as you hear our prayers. Make us new heroes in the new history in your name. We pray believing that this will happen – not by our might or power but by your Spirit. Fill us anew with your Holy Spirit.

[**For the Community**]　　Lord, help each of us to fulfill our calling. Help us to remember that our primary calling is to be your children. Let us also serve Jesus, the Head of the Church, as a bride serves her bridegroom.

[**For South Korea**]　　O God, you establish and sustain nations. We ask you to fill the hearts of everyone in South Korea with your love. Use us as your peace-makers, standing firm and wearing the belt of truth buckled around our waist, with the breast-plate of righteousness in place and with our feet fitted with the readiness that comes from the gospel of peace. Pour out the spirit of repentance so that we will see the way of life opened up in Christ.

[**Desire**]　　Lord God, you answer and save us from fear. God of Love, remember and answer us.
　In Jesus' name. Amen.

수요예배 기도문

[찬양] 나의 하나님, 나의 아버지여, 입술을 크게 벌려 주님을 찬양합니다. 한 번도 실망시키신 적이 없으시었던 주님을 찬양합니다. 사랑하시는 자에게 신실하신 하나님은 찬양받으시기에 마땅합니다. 이 예배에 모인 이들이 거룩하신 주님을 마음껏 찬양하게 하옵소서.

[회개] 이 시간에도 저희를 죄악이 관영한 곳에 머물지 않게 하시고 하나님께로 불러 주신 사랑을 감사드립니다. 주님의 사랑은 측량할 수 없사온데, 저희는 늘 죄짓는 생활뿐이었습니다. 사랑의 하나님, 이 시간 고백하오니 용서하여 주시고, 십자가의 보혈로 정케 하여 주시옵소서. 저희의 영혼에 항상 성령의 은혜가 생수의 강같이 흘러넘치게 하셔서, 죄를 이기고 사단을 이기는 승리의 삶이 되게 하여 주시옵소서.

[교회를 위해] 구하라 하신 하나님, 교회 내의 기관마다 주님께서 붙들어 주시기를 원합니다. 세우신 종들마다 사랑하여 주셔서, 죽도록 충성하게 하옵소서. 몸을 드려 헌신할 때마다 저들의 심령 속에 주님 사랑하는 기쁨이 충만하게 하시고, 맡은 이들의 구할 것은 충성이라 하셨사오니 성령의 권능으로 충성하는 종들이 되게 하옵소서. 주님의 몸 된 교회가, 세상에서 방황하며 인생의 무거운 짐을 지고 고통하는 심령들에게 주님의 약속하신 신령하고 기름진 복을 나눠 주게 하옵소서.

[소원] 사랑이 많으신 하나님, 주님이 기뻐받으시는 향기로운 예배를 드릴 수 있도록 인도하옵소서. 하나님의 뜻이 이땅에서 이루어질 것을 기다리며 예배드리게 하옵소서.

예수님의 이름으로 기도합니다. 아멘

Wednesday Evening Worship Prayers

[**Praise**]   My God and Father, I sing to you with my mouth opened wide. You never let me down – I praise you. You deserve my praise for you are faithful to those you love. We praise you without reserve.

[**Repentance**]   Thank you Lord, for calling us out from sin-stained lifestyles. God of love, forgive us as we confess our sins to you. Make us pure by the blood of the cross. May the grace of the Holy Spirit overflow like a river in our souls to live the victorious life, overcoming sin and Satan.

[**For this Church**]   Lord, you told us to pray to you. Hold each department in your hands. Show your love to your servants so that they will be faithful to you today. May they be faithful to you in the power of the Holy Spirit. Fill with their hearts with the joy that comes from loving you. Help this church to share your rich, spiritual blessings with those who are suffering under a terrible burden and with those who are wandering in the world.

[**Desire**]   O God, you are rich in love. Lead us to offer you a fragrant, pleasing worship. We worship you desiring to see your will fulfilled on earth.
In Jesus' name. Amen.

수요예배 기도문

[**감사**] 지난 삼일 동안도 우리와 함께하신 하나님의 사랑을 감사합니다. 영성 있는 삶을 살기 원하여 오늘도 주님의 전에 나아왔습니다. 세상으로부터 구별된 성도들이 교회에 모일 때마다 하나님을 찬양하는 소리로 가득하게 하옵소서. 주님의 교회가 신앙의 공동체를 이루어 하나님의 영광을 선포하게 하시옵소서. 또한 서로를 향해서 봉사하는 교회가 되어 주님의 영광을 드러내게 하옵소서.

[**예배를 위해**] 교회를 사랑하시는 하나님, 주님의 피로 세워진 교회에 하나님의 영광이 나타나기를 원합니다. 말씀이 풍성한 교회, 사랑이 넘치는 교회가 되도록 이끌어 주옵소서. 이 한 시간 온전한 마음으로 말씀을 받게 하시고 정성 된 기도를 드릴 수 있도록 성령께서 주관하옵소서. 한마음이 되어 하늘 영광 보좌를 향해 선한 간구를 드리게 하시옵소서. 이 밤의 예배를 통해서 저희들의 마음에 찾아오사 병들고 허약해진 마음들이 회복되는 은혜를 누리게 하옵소서.

[**교회를 위해**] 주님의 교회가 솔선하여 허물이 있는 곳을 치유하고, 모자란 곳을 채우며, 나누인 곳을 하나 되게 하는 데 최선을 다하게 하시고, 주님의 영광을 높이 드러낼 수 있는 교회가 되게 하여 주시옵소서.

[**이웃을 위해**] 교회에 속한 성도들의 가정에 건강한 몸과 사랑의 마음과 봉사의 생활로 늘 풍성한 삶을 누리게 해 주시기를 원합니다. 영육간에 풍성한 은혜를 주셔서 이웃을 위하여 희생하며 이웃을 돌보는 가정들이 되게 하옵소서.

예수님의 이름으로 기도드리나이다. 아멘

Wednesday Evening Worship Prayers

[**Thanksgiving**]   We thank you for being with us the last three days. We gather with you again because we want to live spiritual lives. Let this church be filled with praises as your saints gather together. Let your church proclaim your glory as a community. Also let us display your glory in service to each other.

[**For Worship**]   Lord, you love your church. We want to see your glory revealed in this church which you have established by the Blood of our Lord Jesus Christ. May your Word and love overflow through this church. Prepare our hearts to receive your Word and pray whole-heartedly. Let us reach your throne with one accord. Visit our hearts and heal those with sick, feeble hearts.

[**For this Church**]   Help this church to excel in healing, sharing and reconciling where there is division. May we reveal your glory!

[**For Neighbors**]   We pray for families that they will live life in abundance, always enjoying good health, loving relationships and being ready to serve each other. Pour out your grace richly to help them live sacrificial lives in loving their neighbors.

In Jesus' name. Amen.

수요예배 기도문

[찬양] 영광 가운데 계신 하나님의 이름을 높여드립니다. 예배하는 주의 백성들이 주님을 영화롭게 찬송하게 하옵소서.

[회개] 사유하시는 하나님, 저희들의 마음 문을 두드려 열어 주시고, 연약하기에 상처 입은 저희들의 심령을 십자가를 지시고 피흘리신 주님의 손으로 어루만져 주시고 치유해 주옵소서. 아직도 저희들의 심령에 스며 있는 교만과 사욕을 성령의 불로 태우시고, 깨우쳐 주셔서 회개의 합당한 열매를 맺게 하옵소서.

[교회를 위해] 성령께서 우리와 함께하심으로 모든 교우들이 하나님의 말씀으로 충만한 삶을 살게 하여 주옵소서. 주님의 평강과 소망과 사랑이 넘쳐나는 교회이기를 원합니다. 저희들 모두가 가정과 사회에서 하나님의 자녀 된 신분으로서 참 되게 살며, 의롭게 살아가게 하시옵소서.

[예배를 위해] 영과 진리의 하나님, 하나님께서 받으시기에 합당한 예배, 온전한 예배를 드릴 수 있도록 도와주시옵소서. 하나님의 크신 팔로, 지체들의 연약한 손을 잡아 일으켜 주시옵소서. 그리하여 저희들의 심령이 다시 한 번 새로워지고 믿음이 견고하여지기를 원합니다. 주님께서 다시 오시는 그날까지 주의 일에 더욱 힘쓰는 주의 자녀로서의 사명을 감당하게 하옵소서.

[소원] 이 시간에 좋은 것으로 소원을 만족하게 하시는 하나님께 간구합니다. 저희들이 말씀 안에서 새롭게 되어 주님의 뜻을 이루게 하옵소서. 하나님께서 주시는 은혜로 만족하게 하옵소서. 약한 자에게는 힘이 되게 하시고, 좌절한 자에게는 희망을 주게 하시며, 없는 자에게는 나누어 주는 자가 되게 하여 주시옵소서. 예수님의 이름으로 기도드립니다. 아멘

Wednesday Evening Worship Prayers

[**Praise**]　　We exalt your name – you are seated in glory. May the worshippers praise you gloriously.

[**Repentance**]　　Living God, open our wounded hearts and heal them by your hand. Burn up our deeply rooted pride and greed by the Holy Spirit's fire. May we see the fruit of our repentance.

[**For this Church**]　　Holy Spirit, be with us and help all of us to live life in abundance. May this church be filled with your peace and love. Help us to live lives full of truth and righteousness as your children.

[**For Worship**]　　O God of spirit and truth, help us to offer you acceptable and flawless worship. Hold our hands in your mighty hands so that we can stand up once again. Renew our hearts and strengthen our faith. Help us to be faithful to our calling until the day the Jesus returns.

[**Desire**]　　We pray to our God who satisfies our desires. Refresh us with your Word to do your will. Satisfy us with your grace. Help us to strengthen the weak, give hope to those who are sitting in despair and share with those who are in need.　In Jesus' name. Amen.

수요예배 기도문

[감사] 하나님, 연약한 저희들 지난 주일예배를 통해서 영적인 힘을 풍성하게 공급받아 오늘까지 잘 지나게 하시다가 수요예배를 기억하고 주님 전에 나아와 예배하게 하심을 감사드립니다.

[신앙의 삶을 위해] 이 시간 주시는 말씀으로 새로운 힘을 얻어 남은 삼일도 승리의 삶을 살기 원합니다. 지난 시간 우리의 발걸음을 돌아보며 주님의 말씀에서 벗어나지는 않았는지 살피게 하시고, 이후에 우리들이 걸어가야 할 믿음의 길을 확인하게 하여 주옵소서. 어지러운 세상 가운데 살고 있는 저희들에게 이 수요예배가 재충전과 위로의 시간이 되기를 원하오니 말씀을 듣는 귀가 열려지게 하시고, 그 말씀을 깨닫는 은혜를 허락하시옵소서.

[영적 진보를 위해] 의심 많은 도마에게 들려 주신 "믿음 없는 자가 되지 말고 믿는 자가 되라"는 말씀을 오늘 저희에게도 들려 주시고 그 음성을 듣고 주님을 "나의 주님 나의 하나님"이라고 고백하게 하옵소서.

오늘 기도할 때 정욕으로 쓰려고 잘못 구하는 것은 없는지 살피게 하시고, 우리의 기도생활이 양적으로, 질적으로 날로 진보하게 하여 주옵소서.

[나라] 하나님, 이땅을 살피시사 분쟁이 있는 곳에 평화를 주시고, 갈등이 있는 곳에 화해를 주시고, 굶주림이 있는 곳에 양식을 주옵소서. 서로 다투고 빼앗는 세상이 아니라 서로 도우며 돕는 세상이 되게 하여 주옵소서.

또한 교회들이 윤리적인 정결함과 경건과 공의의 모범을 보이게 하여 주옵소서.

이 모든 말씀을 예수님의 이름으로 기도하옵나이다. 아멘

Wednesday Evening Worship Prayers

[**Thanksgiving**]   Thank you Lord for filling us with your spiritual power last Sunday and looking after us the last three days. Thank you Lord for enabling us to remember this Wednesday worship to come before you.

[**For Living by Faith**]   Now give us new strength for the rest of this week. We examine our lives to consider whether we have been running in the right race. Also we want to know the way forward. Rejuvenate and comfort us to walk rightly in this chaotic world. Open our ears and give us knowledge.

[**For Spiritual Growth**]   Lord, you said to Thomas when he doubted, "Stop doubting and believe." This word is also for us today. We confess that you are "My Lord and My God."

Help us examine our motivations for prayer. If we are asking anything from our twisted fleshly motives, help us mature in our prayer life both in maturity and depth.

[**For South Korea**]   O God, look down on this country. Give us peace where there is fighting and reconciliation where there is conflict. Give us food where there is famine. May we help each other rather than fight with each other.

Also, make the churches to be examples of morality and righteousness.

In Jesus' name. Amen.

수요예배 기도문

[감사] 하나님, 사고와 위험이 많은 이 세상에서 저희들을 잘 보호하여 주시고 오늘 수요예배를 드리게 하심을 감사합니다.

[기도 응답] 저희들이 기도할 때 구하는 것 이상으로 응답하시는 하나님, 이 시간 저희들이 드리는 기도를 하나도 빠짐없이 보좌 앞 향로에 담아 주시고 좋은 것으로 응답해 주시옵소서.

[북한 선교] 오늘은 북한을 위해서 간절한 마음으로 기도드리오니, 무엇보다도 북한에 복음이 전해지게 하시고, 하루 속히 신앙의 자유가 보장되게 하여 주옵소서.

형식적인 교회와 기구들이 아닌 진정한 의미의 교회들이 세워지게 하여 주시고, 성경이 자유롭게 반포되고, 원하는 때 원하는 곳에서 찬송을 소리 높여 자유롭게 부를 수 있는 곳이 되게 하여 주시옵소서.

아직도 복음을 듣지 못해 구원받지 못한 북녘땅의 수많은 영혼들을 기억하시고 긍휼을 베푸시옵소서. 그들이 복음을 통해 기쁨과 소망을 얻게 하여 주시며, 마침내 복음으로 통일의 역사를 이루게 하옵소서. 전능하신 하나님께서는 홍해를 가르시고 바로와 느부갓네살의 마음을 바꾸시는 분임을 믿고 기도하오니, 너무 지체하지 마시고 이루어 주옵소서.

우리에게 해방을 주신 하나님, 세계 유일의 분단국이라는 수치가 속히 씻어지게 하여 주옵소서. 북한에서 탈출하여 남한에 들어온 북한 이탈 주민들이 남한의 사회에 잘 적응하며 살아가도록 도우시며 신앙의 자유가 있는 땅에 왔사오니 예수 그리스도를 영접하고 복음의 삶을 살 수 있도록 인도해 주옵소서.

예수님의 이름으로 기도하옵나이다. 아멘

Wednesday Evening Worship Prayers

[**Thanksgiving**]   Thank you Lord that you always protect us from danger and have led us to come here to worship you today.

[**For Answer to Prayer**]   you answer us more than we ever ask for. Place each of our prayers in a golden censer in your presence and answer us with Good things.

[**Mission to North Korea**]   We sincerely pray today for North Korea. First of all, send the gospel to North Korea and allow them worship you freely. May they have true churches instead of a show church. Give them total freedom to distribute the Bible and freedom to sing your praises whenever and wherever they want.

Remember and have mercy on the millions of North Koreans. Give them the joy and hope which can only come from knowing the gospel so that South and North Korea may one day be united through the power of the gospel. You are God who divided the waters of the Red Sea. You also changed the thoughts of King Nebuchadnezzar. Lord, please do not delay.

Lord, you are the one who freed us from the rule of the Japanese. Remove the shame of being a divided country among the nations of the world. Help those who escape from North Korea to South Korea to settle well into society. Since they have religious freedom in this land, please guide them to receive Jesus Christ as Lord and Savior and to live gospel-shaped lives.

In Jesus' name. Amen.

수요예배 기도문

　[**감사**] 수요예배를 허락하신 하나님, 찬양을 통해서 마음이 열리게 하시고 마음의 밭이 하나님의 말씀을 받을 준비를 하게 하심을 감사드립니다.

　[**은혜받는 예배되기를 위해**] 오늘 감사한 마음으로 말씀을 듣겠사오니 이 말씀이 싹이 나고 자라서 열매를 맺게 하옵소서. 예배드리기에 힘쓰는 성도들에게 기쁜 일과 보람 된 일이 많아지게 하여 주옵소서. 기도는 영혼의 호흡이요 맥박이오니 기도로 우리의 영혼이 건강함을 증명하게 하시며 기도의 기쁨을 깊이 체험하게 하여 주옵소서.

　[**나라와 민족**] 이 민족을 사랑하시는 하나님, 이 민족이 하나님의 은혜와 사랑을 감사할 줄 아는 민족이 되게 하여 주옵소서. 이땅에는 한때 강성한 힘을 자랑하다가 역사의 무대 저편으로 사라져 버린 강대국들도 많은데 이 작은 나라를 반만년 가까이 존속시켜 주시고, 놀라운 경제 성장과 민주화가 이루어지게 하신 것을 감사하게 하옵소서. 무엇보다도 복음을 주시고 그 복음이 잘 자라서 마을마을마다 십자가가 세워지게 하시고, 많은 선교사를 파송하게 하심을 감사하게 하옵소서.

　이와 같이 감사할 때 경제발전의 발목을 잡고 있는 노사 간의 갈등과 다음 세대의 일꾼을 길러내는 교육 현장의 갈등, 세대 간의 갈등, 계층 간의 갈등과 지역감정까지도 극복할 수 있음을 믿습니다.

　이 나라를 위해 목숨을 바친 순국선열들 앞에 부끄럽지 않은 나라를 이루고 후손들에게 자랑스러운 유산을 물려주게 하옵소서. 우리의 교회가 이와같은 일을 감당할 수 있도록 도와주시기를 바라오며 예수님의 이름으로 기도합니다. 아멘

Wednesday Evening Worship Prayers

[**Thanksgiving**]　　Lord, you allowed this Wednesday Evening Worship. We thank you for opening our hearts through worship and preparing us to receive your Word.

[**For Receiving Grace**]　　As we hear your Word with grateful hearts, bless the Word so that we will grow and bear fruit in our lives. Fill our lives with joyful and fruitful occasions. May we prove the vitality of our spirits in prayer, as it is the breath and vitality of our spirits. May we experience the joy of prayer more deeply.

[**For South of Korea**]　　Lord God, you love this nation. Teach this nation to be thankful for your love and grace. There were many nations which were once so powerful but which have now disappeared from the stage of History. Yet you have kept us as a nation for nearly 5000 years and have transformed us into a prosperous democratic nation, we thank you Lord. Above all, we thank you Lord for giving us the gospel so that there are churches in all the villages of South Korea. We also thank you for the many missionaries the Korean Church has been sent out.

Lord, South Korea is facing many problems such as industrial disputes, which impede economic progress, conflicts in education, the generational gap, class and regional conflicts. We believe that we can overcome all these problems when we continually offer a sacrifice of thanksgiving to you.

Let us not be ashamed before those who sacrificed their lives for this country. Help the Church make Korea, so that it may be proudly inherited by future generations. In Jesus' name. Amen.

수요예배 기도문

[감사] 하나님, 지난 삼 일 동안 지켜 주시고 인도해 주심을 감사드립니다. 예배하는 저희들을 찾아와 만나 주시고 저희들을 향한 하나님의 소리를 듣게 해주옵소서. 그리고 하나님께 응답하는 저희들 되게 하옵소서.

[예배] 이 예배를 통해 저희의 영이 힘을 얻게 하시고, 맑아지게 하여 주옵소서. 여러가지 고난 중에 있는 성도들에게 이 예배가 문제 해결의 열쇠가 되게 하시고 다시 한 번 도전할 수 있는 힘이 되게 하여 주옵소서.

[교회와 성도를 위해] 데살로니가교회의 교인들을 향해 "너희는 우리의 영광이요 기쁨이니라"고 하신 말씀을 기억합니다. 저희 교회도 그와 같은 말씀을 들을 수 있는 교회가 되기를 원하오니 믿음의 역사와 사랑의 수고와 예수님께 대한 소망의 인내로 그와 같은 성도들, 그와 같은 교회가 되게 하여 주옵소서.

또한 주님께서 저희를 향하여 세상의 빛이요 소금이라고 하신 말씀을 기억합니다. 이땅의 교회와 성도들이 주위를 밝게 하지 못하는 빛, 짠맛을 잃은 소금이 되어가고 있는 것이 아닌가 두렵기만 합니다. 교회들의 불빛이 다시 한 번 밝아지게 하시고, 짠맛을 회복하여 썩는 것을 막는 소금이 되게 하여 주옵소서. 교회가 세상의 소망이 되게 하시고, 모범이 되게 하시고, 지친 영혼들에게 안식의 항구가 되게 하여 주옵소서.

[믿음 얻기를 위해] 하나님, 저희들에게 믿음을 더하여 주옵소서. 주님을 의지하고 주님을 바라보며 나아가는 믿음을 더하여 주옵소서. 믿음이 있어 흔들리지 않게 하시며, 믿음이 있어 항상 기뻐할 수 있게 하여 주옵소서. 예수님의 이름으로 기도합니다. 아멘

Wednesday Evening Worship Prayers

[**Thanksgiving**]　　O God, thank you for keeping and guiding us for the last three days. Visit us and speak to us as we worship. We want to respond to you.

[**Worship**]　　Strengthen and purify our spirits through this worship. May this worship be the breakthrough from suffering and the strength by which we rise up anew to life's challenges.

[**For this Church and its Saints**]　　Lord, we remember Paul wrote to the Thessalonians, "You are our glory and joy." Please help us to be like them by laboring in faith and love, and persevering in the hope in Jesus.

We remember that you have called us to be salt and light in the world. We are sometimes afraid if believers are loosing their saltiness and brightness. Rekindle the Church's light once again so that we fulfill our calling of preserving the world from perishing. May the Church be a hope and example to the world and for weary souls.

[**For Greater Faith**]　　O God, multiply our faith so that we will trust you more. Let us not be shaken but always rejoicing because we have faith in you.

In Jesus' name. Amen.

수요예배 기도문

[감사] 저희들의 예배드리는 모습을 기뻐하시고, 저희들의 기도 소리에 귀를 기울이시는 하나님, 곳곳에서 불협화음과 마찰음이 들리는 어지러운 세상에 예배드리는 집, 기도하는 집, 찬양하는 집인 교회를 주시어서 오늘 수요예배를 드리게 하심을 감사합니다. 주님을 찬양하고 하나님의 말씀에 귀를 기울이고, 마음을 합하여 기도할 수 있는 것이 얼마나 감사한 일인지, 얼마나 큰 은혜인지 알게 하여 주옵소서.

[간구] 예배를 드릴 때 우리의 영이 맑아지고 마음의 풍랑이 가라앉고 나를 얽어매고 있던 근심과 염려의 끈이 다 풀어지며, 마음에 기쁨의 강물이 흐르게 하시고 영적인 눈과 귀가 열리게 하옵소서.

오늘의 예배를 마칠 때, 우리들 속에 있는 어두움의 근심들이 사라지고, 하늘의 평화로 우리의 마음이 지배받기를 소원합니다.

하나님, 우리는 이땅에서 나그네이며 우리 모두에게 영원한 고향이 있는 것을 알게 하시고, 하늘에 있는 영원한 도성을 사모하게 하옵소서.

[가정 복음화] 가족과 일가친척의 복음화를 위해 기도하오니 주여 도와주시옵소서. 어두움 가운데 있는 혈육들을 생각할 때마다 안타까운 마음 금할 수 없습니다. 혹여 우리의 그릇 된 행실로 인해 구원받아야 할 영혼들 실족시키지 않게 하옵소서. 성령의 역사하심으로 굳어진 영혼들의 마음 문이 열리게 하시고 예수 그리스도를 영접하고 구원얻는 복을 누리게 하옵소서. 모두의 가정이 사철에 봄바람 불어 잇는, 주님 모신 가정이 되게 하여 주옵소서. 예수님의 이름으로 기도드립니다. 아멘

Wednesday Evening Worship Prayers

[**Thanksgiving**]   Lord, you rejoice in our worship and listen to our prayers. Thank you for giving us this house of worship, prayer and praise in a chaotic world. Help us to know how thankful we should be for being able to listen to your Word and pray to you in one accord.

[**Petition**]   As we worship you, calm the storms in our hearts and cleanse them. Break the bondage of worry so that joy may flow like a river from our hearts. Open our spiritual eyes and ears.

We want to be ruled by your heavenly peace. Cast the darkness from us as we end our worship. May we yearn for the everlasting city in heaven, knowing that we are merely sojourners in this world.

[**For Sharing the Gospel with Families**]   We pray for our relatives who do not know you. We are restless when we think of them. Help us not to be a hindrance to their coming to you. Open our hearts by prayer in the Holy Spirit so that they may be saved. Let all families have you as their Lord.

In Jesus' name. Amen.

수요예배 기도문

[감사] 저희들을 소망의 항구로 인도하시는 하나님, 이 예배를 통해 그 항구의 불빛을 볼 수 있게 하여 주실 것을 믿고 감사합니다.

[기도와 전도] 우리의 구원이신 주님의 사랑은 갈구하는 만큼 은혜를 누리게 하시는 줄 믿습니다. 뜨거운 마음으로 주의 전에 나아온 저희들을 기억하시고 믿음으로 구하게 하옵소서. 잘못 쓰려고 정욕으로 구하지 않게 하옵소서. 기도는 은혜를 받는 통로요, 믿음은 은혜를 담는 그릇이오니 기도와 믿음의 지경을 넓혀 주옵소서.

주님은 잃은 양 한 마리를 찾기 위해 많은 수고를 아끼지 않으시며, 죄인 한 사람이 회개하는 것을 크게 기뻐하시는 분임을 생각하며, 전도를 위해 집중적으로 기도하고 또 나가서 전도에 힘쓰는 사람 되기를 소원합니다.

[환경 보호] 하나님께서는 천지를 만드시고 보시기에 좋았더라고 하셨고 피조 세계를 잘 관리하는 책임을 저희에게 주셨는데 그 책임을 다하지 못해 환경 문제가 날로 심각해지고 있습니다. 우리나라가 무서운 태풍, 유난히 잦은 비, 부족한 일조량, 적조, 이상 기후, 이와 같은 자연재해와 여러 가지 재난을 겪는 것도 우리의 허물과 부족 때문이오니 용서하여 주옵소서. 창조의 선하심을 회복하는 데 힘쓰게 하여 주옵소서.

이 예배가 하나님이 기뻐하시는 합당한 예배가 되기를 바라오며 예수님의 이름으로 기도하옵나이다. 아멘

Wednesday Evening Worship Prayers

[**Thanksgiving**]　　You lead us into the harbor of hope. Thank you for letting us see the light.

[**Prayer and Evangelism**]　　Lord, you have saved us by your love and have lavished your grace on those who earnestly seek you. Help us to pray but not from our fleshly desire. Lord, we know that prayer is the channel of your grace and that faith is the vessel which holds it. Deepen our prayer and increase our faith.

Lord, you will not rest until you have found the lost sheep and you greatly rejoice whenever one sinner repents and comes to you. We want to be people who pray and share the good news.

[**For Protection of the Environment**]　　When you created the heavens and the earth, you said, "It is good", and you called us to steward the world. But we have not been very responsible. Environmental problems are on the increase: terrifying typhoons, heavy rain, freak weather, insufficient sunlight, excess of microorganisms in the sea, …… Forgive us for causing these disasters. Help us to work hard to recover the goodness of your creation.

It is our desire that our worship would be acceptable to you. In Jesus' name. Amen.

수요예배 기도문

[간구] 구원을 베푸시는 전능자이신 하나님, 이땅에서 하나님의 뜻이 이루어지게 하여 주옵소서. 하나님의 뜻은 사랑과 평화와 공의이오니 미움이 있는 곳에 사랑이 넘치게 하시고, 분쟁이 있는 곳에 평화가 깃들게 하여 주시고, 불법이 있는 곳에 공의의 강이 흐르게 하여 주옵소서.

[통일과 인류를 위해] 특별히 남과 북이 분단 되어 있는 한반도가 하나님의 뜻에 따라 하나가 되기를 원합니다. 하나님은 인류를 하나의 가족으로 지으신 분이오니 인류가 힘을 합하여 협조하며 일하는 역사가 있게 하옵소서. 그러나 인류가 힘을 합하여도 감당하기 어려운 문제들이 많이 있습니다. 환경 보존 문제, 식량 문제, 인구 문제, 에이즈와 여러 가지 질병 문제, 그 밖의 문제들이 많습니다. 뿐만 아니라 인류는 지금 전쟁과 갈등에 시달리고 있습니다.

오 하나님, 세계의 여러 나라, 여러 민족들이 믿음과 희망으로 튼튼하게 뭉쳐서 이 어두움을 뚫고 나아갈 수 있게 해주시기를 원합니다. 나라 안에서는 국민이 계층과 세대와 이념의 차이를 넘어서 손을 잡고 여러 가지 복잡한 문제들을 해결해 나아가게 하여 주옵소서.

[예배] 모든 성도들이 수요예배의 중요성을 잘 깨닫도록 도와주시고 더 많은 성도들이 참석하여 예배하는 은혜를 누리게 하옵소서. 모이기에 더욱더 힘쓰는 교회와 성도들이 되기를 원합니다. 수요예배를 통해서 해갈의 기쁨이 있게 하시고 만나를 맛보게 하시며 경건의 허리띠를 다시 한 번 조이게 하여 주시옵소서.

예수님의 이름으로 기도합니다. 아멘

Wednesday Evening Worship Prayers

[**Petition**]   O God, you are the Almighty One who saves. Fulfill your will on the earth. As your will is for love, peace and righteousness. Where there is hatred, may love overflow; where there is conflict, peace; and where there is lawlessness, righteousness.

[**For the Reunification of Korea and for Humankind**]

We especially pray that South and North Korea will become one in your will. Lord, you made the whole of mankind your family. May mankind become one in heart to work together. There are many problems that we couldn't solve even if the whole of mankind worked together. Problems such as: the protection of the environment, food shortage, overpopulation, AIDS and many other issues. Besides these, the world suffers from many wars and conflicts.

O Lord, make the nations one in faith and hope, so that they will break through this dark time. Help South Korea to overcome the conflicts of class and generation and diverse ideologies.

[**Worship**]   Lord, help us to know the importance of Wednesday Worship. Help us to be diligent in coming together. May the thirsty drink and taste of your manna from heaven. Let us gird ourselves with the belt of holiness, once again.

In Jesus' name. Amen.

절기예배 기도문 | Seasonal Prayers
헌신예배 기도문 | Dedication Services
교회예식 기도문 | Church Ceremonies
장례예식 기도문 | Funeral Ceremonies

148
절기예배 기도문(신년주일)

[감사] 새해를 주신 하나님, 참으로 부끄러운 삶을 살았던 저희들에게 이처럼 새해를 주시오니 감사를 드립니다. 주님의 뜻을 이루기 위하여 살기를 원하였으나 그렇지 못하였습니다. 그럼에도 생명을 연장시켜 주시고, 한 해의 삶에 대하여 포부를 갖게 하시니 감사드릴 뿐입니다.

[회개] 저희들이 지나간 한 해를 뒤돌아 볼 때, 허락하신 시간과 물질, 생의 온갖 은사를 허비하였습니다. 나아가 게으름과 불충성으로 일 년을 보냈음을 고백합니다. 어리석게도 육신의 생활에만 골몰하고 세상일에만 분주했습니다. 하나님의 뜻을 멀리하고, 말씀을 저버린 일이 너무 많았습니다. 이 시간 저희들의 모든 죄와 허물을 용서해 주시옵소서.

[결단] 은혜와 사랑이 풍성하신 하나님, 허락하신 새해 아침에 새 결심을 하게 하옵소서. 새 희망 속에서 주님께 영광이 되는 일들을 계획하게 하시옵소서. 먼저, 예배하는 생활을 바로 세워 주시기를 원합니다. 무너진 신앙을 회복시켜 주시고, 하나님 중심으로 살도록 이끌어 주옵소서. 이 거룩한 아침처럼 저희들의 모든 생활이 새롭게 되기를 원합니다. 금년에도 정녕 믿음에서 믿음으로 이르는 삶을 이루게 하옵소서.

[교회를 위해] 이 한 해도 교회에 복 주옵소서. 교회를 중심으로 성도들의 삶이 풍성해지는 은혜를 허락해 주옵소서. 아버지께서 친히 저희들의 기업이 되어 주시고, 모든 성도들의 가정 위에 풍요한 성장을 허락하셔서 믿음과 신앙으로, 물질과 건강으로 풍요함을 얻고 더욱 주님을 뜨겁게 사모하게 하옵소서.

예수님의 이름으로 기도드립니다. 아멘

Seasonal Prayers (First Sunday of the Year)

[**Thanksgiving**] Thank you for giving us the New Year, even though we lived shamefully in the last year. We wanted to do your will but we failed. Yet you lengthened our lives and gave us hope for the new year. Thank you, Lord.

[**Repentance**] As we look back on the last year, we confess that we wasted our many talents, time, materials, etc. We confess we have been lazy and unfaithful by living for the world and our flesh. We have neglected your will and distanced ourselves from it so may times. Forgive our sins!

[**Determination**] God, you abound in grace and love. We determine this morning to plan things for your glory in new hope. First of all, we want to establish our lives in worship and be restored in faith, living God-centered lives. Renew us in every aspect of our lives, just like this fresh morning. Let us live lives of faith.

[**For this Church**] Bless this church again this year. As the saints work together for your kingdom, give grace to them to live life in all its abundance. You alone are our portion. Bless us richly in faith, finance and health so that, longing for you, we may grow deeper and deeper.
In Jesus' name. Amen.

절기예배 기도문(신년주일)

[찬양] 새해 아침의 주인이 되시는 하나님, 영광을 받으시옵소서. 지난 한 해 동안도 저희 교회를 지켜 주셔서 건강하게 성장해올 수 있게 하시고 주의 백성들과 각 가정들을 지켜 주셔서 믿음으로 승리케 해주신 하나님을 찬양합니다. 금년에도 이 교회에 여러 모양으로 역사하실 하나님께 찬양을 드립니다.

[회개] 자비로우신 하나님, 새해 아침의 거룩함에 못 미치는 저희들을 봅니다. 온갖 죄와 추함으로 더럽혀진 심령을 봅니다. 하나님의 영광을 제 것으로 탈취하며 살았던 날들을 고백합니다. 성령의 깨달음으로 죄악을 회개하게 하시고, 깨끗함의 은총을 누리게 해주시옵소서.

[간구] 소망이 되시는 하나님, 지난 해 어려웠던 모든 것을 씻어내고 새로 시작하는 복을 주시니 감사드립니다. 금년에는 하나님께서 베풀어 주신 시간과 물질로 하나님께 드리는 삶을 살고 싶습니다. 아버지께서 기뻐하시는 뜻대로 사용되어지기를 원합니다. 하나님께서 도우셔서 다짐으로 그치지 않고 믿음으로 승리하게 해주옵소서. 그리하여 늘 아버지 하나님과 함께 사는 생활이 되기를 원합니다.

[성도들을 위해] 교회에 속한 주의 권속들이 주님의 말씀을 기억하며 신령한 일과 하나님나라를 위해 힘쓰고 애쓰는 헌신이 있게 하여 주시옵소서. 또한 교회의 각 기관들도 교회를 세워가는 일에 아름답게 쓰임받게 하시고, 새로 임원의 직책을 맡은 분들에게 힘을 주셔서 허락하신 직분을 충실히 감당하게 하시옵소서. 올 한 해도 각 사람마다 말씀의 능력이 넘치게 하시고, 영육간에 강건하게 하옵소서. 예수님의 이름으로 기도합니다. 아멘

Seasonal Prayers (First Sunday of the Year)

[**Praise**]   O God, you are Lord of this New Year's morning. Be glorified. We praise you for protecting this church to grow healthily and its people to live victoriously. We praise you for the work you will do throughout this year.

[**Repentance**]   Merciful Lord, we cannot hope to match the holiness of this New Year's morning. Our hearts are stained with all types of sin and ugliness. We confess that we have spent many days taking your glory as if it were ours. Convicted by the Holy Spirit, we ask you to make us clean.

[**Petition**]   Lord, you are our hope. Thank you for giving us a new start. In the New Year, we want to give our time and money back to you so that you can use them as you wish. Help us to be faithful to win the victory in faith. Then we want to be close to you always.

[**For the Saints**]   May we all serve God's kingdom, having the Word rooted in our hearts. Use this church's departments to work harmoniously for you. Also help those appointed to serve effectively. May everyone live in the overflowing power of your Word, and remain healthy in body and spirit in the New Year. In Jesus' name. Amen.

152
절기예배 기도문(고난주일)

[찬양] 독생자까지도 아끼지 않으신 하나님, 온 인류를 위해 갈보리에서 고통의 십자가를 지신 주님을 기억하며 찬양을 드립니다. 주님의 고난과 대속의 은혜를 생각할 때마다 죄인 되었던 우리를 사랑하신 주님의 사랑이 감격스러울 뿐입니다.

[은총을 간구함] 많은 사람들이 각기 자기들을 위하여 분주했었을 때, 주님께서는 저희들을 위하여 스스로 고난을 원하셨습니다. 겟세마네 동산에 가시어 핏방울을 흘려 기도하셨던 결단의 밤을 기억합니다. 고난주일을 맞이하는 저희들의 마음속에 진실로 고난의 의미를 깨우쳐 주시옵소서. 주의 자녀로서 빛이 되고 소금이 되게 하시어 주님께서 보이신 삶을 살게 하시고 주님의 고난을 저버리지 않도록 도와주시기를 원합니다.

[결단] 이 시간, 마가의 다락방에 모여 기도하고 예루살렘 거리로 흩어져 나갔던 제자들을 기억합니다. 저희들이 바로 그들처럼 살아야 하겠사오니 도와주시옵소서. 슬픔에 젖어 낙심한 채 군중 속에 뒤섞여 눈치를 보며 따라가는 비겁한 자가 되기보다는 주님의 십자가를 대신 지고 따라간 구레네 사람 시몬이 될 수 있는 용기를 주시옵소서.

[이웃을 위해] 사랑의 하나님, 고난의 현장인 갈보리에서 하나님의 일을 완성하신 예수님을 생각합니다. 이 예배의 시간에 예수님의 뒤를 따라 고난을 즐거워해야 될 저희들의 실체를 깨닫게 하옵소서. 아직도 저희들의 이웃 중에는 많은 형제들이 고통을 당하고 있습니다. 그들이 질병과 가난이라는 고통의 멍에를 지고 살고 있사오니 도와주옵소서. 우리 대신 십자가에 달리신 예수님을 바라보며, 그리스도의 남은 고난을 내 몸에 채워가는 삶을 살게 하옵소서. 예수님의 이름으로 기도드립니다. 아멘

Seasonal Prayers (Palm Sunday)

[**Praise**]　O God, you did not withhold even your only Son. We praise you, remembering Jesus who bore the cross for mankind. We are so deeply touched whenever we think of Jesus' suffering and saving grace.

[**Asking for Grace**]　Our Lord chose suffering while others are concerned only for themselves and their families. We remember Jesus' night prayer in Gethsemane when he sweated drops like blood. Show us the meaning of suffering as this is Passion Week. Make us light and salt in the world, to live life just as Jesus taught us. Help us not to neglect the Lord's suffering.

[**Determination**]　Now we remember the disciples who prayed in the upper room together and went out to the streets. Help us to live like them. May we be like Simon of Cyrene, who carried the Cross for Jesus, and not a coward hiding ourselves in the crowd.

[**For Neighbors**]　God of Love, we think of Jesus who completed the Father's work at Calvary where he suffered. Help us to realize our calling. Help those who are carrying painful yokes of disease and poverty. Looking to the Cross of Jesus, may we complete his suffering in our flesh. In Jesus' name. Amen.

154
절기예배 기도문(고난주일)

[감사] 하나님 아버지, 거룩한 고난주일 아침에 다시금 십자가에서 나타난 주님의 사랑을 감사드립니다. 죽음을 아시고도, 죄인들의 구원을 위해 그 죽음을 향해 묵묵히 걸어가신 주님이셨습니다. 죄인 된 저희들에게는 주님의 고난이 저희들을 향한 그 크신 사랑이기에 오직 감사한 것뿐입니다.

[경배] 긍휼이 풍성하신 하나님, 흠이 없으신 하나님의 독생자 예수님께서는 불의의 재판을 받으셨습니다. 죄의 값으로 용서를 받아야 할 죄인이 오히려 무죄하신 주님을 재판하였습니다. 갖은 고초를 겪으시고 채찍을 맞으셨던 주님을 경배합니다. 야유와 침 뱉음 속에서, 무거운 형틀인 십자가를 지고 골고다까지 걸어가신 주님께 영광을 드립니다.

[은총받기를 위해] 오직 주님께서 고통을 당하심은 저희들을 위함이셨습니다. 간절히 바라옵기는 주님의 십자가가 주시는 은혜를 누리기 원합니다. 골고다 언덕, 갈보리의 보혈이 저희들에게 허락하시는 하나님의 은총인 것을 깨달아 알게 하옵소서. 이 세상 온 인류의 죄를 대속하시고자 행하신 하나님의 크신 사랑과 은총이 저희들의 것이 되게 하시옵소서.

[결단] 구원의 역사를 쉬지 않으시는 하나님, 주님의 고난은 하나님의 일을 이루심이었습니다. 이 고난주일의 예배를 통해서 저희들에게 결단의 은혜를 허락해 주시옵소서. 부족한 저희들이지만, 교회를 통해서 주님이 앞서 가신 길을 뒤따르게 하시고, 그리하여 하나님의 뜻을 이루어 드리기 위해 무엇에든지, 어떤 일에든지 순종으로 섬기게 하여 주옵소서. 온몸과 온 마음을 드려 하나님의 일을 이루어 드리게 하옵소서. 예수님의 이름으로 기도드리옵나이다. 아멘

Seasonal Prayers (Palm Sunday)

[**Thanksgiving**]   Father God, we thank you once again for showing us your love through the Cross. Knowing that he would die, Jesus silently walked toward his death to save sinners. We can only express our thanks for your great love.

[**Worship**]   God, your compassion is so great that your only Son faced an unjust trial. A sinner who needed his forgiveness, judged the sinless Lord. We worship him who suffered in many ways. We give him the glory for he carried the heavy cross to Golgotha.

[**To Receive Grace**]   O Lord, you suffered for us. We long to receive your grace from the Cross. Teach us that Golgotha and Calvary's Blood are God's grace to us. May we receive your great love and saving grace for the whole of mankind.

[**Determination**]   Lord, Our Savior, Jesus' suffering was the fulfillment of God's work. Give us your grace on this Easter Sunday. Though we are inadequate, help us to follow Jesus and serve you in obedience, whatever your will may be. Let us serve you with all our strength and heart.
  In Jesus' name. Amen.

절기예배 기도문(부활주일)

[영광] 할렐루야! 십자가에 달리셨던 예수 그리스도께서 죽음을 이기시고 부활하게 하신 하나님께 영광을 드립니다. 믿는 자들의 생명이 되시는 예수님의 승리는 하나님의 승리였습니다. 부활하신 생명의 이 아침에 영광과 찬미를 하나님께 드립니다.

[회개와 다짐] 용서의 하나님, 주님의 부활이 성경대로 이루어진 사실임을 입으로는 말하지만, 저희들은 성경대로 살지 못하였음을 고백합니다. 성경대로 이루실 하나님을 기대하기보다는 저희들의 생각에 따라 행동해왔음을 고백합니다. 믿음보다는 인간의 의지를 더 따랐던 저희들의 불신앙을 용서해 주시옵소서. 간절히 간구하오니, 부활절을 맞아 저희들의 옛사람을 죽이고 십자가에 장사지냄으로 새 형상으로 거듭나게 하여 주옵소서.

[간구] 불신앙의 자세에서 담대한 믿음을 갖게 하시기를 원합니다. 성경대로 살아가는 용기로 충만케 하시고 부활의 확신과 구원의 감격으로 날마다 살아가게 해주옵소서. 오늘부터 새롭게 주님을 증거하는 생활이 되도록 인도해 주시며 남을 미워하고 질투하는 모습에서 서로를 용납하고 사랑하는 마음으로 새로워질 수 있도록 도와주시옵소서.

[이웃을 위해] 연약한 이들을 세우시는 하나님, 저희들 중에는 아직도 고단한 삶을 사는 이들이 있습니다. 슬픔에 잠긴 성도, 여러 가지 문제들로 고민하는 성도들에게 인내를 선물해 주시고, 이기게 도와주시옵소서. 아울러 믿음이 약하여 흔들리는 성도들이 부활하신 주님을 영접하여 온전히 새롭게 지음받게 해주시옵소서.

죽음의 권세를 이기신 예수님의 이름으로 기도드립니다. 아멘

Seasonal Prayers (Easter Sunday)

[**Glory**]   Hallelujah! God, we give you, all the glory for you raised Jesus Christ from the grave and overcame death. Jesus' victory was your victory and Jesus is the life for those who believe in you. We give you the glory and praise this resurrection morning.

[**Repentance and Pledge**]   God of forgiveness, we confess the fact of the resurrection with our lips. Yet we often fail to live it out. We act according to our thoughts rather than relying on God who fulfills his Word. Forgive us for putting our trust in men's will more than you. We plead to you that today our old man would die and buried so that we would be born again as new creatures.

[**Petition**]   We want to have strong faith and not be unbelieving. Fill us with your courageous desire to live according to your laws and with the joyful conviction of the resurrection. Lead us to be your witnesses. Also help us to accept and love each other not hating or envying one another.

[**For Neighbors**]   Lord, you are God who strengthens the weak. There are many who are sad and weary among us. Give your patience to those who are sad and heavily burdened to overcome. Strengthen those who are weak in faith that they may receive the Lord of the resurrection and be made new. In the name of Jesus, who overcame the power of death. Amen.

절기예배 기도문(부활주일)

[찬양] 자비로우신 하나님, 그 한없는 사랑에 감사드립니다. 예수님의 부활을 기념하는 예배로 저희들을 불러 주신 하나님을 찬양합니다. 주님의 부활은 하나님께서 저희들에게 주신 최고의 선물입니다. 저희들의 신앙이 승리할 것을 보증해 주시니 찬양을 드리지 않을 수 없습니다. 저희 모두가 환희와 소망으로 주님을 찬양합니다.

[예배] 예배하는 이 시간에 홀로 영광을 받아 주시기 원합니다. 구원받은 사실 하나로 감사와 찬양의 삶을 살아야 함에도 불구하고 쉽게 잊고 배반하는 우리를 거룩한 보좌 앞에 예배하게 하시니 감사합니다. 드려지는 예배가 하나님 받으시기에 기뻐받으시는 온전한 예배가 되게 하시고, 예배하는 모든 심령들이 신령한 은혜를 누리는 복된 예배가 되게 하여 주옵소서.

주님의 죽으심은 저희들을 위함이셨고, 주님의 다시 사심도 저희들을 위함이셨습니다. 이제, 부족한 저희들을 하나님나라를 위하여 헌신하는 삶을 살도록 이끌어 주시옵소서.

[나라] 이 나라와 민족을 위하여 기도합니다. 어두워진 이 나라의 형편을 아시는 하나님께서 복음의 능력으로 이 어려운 위기를 이겨나아갈 수 있도록 도와주옵소서. 나라를 사랑하여 희생하는 애국의 국민이 되게 하옵소서. 부활의 기쁨과 주님의 은총이 온 나라에 가득하게 하옵소서.

[은총받기를 위해] 이기게 하시는 하나님, 아버지께서 허락지 않으시면 우리는 아무 것도 할 수 없는 연약한 인생들입니다. 이 좋은 아침에 함께 예배해야 할 지체들이 여러 가지 형편 때문에 함께하지 못하였사오니, 그들을 불쌍히 여기사 모든 문제를 해결해 주시옵소서. 예수님의 이름으로 기도드립니다. 아멘

Seasonal Prayers (Easter Sunday)

[**Praise**] O Merciful God, we thank you for your unlimited love. We praise you that you have called us to celebrate Jesus' resurrection. The resurrection is the best gift ever given to us. We praise you that you gave us your guarantee of our victory in faith. We all praise you in the joy and hope of the resurrection.

[**Worship**] Receive all the glory as we worship you. Thank you for allowing us to worship you. We easily forget and betray you even though we ought to thank and praise you with our lives. May our worship be acceptable to you and bless all who worship you.

Your death and resurrection were both for us. Please lead us to be dedicated for your kingdom.

[**For South Korea**] We pray for this nation and its people. Lord, you know our desperate situation. Help us to overcome by the power of the gospel. May we love this nation and sacrifice ourselves for its people. May they be filled with the joy of the resurrection and your grace.

[**To Receive Grace**] O God, you cause us to win the victory. We are so frail that we need you everyday. There are so many who could not join even though they ought to. Have mercy on them and help them overcome their difficulties.

In Jesus' name. Amen.

절기예배 기도문(부활주일)

[감사] 예수님을 죽음에서 다시 살리신 하나님, 주님의 다시 사심으로 우리에게 부활의 소망을 주시오니 감사드립니다. 영광의 부활절을 맞이하는 이 아침에 주의 이름을 찬양합니다.

[회개] 자비로우신 하나님, 연약한 저희들이 부활의 주님께서 저희와 함께하심에도 불구하고, 주님이 없는 삶을 살았습니다. 이 모든 것이 주님에 대한 의심과 두려움으로 말미암았사오니 용서해 주옵소서. 간절히 바라옵나니, 믿음이 부족함을 불쌍히 여겨 주시고, 굳건한 믿음을 갖게 해주시옵소서.

[결단] 부활절로 인하여 이제 일어나 의심과 두려움을 떨쳐 버리고 부활의 증거자로 나설 수 있게 하옵소서. 오직 주님만이 인간의 죄를 해결해 주실 수 있음을 고백하게 하시고, 주님의 십자가에 죄의 본성과 고집스런 자아를 못 박아 새로운 영으로 거듭나게 하시옵소서. 여기에 모인 주님의 자녀들이 진정한 부활의 감격을 누리는 자들이 되게 하여 주시옵소서.

[예배] 영광 가운데 계신 하나님, 주님의 부활을 찬양하는 예배를 드립니다. 예배의 진행되는 순서순서에서 받으실 영광을 누리시옵소서. 예배를 통하여 성도들 각자에게 주신 은사로 더욱 하나 되게 하시며, 하나님의 뜻에 꼭 합한 교회가 되기 위해 헌신하는 저희들이 되게 하옵소서.

[공동체] 사랑이신 하나님, 주님의 권속들이 주님의 음성에 민감하게 반응하게 하시옵소서. 그리하여 세상과 타협하지 않으며, 주님의 발자취만 따라감으로써 제자의 삶을 살게 하옵소서. 이 민족도 부활의 주님을 만남으로 신실하고 정직한 백성이 되게 하옵소서.

다시 사신 예수님의 이름으로 기도드립니다. 아멘

Seasonal Prayers (Easter Sunday)

[**Thanksgiving**]　O God, you raised Jesus from death. Thank you for giving us the hope of the resurrection. We Praise you on this glorious resurrection morning.

[**Repentance**]　Merciful God, even though you are always with us, we have been trying to live our lives without you. Forgive us for doubting you and fearing you. Please have mercy on us and strengthen our faith.

[**Determination**]　On this resurrection day, let us step forward as witnesses of the resurrection, shaking off doubt and fear. We confess that only you can forgive our sins. We nail our innate sin and stubborn ego to the cross so that we may be born again of the spirit. May your children joyfully share our deep gratitude for the resurrection.

[**Worship**]　O God, in the midst of your glory, we sing of Jesus' resurrection. Be glorified in every aspect of our worship. Through this worship, make us one Body with diverse talents. May we become a church that pleases you.

[**Community**]　O God of Love, may we be sensitive to hear your voice. May we live as your disciples, not compromising with the world. As we meet with you Lord, make us a sincere, honest nation.

In Jesus' name. Amen.

절기예배 기도문(어린이주일)

[찬양] 전능하시고 위대하신 하나님, 푸른 하늘이 더욱 푸르게 보이는 5월 아침, 저희들에게 자녀를 낳고 기르는 복을 주신 하나님께 감사의 찬양을 드립니다. 어린아이를 키우는 일이 때로는 힘들고 어렵기도 하였으나, 하나님은 아이들로 즐거움을 누리게 하셨습니다.

[예배] 가정을 허락하시고, 자녀들에게 복 주신 하나님을 온전히 높여드리는 예배가 되기를 원합니다. 예배의 진행 가운데, 자녀를 주신 하나님의 은혜를 기억하며, 그들을 바로 보는 지혜를 허락해 주시옵소서. 말씀을 전하시기 위해서 단 위에 세우신 목사님을 장중에 붙잡아 주시고, 하나님의 말씀이 온전하게 선포되게 하여 주시옵소서. 그 말씀에 저희들은 '아멘'으로 화답하게 하시고, 그 말씀으로 저희 가정이 다스림받게 하시옵소서.

[어린이들을 위해] 어린아이를 사랑하시는 하나님, 주님께서 저희들에게 선물로 주신 귀중한 자녀들을 주의 계명과 법도로 잘 교육하게 하셔서 저희들의 자녀가 하나님나라의 역군으로 성장하게 하시기를 원합니다. 참으로 원하옵기는 죄악과 방탕의 유혹이 범람하는 이 험한 세상에서 저희 자녀들을 지켜 주시고, 주의 지팡이와 막대기로 인도해 주시옵소서.

저희 교회에서 자라는 어린이들의 마음 밭에 주님의 복음과 진리의 씨앗을 뿌려 주시고, 성령의 크신 능력으로 가꾸어 주시어 그들의 영과 육이 건강하게 성장할 수 있도록 도와주시옵소서. 저희 부모들이 어린이들을 보살피고 교육시킬 때 신앙적인 분위기 속에서 자라날 수 있도록 신앙의 모범을 보이는 부모들이 되게 하옵소서.

어린이들을 사랑하시는 예수님의 이름으로 기도드립니다. 아멘

Seasonal Prayers (Children's Sunday)

[**Praise**]　　Lord God, you are all-powerful and great. On this May morning, when the sky is so blue, we praise you, for the blessing of rearing children. you have given us so much happiness through our children's lives even though it can have its difficult moments.

[**Worship**]　　We exalt you God for you gave us families and children. Remembering your grace, give us wisdom to see our children rightly. Hold our pastor strong in your hand to soundly proclaim your Word. May we respond 'Amen' to the word which now be preached. May it rule over our families.

[**For Children**]　　O God, who loves children, help us to teach your Law to our precious children, use them as workers for your kingdom.

Protect and lead them with your staff in this harsh world full of temptations and debauchery.

Plant the seed of your gospel in our children's hearts; and help them by the power of the Holy Spirit to grow both in body and spirit. May we, the parents, be good examples of faith so that our homes are conducive to spiritual growth.

In the name of Jesus, who loves children. Amen.

164
절기예배 기도문(어버이주일)

[영광] 소중한 가정을 허락해 주신 하나님, 우리의 각 가정을 지켜 주신 하나님께 영광을 드립니다. 하나님은 가정의 참 주인이십니다. 이땅에 가정의 제도를 세우시고, 가족을 위하여 헌신하는 부모들을 있게 하심을 감사드립니다.

[회개] 어떤 사람이든지 부모의 헌신과 사랑 없이 자라지 않은 사람이 없음을 고백합니다. 그러나 자녀 된 우리들이 부모의 사랑을 모르고 분주하다는 핑계로 부모의 은혜를 잊고 살았던 죄를 고백합니다. 저희들의 어리석음을 용서하여 주옵소서. 어버이주일을 지키면서 잊었던 부모님의 사랑과 헌신을 바로 보게 하옵소서.

[예배] 경배를 받으셔야 할 하나님, 예배드리러 모인 성도들 모두가 하나님을 찬양하게 하옵소서. 저희들 모두가 서로 사랑하는 가운데 하나님의 이름만 높이는 예배가 되기를 원합니다. 예배의 순서순서에서 영광을 받으시고, 저희들에게는 가정과 가족의 소중함을 깨닫게 하여 주옵소서. 예배를 통해서 주님의 사랑과 복이 날마다 더하는 가정들이 되게 하여 주시옵소서.

[축복] 우리 자녀들에게 부모님을 보다 더 공경할 수 있는 마음을 주옵소서. 늘 자녀들을 위하여 기도하시는 이땅 위의 부모님들의 기도를 들으시고 속히 응답하여 주시옵소서. 특별히 영육의 건강을 주시고 모든 일에 복을 주시어 주님의 은혜와 평강 속에 살아가게 해주옵소서. 가족들이 믿음으로 하나 되어 주님의 사역에 동참하여 하나님의 사랑을 받고 칭찬을 받게 하옵소서.

예수님의 이름으로 기도드립니다. 아멘

Seasonal Prayers (Parents' Sunday)

[**Glory**]　O God, you gave us precious families. We give you glory for you watch over our families. You are the true Lord of families. Thank you for establishing families and giving us committed parents.

[**Repentance**]　We acknowledge that none of us could be ourselves without the commitment and love of parents. Nevertheless, we undervalued their love, excusing that we were busy. May we take time to remember our parents' love and sacrifice as we celebrate Parents' Sunday.

[**Worship**]　O God, you are worthy to receive all our worship. We give you our praise. Your name will alone be exalted in our love for each other. Be glorified in all we do and teach us the importance of family. Multiply your love and blessings everyday as we worship you.

[**Blessing**]　Give our children hearts which respect their parents. Please swiftly answer parents' prayers for their children. Bless us especially to be healthy in body and spirit, so that we may live in your grace and peace. May our families be one in faith and be active in seeking your kingdom. May they be loved and praised by you.
In Jesus' name. Amen.

절기예배 기도문(성령강림주일)

[감사] 거룩하신 하나님, 오순절 성령강림의 역사를 허락하시고, 교회를 세워 주신 은혜와 성령을 통하여 교회 위에 역사하시고 섭리하신 은총을 감사드립니다.

[회개] 사죄의 은총을 허락하시는 하나님, 성령의 감동하심을 따라 순종의 삶을 살지 못한 저희들의 연약한 믿음을 용서해 주옵소서. 성령의 인도보다는 저희의 고집으로 살아왔던 지난 시간들이었습니다. 미혹의 영에 이끌려 탐욕스럽고 방자하기 그지없을 때, 성령의 도우심으로 멸망에서 벗어났음을 깨닫습니다. 이후에도 성령께서 저희를 떠나지 마옵시고 길이길이 함께하사, 죄의 종 노릇 하지 않게 하옵소서. 의의 종이 되게 해주옵소서.

[예배] 성령강림주일을 맞이하여 온전히 드려지는 예배가 되기를 원합니다. 찬양으로 시작된 예배의 진행을 하나님께서 친히 주관해 주옵소서. 그리하여 저희들에게서 받으셔야 하는 영광을 거두시기를 원합니다. 이 시간에 말씀을 전하여 주실 목사님께 성령의 기름을 부어 주시옵소서. 선포되는 말씀으로 저희의 굳은 심령을 찔러 쪼개어, 치료와 위로와 변화가 임하는 놀라운 시간이 되게 하여 주옵소서. 예배의 진행을 위하여 여러 모양으로 충성하는 귀한 일꾼들을 붙들어 주시옵소서.

[은총받기를 위해] 좋은 것으로 채우시는 하나님, 성령의 밝은 빛으로 저희 심령을 채워 주시옵소서. 주님의 뜻을 온전히 분별하며 세상의 악한 권세를 이기는 선한 싸움의 승리자가 되게 하여 주시옵소서. 눈동자와 같이 지키시는 성령님께서 모든 고통에서 자유함을 얻게 하시고, 기쁨으로 주님을 찬양할 수 있는 삶이 되게 하여 주옵소서.

예수님의 이름으로 기도드립니다. 아멘

Seasonal Prayers (Pentecost Sunday)

[**Thanksgiving**]　　Thank you for giving us your Spirit. Thank you for building churches and working through them in your grace.

[**Repentance**]　　Forgiving God, forgive us for not living lives lead by your Spirit. We have follow our stubbornness rather than Holy Spirit's guidance. We were blinded by our greed and pride, deluding ourselves. But we have now come to realize that you freed us from destruction.

[**Worship**]　　We want to worship you on this Pentecost Sunday. Please take charge of this worship, from the start. Receive all glory for you are worthy. Anoint the preacher with the oil of the Holy Spirit. Penetrate our hard hearts with your Word so that we will receive healing, comfort and be transformed. Help those who are involved in the worship.

[**For Grace**]　　O God, thank you for giving us good things. Fill our hearts with your Holy Spirit. May we discern your will and so gain victory in the good fight against the power of evil. Holy Spirit, free us from all pain. May we praise you with our lives.
　In Jesus' name. Amen.

절기예배 기도문(종교개혁주일)

[**영광**] 우주 만물에 충만하신 하나님, 홀로 한 분이신 하나님의 영광을 온 세상에 나타내 주옵소서. 이 시간 온 교회와 성도들이 드리는 영광의 찬양을 받으시옵소서.

[**회개**] 거룩한 날을 맞이하여 더러워진 심령을 드립니다. 성령의 깨끗케 하시는 은혜로 죄악을 씻어 주옵소서. 오늘, 지난 시간의 종교개혁을 말하기 전에, 저희들이 개혁되어야 함을 고백합니다. 고쳐져야 할 것을 알면서도 고치지 못하고 있는 어리석은 저희들입니다. 하나님이 앉으셔야 할 자리에 앉아 영광을 도적질하고, 섬겨야 하는 직분을 오히려 명예를 누리는 것으로 착각하며 살아온 죄를 고백하오니 새로워지는 은혜를 허락해 주옵소서.

[**예배**] 주님의 전에 나아와 살아계신 주님을 찬양하며 영광을 돌리게 하신 은혜를 감사드립니다. 주님의 교회를 성령의 권능으로 세우셨사오니, 이 예배도 성령께서 인도해 주시어 예배를 드리는 심령마다 순서의 흐름에서 나타나는 하나님의 영광을 보게 하시며, 성령의 능력을 체험케 하여 주옵소서. 설교하시는 목사님을 붙잡아 주시고, 찬양대원들에게도 한 성령으로 역사하옵소서. 그리하여 주의 은혜를 사모하는 각 사람마다 성령의 충만함을 받게 하시고 주님의 크신 은총을 깨닫게 하옵소서.

[**성도들을 위해**] 자비로우신 하나님, 종교개혁 기념주일을 맞이하여 세속과 죄악에 찌든 저희 심령이 성령의 능력으로 깨끗해지고 새사람 되기를 원합니다. 주님의 영광을 위해 창조된 저희는 주님 안에서만 살 수 있으며 주님 안에서만 안식이 있는 줄 고백합니다. 주님을 나타내기 위해 철저히 저희 자신을 죽이는 삶을 살게 해주옵소서. 예수님의 이름으로 기도합니다. 아멘

Seasonal Prayers (Reformation Sunday)

[**Glory**]   Lord, you fill the universe. Reveal your glory to the whole world. Receive the glorious praise this church offers you.

[**Repentance**]   On this holy day, we lift our sin-stained hearts to you and ask you to cleanse them by the grace of the Holy Spirit. Today, we confess that each of us needs to be reformed. We are fools because we know we need to change but don't. Renew us by your grace as we confess that we often receive the glory you alone deserve.

[**Worship**]   Thank you for calling us to come and praise and worship you. As you established your church by the Holy Spirit's power, guide this worship by the same Spirit so that we can all see your glory in every aspect of this worship and experience the Holy Spirit's power.

[**For the Saints**]   Merciful Lord, on this Sunday, cleanse our sin-stained hearts by the Holy Spirit's power for we want to be new people. For we were created for your glory, our being is rooted in you and rest is found in you alone. We wish to deny ourselves completely to reveal you in our lives.
In Jesus' name. Amen.

절기예배 기도문(추수감사주일)

[찬양 · 감사] 만물로 풍성하게 하시는 하나님, 우주와 만물을 창조하신 하나님의 이름을 찬양합니다. 땅의 모든 것들과 땅 아래, 물속의 모든 것들로 저희들을 먹이시고, 입히시며, 땅의 풍성한 소산을 허락하심을 감사드립니다.

[회개] 때를 따라 추수기를 주셔서 우리의 생활을 도우시며 풍성하게 하시니 주의 은혜에 언제나 감격할 따름입니다. 아버지께서는 철을 따라 땅의 소산을 값없이 허락하셨으나 저희들은 주님 앞에 떳떳하게 내놓을 만한 결실을 맺지 못했음을 용서해 주시옵소서. 능력이신 하나님, 우리의 부족함을 아시오니 열매 맺는 삶을 살 수 있도록 인도해 주옵소서.

[예배] 이 시간 하나님의 베푸신 은혜를 감사하며 드리는 예배의 순서에 복을 내려 주시기 원합니다. 이 날을 위하여 미리 예물을 준비한 자녀들에게 예비하신 복을 허락하옵소서. 예배드리는 성도들의 손길에 복을 주셔서 신령과 진정으로 예배를 드리게 하여 주시옵소서. 정성을 다하여 드리는 예배를 기뻐받아 주옵소서. 목사님의 말씀에 성령께서 함께하시기를 원합니다. 말씀의 능력이 나타나 예배하는 이들이 위로를 받게 하시고, 순종하는 믿음을 갖게 하옵소서.

[영적 추수] 땅에 심기운 씨앗이 싹터 자라나 풍성한 열매를 맺듯이 저희들의 믿음 또한 크게 자라고 번창하여 충실하고 풍성한 열매를 맺어 추수하게 하옵소서. 그동안 땀 흘려가며 가꾸고, 노력하고 수고한 결실을 거두는 이 좋은 절기를 맞아서 육의 양식은 물론 영의 양식도 풍성히 추수할 수 있는 은혜를 내려 주시옵소서.

예수님의 이름으로 기도드립니다. 아멘

Seasonal Prayers (Thanksgiving Sunday)

[**Praise · Thanksgiving**]　　You made everything in abundance. We praise your name for you created the universe and everything in it. Thank you for feeding us with the produce of the land and sea. Thank you for all its abundance.

[**Repentance**]　　We are so deeply thankful that you gave us harvest times to provide for us abundantly. Forgive us that we are not returning enough to you even though you gave us the products of the land in every season. Almighty God, make our lives fruitful.

[**Worship**]　　Bless our worship to you. We thank you for your grace. Bless those who prepared offerings. Help us to worship you in spirit and truth. We want to please you. Holy Spirit, anoint the preacher as he preaches. Comfort us and make obedient in faith by the power of your Word.

[**Spiritual Harvest**]　　May our faith bear abundant fruit just as sown seed bear much fruit. Thank you for your grace to us: food for both body and spirit in this beautiful season.
　In Jesus' name. Amen.

절기예배 기도문(추수감사주일)

[경배] 은혜로우신 하나님, 온 들이 오곡으로 풍성하고, 나무마다 과실이 열리게 하심을 감사드립니다. 산천초목이 하나님의 은혜로 풍성한 열매를 거두어들이고 있습니다. 땅을 기름지게 하사 곡식을 주시고, 시절을 좇아 열매를 맺게 하심은 저희를 향하신 하나님의 인자하심입니다.

[회개] 날마다 은혜로 살기에 감사가 풍성해야 하건만 그렇게 하지 못했던 저희의 삶을 용서해 주시옵소서. 이 아침에도 사실은 죄로 얼룩져 있는 마음을 갖고 주님의 전에 나아왔습니다. 하나님을 영화롭게 해드리지 못하고, 자신의 만족함을 위해서 분주했던 어리석음을 용서해 주시고, 저희를 성결케 하사 예배드리기에 합당한 심령이 되게 하여 주시옵소서.

[예배] 감사제로 예배하게 하신 하나님, 인색한 마음에 감사를 느끼게 하심을 정말로 감사드립니다. 눈을 뜨고 일어나는 것부터 감사한 일인데, 그것을 잊고 살았습니다.

오늘의 예배로 감사의 삶이 이어지게 하옵소서. 순서에 따라 말씀을 전하실 목사님을 붙잡아 주시옵소서. 그리하여 하나님의 말씀이 선포될 때 능력이 나타나게 하옵소서. 찬양대원들이 심령을 다해 드리는 찬양으로 영광을 받으시옵소서. 이 예배를 위하여 여러 일꾼들이 섬기고 있사오니 그들과 함께하시옵소서.

[간구] 아버지 하나님, 성령의 인도하심 속에서 저희의 신앙도 살찌게 하시고, 주님의 거룩하신 뜻을 실현할 수 있는 복된 삶이 되게 하시기를 원합니다. 저희의 생각과 계획을 미리 아시는 성령께서 철저하게 이끌어 주시고 주관하여 주시옵소서.

예수님의 이름으로 기도드립니다. 아멘

Seasonal Prayers (Thanksgiving Sunday)

[**Worship**]　　God of Grace, thank you that the fields are full of every kind of crop and trees bearing fruit. Because of your grace, our harvest is bountiful. Your mercy is so great, you gave us crops from fertile land and fruits in their season.

[**Repentance**]　　Forgive us for not having a thankful heart as each day we ought. In fact, we come to you with sin-stained hearts. Forgive our foolishness of gratifying ourselves rather than glorifying you. Sanctify our hearts to worship you.

[**Worship**]　　We bring you our offering of thanksgiving. We thank you for enabling us to be thankful. We often forget to thank you for opening our eyes each morning and for the start of each new day.

May we continually thank you through our worship. Speak through the pastor who will now preach. Reveal your power as he preaches your Word. Be glorified as the choir praises you whole-heartedly. Be with the many who are serving through this worship.

[**Petition**]　　Father God, bless us to have strong faith to do your will. Guide us thoroughly and rule over us as you know our thoughts and plans.

In Jesus' name. Amen.

174
절기예배 기도문(추수감사주일)

[감사] 우리의 삶을 인도하시는 하나님, 부족한 저희들에게 감사절을 구별하여 예배하게 하시니 참 감사드립니다. 때마다, 일마다 함께하시며 이렇게 풍성한 열매를 보게 하신 하나님께 감사의 찬양을 드립니다.

[예배] 오늘은 특별히 정한 날에, 추수를 감사하는 추수감사예배를 드리오니 열납해 주시옵소서. 이 시간, 예배에 참석한 저희 모두가 주님의 은혜를 충만히 받는 시간이 되게 하옵소서. 말씀을 증거하시는 목사님을 성령의 능력으로 지켜 주시고, 주님이 친히 임재하시는 복된 예배가 되게 하옵소서. 저희들은 아직도 연약하오니 달음박질하여도 곤비치 않는 신앙을 소유할 수 있도록 성령의 능력으로 채워 주시옵소서. 어떠한 시련 속에서도 굴하지 않고 능히 이기고 나갈 수 있는 믿음을 심령 가득히 채워 주옵소서.

[나라를 위해] 역사를 통치하시는 하나님, 이 나라와 이 백성들을 위해 간구합니다. 고난과 역경만을 거듭해온 이 민족을 기억해 주시기를 원합니다. 어서 속히 삼천리 강산이 복음으로 물들게 하시고, 사람들의 가슴마다 주님의 사랑으로 불타게 하시기를 원합니다. 이 민족의 가슴마다 하나님의 사랑과 평화가 넘치는 복된 나라가 되게 하옵소서.

[교회를 위해] 저희 교회의 성도들에게 복을 주시옵소서. 그리하여 주님을 믿고 따르는 놀라운 역사가 있게 하시기를 원합니다. 저희 교회에 속한 어린이로 시작하여 어르신에게 이르기까지 순간순간을 하나님 앞에서 온전한 모습으로 살아갈 수 있는 은혜를 주옵소서.

예수님의 이름으로 기도드립니다. 아멘

Seasonal Prayers (Thanksgiving Sunday)

[Thanksgiving]   Lord, our Guide, thank you for allowing us to come before you this day. Thank you for being with us every time and occasion and for giving us abundant fruits.

[**Worship**]   Please accept the worship we bring you this special day. Saturate us with your grace. Speak through the preacher and bless this worship by revealing your presence. Fill us with the power of the Holy Spirit so that we may run and not grow weary. Fill our hearts with faith to overcome all difficulties.

[**For South Korea**]   O God, ruler of history, we intercede for this country. Remember how this nation was afflicted in the past. Lord, cover this country with your gospel and may our hearts burn with your love. Bless this country so that every heart overflows with your love and peace.

[**For this Church**]   Bless the saints of this church, so that we may see the result of following you. Give your grace to all, young and old, to live every moment flawlessly before you.

In Jesus' name. Amen.

176
절기예배 기도문(성서주일)

　[**영광**] 만유를 다스리시는 하나님, 오늘은 이땅의 모든 그리스도인들이 성서주일로 지키는 날입니다. 저희들에게 생명의 말씀을 책으로 주신 날을 기념하며 하나님께 예배하려 합니다. 이 아침에, 성경으로 말미암은 영광을 하나님 홀로 받으시옵소서.

　[**회개**] 말씀을 주신 하나님, 하나님의 계획하심대로 말씀을 가까이하지 못했던 저희들을 용서해 주시기를 원합니다. 이 말씀을 저희들의 글로 주기 위해서 참으로 많은 종들이 헌신했건만 저희들은 이 말씀을 소중히 여기지 못하였습니다. 성경을 읽고, 묵상하는 일을 좋아하게 하옵소서. 성경을 통해서 하나님을 영화롭게 해드리는 저희들이 되게 하옵소서.

　[**예배를 위해**] 사랑이 많으신 아버지, 말씀이 우리 가운데 거하게 하시려는 하나님의 은혜가 충만한 주일입니다. 이제, 신령과 진리로 예배를 드리게 하시며, 이 자리에 모인 성도들이 성경책의 귀함을 깨닫게 하여 주옵소서. 드려지는 예배가 마칠 때까지 하나님의 권세와 능력이 나타나기를 원합니다. 설교하시는 목사님을 비롯해서 예배를 위해 헌신된 일꾼들이 하나님의 원하심에 따라 수고하게 하옵소서.

　[**간구**] 우리 글로 말씀을 주신 하나님, 세계성서주일에 새로운 결단이 있게 하시기를 원합니다. 우리에게 주신 말씀을 만나를 먹듯이, 메추라기를 대하듯이 가까이하여 생명의 삶이 풍성하게 되도록 인도해 주시옵소서. 저희들의 예배 가운데 하나님의 영광이 성령으로 함께하시옵소서. 죄인의 구원을 위해 생명의 말씀을 책으로 주셨음에 감사와 영광을 드리는 예배가 되게 하시고, 성경을 주신 하나님만이 영광을 받으시옵소서.

　예수님의 이름으로 기도드립니다. 아멘

Seasonal Prayers (Bible Sunday)

[**Glory**]　　O God, you rule over everything. We want to worship you today to celebrate the day you gave your Word of life to mankind. Alone be glorified this morning on account of the Bible.

[**Repentance**]　　Lord, you gave us your Word. Forgive us for not keeping your Word in our hearts as you intended it to be. We have neglected your precious Word, disregarding the many who dedicated themselves to bring the Bible to us in our language. May we glorify you because of the Bible.

[**Worship**]　　O God, you abound in love and you desire to be among us. your grace is sufficient for us today. Help us to worship you in spirit and truth. Reveal your majesty and power till the end of this worship. Use your servants as you wish.

[**Petition**]　　O God, you gave us your Word in your language. Refresh our determination for you on this Bible Sunday. Lead us to live abundant lives as we stay close to your Word, just like the Israelites daily ate Manna and Quail in the desert. May your glory be with us in our worship by your Spirit. We worship and thank you for giving us the Bible, the Word of life. May you alone be glorified.

In Jesus' name. Amen.

절기예배 기도문(성탄절)

[감사] 사랑의 하나님, 독생자 예수님을 세상에 보내어 주신 은혜를 감사드립니다. 예수님이라는 생명에 이르는 길을 선물로 받았사오니 감사로 하나님 앞에 나아가게 하옵소서.

[회개] 이 시간 부족한 저희들이 주의 전에 나아와 자신을 돌아봅니다. 예배할 만큼 거룩하지 못한 삶이었습니다. 빛과 소금으로 살아야 하는 세상에서 오히려 자신의 유익만을 추구하는 데 급급했습니다. 이웃을 섬기지 못하고 섬김받기를 바랬던 부끄러움을 고백합니다. 용서하여 주시옵소서.

[예배를 위해] 이 자리에서 예배하는 모든 심령의 마음과 뜻이 하나님께 합당하게 하소서. 오늘도 생명의 말씀을 듣고 단 위에 서신 목사님을 성령의 능력으로 붙들어 주시기를 원합니다. 목사님께서 대언하시는 하나님의 말씀이 주님의 안식과 평안을 맛볼 수 있는 은혜의 말씀이 되게 하여 주옵소서.

[공동체를 위해] 우리의 머리털까지 세시는 하나님, 이 시간에도 근심 중에 있는 성도들과, 병고로 고생하는 형제들에게 위로와 치유의 은총을 허락해 주옵소서. 신앙의 회의로 주저하는 이들에게는 성탄의 믿음을 주시고, 이런 저런 어려움 중에 있는 성도들을 각기 그 형편과 처지대로 위로하시고 격려하시며 인내하는 소망을 갖게 하시옵소서.

[이웃을 위해] 일터를 잃고 방황하는 이들이 많습니다. 가난함 때문에 올 겨울이 유난히 추운 이들도 있습니다. 그들에게 성탄의 기쁨이 맛보아지게 하옵소서. 이 일을 교회가 감당할 수 있게 하옵소서.

평화의 왕이신 예수님의 이름으로 기도드립니다. 아멘

Seasonal Prayers (Christmas)

[**Thanksgiving**]　　God of Love, thank you for sending your only Son, Jesus, to the world. We come to you with thanks as we received your gift, Jesus, the Way of Life.

[**Repentance**]　　This time we reflect on ourselves as worshippers in your presence. We are unfit to worship you because of our unholy lives. We have been bent on our own benefit in the world where we ought to be salt and light. We confess that we would rather be served than serve. Forgive us, Lord.

[**For Worship**]　　May our hearts and desires be acceptable to you, Lord. Speak through the preacher by the power of the Holy Spirit. May his message be the Word that brings your grace, rest and peace.

[**For the Community**]　　God, you know the number of hairs on each of our heads. Give your grace of healing and comfort to those who are worried and suffer from disease. Give the faith in Jesus' birth to those who are hesitating to believe. Give your comfort and encouragement to those who need it, so that they may be able to endure in hope.

[**For Neighbors**]　　Lord, there are so many wandering about because they have lost their jobs. There are people for whom this winter is especially cold because of poverty. Give them they joy of Christmas. Use your church, Lord. In the name of Jesus, who is the King of peace. Aman.

절기예배 기도문(성탄절)

[찬양] 구원의 은혜를 베푸신 하나님, 온 인류를 위하여 이땅 위에 아들을 보내신 하나님의 은혜를 감사드립니다. 구원 얻은 모든 이들로부터 감사의 찬양을 받으시옵소서. 성탄절 예배를 드리는 마음이 감사로 가득 차게 해주옵소서.

[회개] 주님께서는 저희들의 죄악으로 인하여 하늘과 땅의 통로가 막힌 절망의 역사 속에 오셨습니다. 주님의 오심은 새 소망의 길을 열어 만인의 구세주가 되심이며, 사망의 길로 내려가던 인생들에게 새로운 진리를 가르치사 천국 길로 인도하심입니다. 그러나 저희들은 아직도 죄악에서 헤매고 있습니다. 이 시간 다시 한 번 저희들에게 임하시어 주님을 가장 높고 귀한 보좌에 모시고 살게 하옵소서.

[예배를 위해] 예배의 주인이신 하나님, 베들레헴의 낮은 말구유에 가난하게 오신 주님을 기리려고 이렇게 모였습니다. 여기에 함께한 성도들의 마음의 문을 열어 주님의 탄생을 축하하게 하여 주옵소서. 그 옛날의 목자들처럼, 동방의 박사들처럼 새 왕의 오심을 맞이하는 예배를 드리기 원합니다. 하나님은 성탄절의 주인이십니다. 영광을 받으시옵소서.

[교회를 위해] 주님을 경배한 저희들을 다시 세상으로 보내주시기 원합니다. 아직도 어두움 속에 있는 뭇 영혼들에게 저희들을 보내 주옵소서. 선한 사마리아 사람처럼 고통당하는 이웃에게 진정한 이웃으로 다가갈 수 있는 주의 백성이 되게 하옵소서. 그리하여 이번 성탄절은 하늘의 영광 보좌를 버리시고 죄로 인해 고통받는 인간을 구원하시기 위하여 성육신하신 주님의 사랑이 곳곳에 스며드는 기쁜 성탄절이 되게 해주옵소서.

사랑의 실천자이신 예수님의 이름으로 기도합니다. 아멘

Seasonal Prayers (Christmas)

[**Praise**]　　Lord, our Savior, thank you for your grace of sending your only Son to this world for the whole of mankind. Receive our thanks and the praise of those who are saved. Let our hearts be overflowing with thankfulness.

[**Repentance**]　　Because of our sins, Jesus our Lord, entered into our history which had been without hope because heaven and earth were separated by sin.

You came to open the way for all as the Savior and to teach and lead those who are perishing to heaven. Yet we are still wandering in sin. Come to us again and teach us to exalt you to the highest place.

[**For Worship**]　　O God, Lord of our worship, we came to extol Jesus who was humbly born in a manger in Bethlehem. Open our hearts to celebrate the birth of Jesus together. We want to worship and welcome our new King just as the shepherds and Magi did. You are the Lord of Christmas! Be glorified!

[**For this Church**]　　Send us into the world, Lord. Send us to those whose spirits are in darkness. May your people be like the good Samaritan to their neighbors. May this Christmas be so full of your love, which caused our Lord to become a man to save mankind from their sin and suffering.

In the name of Jesus, who demonstrated his love. Amen.

절기예배 기도문(성탄절)

[경배] 성탄의 은총을 주신 하나님, 하나님께서 비천한 몸으로 오신 그 사랑이 얼마나 큰가를 우리로 하여금 기억하게 하시옵소서. 지금은 하늘에서 생명의 구주로서 저희들을 다스리고 계신 주님을 기억합니다. 이 백성들이 주님의 사랑을 신뢰하고 그의 현존 속에서 살게 하시고, 그의 영광에 동참케 하시옵소서.

[예배를 위해] 경배를 받으실 하나님, 첫 번 성탄절의 그 새벽이 되기를 원합니다. 저희들이 드리는 이 예배가 황금과 유향과 몰약처럼 진실하고 값진 정성으로 하늘 보좌에 상달되게 하옵소서. 주님이 탄생하신 성탄절에 주의 천사들이 잠들어 있던 베들레헴을 일깨웠듯이 잠들어 있는 저희들의 생명을 이 시간 일깨워 주시기를 간절히 원하옵고 기도합니다.

[이웃을 위해] 이 성탄의 기쁜 소식이 온 세상에 널리 퍼지게 하시기를 원합니다. 아직도 암흑과 죄악에서 신음하고 있는 북한의 형제들에게도 임하셔서 그들에게도 생명의 소식이 전해지기를 원합니다. 간절히 바라오니 동토의 땅에 하나님의 성령이 속히 임하도록 역사해 주옵소서. 그리하여 온 나라와 백성이 한마음으로 드리는 찬송과 감사가 온 세상에 퍼져 나가게 도와주시옵소서.

[공동체를 위해] 성탄절을 위하여 애쓰고 헌신한 많은 손길들 위에 크신 은혜를 내려 주시고 이 예배를 기쁘게 받아 주시옵소서. 이 기쁜 성탄에 온 성도들의 가정에 놀라운 복을 내려 주시고 참여하지 못한 성도들에게도 함께하옵소서. 아직도 이 성탄의 기쁨을 모르는 저희 이웃들에게도 구주께서 임하셔서 밝은 빛으로 그들을 비추어 주옵소서.

다시 오실 예수님의 이름으로 기도드립니다. 아멘

Seasonal Prayers (Christmas)

[**Worship**]   O God, you gave the grace of Christmas. May we know how great your love is that you humbled yourself to come to us. We think of you, Ruler of heaven, as the Lord of Life. May we trust in your love and live in your presence. May we participate in your glory.

[**For Worship**]   O God, you are worthy to receive worship. May this hour be like the morning of the frist Christmas. May our worship reach the throne of heaven like gifts of gold, frankincense and myrrh. Just as the angels awoke Bethlehem from its sleep on the morning of Jesus' Birth, so awaken our slumbering lives today. We plead to you.

[**For Our Neighbors**]   Let the good news of Christmas Spread throughout the whole world. Let the news be sent to the North Koreans who are groaning in darkness and sin. We plead that your Holy Spirit will swiftly come. Help both North and South to praise you with one heart.

[**For the Community**]   Lord, accept our worship and bless those who are serving during this Christmas worship. Bless the families, of those who came, with surprise blessings and be with those who could not join us today. Shed your bright light to our neighbors who do not yet know the joy of Christmas.

In the name of Jesus, who will come again, Amen.

184
절기예배 기도문(송년주일)

[영광] 시간의 주인이 되시는 하나님, 처음과 나중이 되시는 하나님의 영원하심을 찬양합니다. 세초부터 세말까지 도우시며, 때마다 순간마다 인도해 주신 하나님께 감사와 영광을 드립니다.

[예배] 한 해를 보내며 12월 마지막 주일을 송년주일예배로 드리오니 받아 주옵소서. 지나온 날들을 돌아보며 감사할 조건들을 찾아 감사의 마음으로 예배하게 하시고, 흠이 없는 온전한 예배를 드릴 수 있게 하여 주옵소서.

[소원의 간구] 올 한 해를 살아오면서 남겨 놓은 부끄러운 모습들을 용서하여 주옵소서. 하나님 앞에 다짐했던 일들이 많으나 게으름으로 인해 못다 한 일들이 있습니다. 모든 일에 최선을 다하는 성실함을 허락해 주옵소서. 새로운 해에는 더 새롭게 되어 주님의 일에 열심을 갖게 하옵소서. 올해 기도한 것 중에서 응답받지 못한 것들은 다시 기도하게 하시고 올해 열매를 맺지 못한 일들을 내년엔 꼭 열매를 맺게 하여 주시옵소서.

[북한 동포를 위해] 자비로우신 하나님, 이 민족이 아직도 분단의 아픔을 겪고 있습니다. 오랜 공산 정권의 압제 하에서 영육간 기갈에 처한 북한 동포들을 불쌍히 여겨 주시고 그들을 구원하여 주옵소서.

[나라를 위해] 이 사회에도 주님의 통치가 속히 이루어지기를 원합니다. 개인적으로나 국가적으로 부정과 불의와 온갖 죄악된 일들이 하늘을 뒤덮고 있사오니, 속히 이 사회를 성령의 권능으로 치료하여 주셔서 건전하고 바른 가치관이 정립될 수 있도록 은총을 허락하여 주시옵소서.

예수님의 이름으로 기도드립니다. 아멘

Seasonal Prayers (Last Sunday of the Year)

[**Glory**]   Lord of Time, we praise you for you are from everlasting to everlasting. You are the Beginning and the End. We give you thanks and glory, for you have helped us every moment from the beginning of the Year till the end.

[**Worship**]   Lord, accept the worship we give to you on the Last Sunday of the Year. We want to give you flawless worship, thanking you for all you have done this Year.

[**Petition**]   Forgive us for the shameful ways throughout this Year. At the start of this year we made many promises to you but have not fulfilled them due to our laziness. Help us to be diligent to do our best. Renew us in the New Year to do your work. We want to persist in praying the prayers, which were not answered this year. Please give us the fruit of our prayers.

[**For North Koreans**]   Merciful Lord. This nation is still painfully divided. Have mercy on the North Koreans please save them. They are suffering under the oppressive rule of Communism and they are starving, both physically and spiritually.

[**For South Korea**]   Swiftly establish your rule in this country. The sky is covered with all kinds of unrighteousness, injustice and sin, both national and personal. Please speedily heal this country by the power of the Holy Spirit. Have mercy on us to have sound, right values.

In Jesus' name. Amen.

절기예배 기도문(송년주일)

[감사] 위대하고 크신 하나님, 복된 삶으로 한 해를 살게 하신 은혜를 감사드립니다. 한 해를 보내는 아쉬움도 있지만 새로운 해를 허락하신 주님께 감사드립니다. 새로운 해에는 주님이 어떻게 인도하여 주시고 은혜 내려 주실까 기대하며 살게 하옵소서. 한 해를 보내는 이들의 마음을 주님께서 인도하여 주옵소서.

[결단] 우리로 하여금 남은 기간 동안도 감사하며 보내게 하여 주시고 새 술은 새 부대에 담는다고 하셨으니 새해를 기도로 준비하게 하옵소서. 해가 바뀌면 우리의 믿음도 더욱더 성장하기를 원합니다. 새로운 해에는 주님의 사랑과 섭리를 더욱더 깨달아 주님의 일에 열심을 내게 하여 주시옵소서.

[예배] 예배로 한 해를 시작하였고, 오늘의 예배로 한 해를 마감합니다. 지난 일 년을 돌아보면서 신령과 진리 가운데 예배를 드리게 하옵소서. 예배당 가득히 주님의 영광이 채워지기를 원합니다. 오늘도 성령을 의지하고 말씀을 선포하시는 목사님을 권세 있게 하시옵소서. 그리하여 귀 기울여 말씀을 듣는 모든 자들이 성령의 역사하심을 체험하고 은혜받는 시간이 되게 하옵소서. 예배를 돕는 손길들이 있습니다. 성령을 의지하며 말씀에 순복하고자 하는 아름다운 믿음을 받아 주시고, 주님 앞에 더욱 귀하게 쓰임받는 종들이 되게 하여 주시옵소서.

[성도들을 위해] 우리와 함께하시는 하나님, 가정의 화목을 원하시는 주님께서 함께하여 주시기를 소원하고 기도합니다. 모든 가정마다 복을 내려 주시옵소서. 어려움에 처해 있는 가정들을 더욱더 주님의 사랑으로 붙들어 주시고 잘 이겨 나아갈 수 있게 하옵소서.

예수님의 이름으로 기도드립니다. 아멘

Seasonal Prayers (Last Sunday of the Year)

[**Thanksgiving**]   Great and mighty God, we thank you for giving us a blessed Year. We give you thanks for the New Year. We are dissatisfied with the past Year. We want to live in expectation of your guidance and blessings for the coming Year. Please guide our hearts.

[**Petition**]   Lord, we want to spend the last days giving thanks to you and prepare the New Year in prayer, to be new wine-skins filled with new wine. May our faith grow from year to year. Help us to realize your love and providence more and more and serve you better.

[**Worship**]   We opened this year in worship and today we close this year in worship. We look back on this year and worship you in spirit and truth. Fill this church with your glory. Empower the pastor who is about to preach, relying on your Spirit. Bless us and help us to experience your Spirit and to listen attentively. There are many who are serving during this worship. Accept their beautiful faith as they trust in your Spirit and obey your Word. Use them for even more precious service.

[**For the Saints**]   God who is with us, we pray that you will be with us and our families. Bless all families. Hold the families that are going through difficult times and help them to overcome.

In Jesus' name. Amen.

헌신예배 기도문(제직회)

[찬양] 거룩하신 하나님, 하나님의 은혜로 구별된 자들이 주의 전에 나아와 찬양과 영광을 드립니다. 저희들에게 특별히 성일을 주시어 주님을 경배하며 주님의 품 안에서 지내게 하시고, 제직들이 헌신을 다짐하여 예배드리게 하심을 감사드립니다.

[회개] 전능하신 하나님, 저희들이 주님 앞에서 부끄럽게 지냈던 모습을 용서해 주시옵소서. 주님의 일을 맡은 일꾼이라 하면서도 하나님의 뜻을 헤아리는 데 부족하였습니다. 하나님께는 영광이 되고, 교회는 부흥이 되어야 하는데 그렇게 헌신하지 못했습니다. 일할 수 있는 기회는 많았건만 그때마다 핑계를 대며 충성을 다하지 못하였던 죄를 용서해 주옵소서.

[예배를 위해] 교회를 이끄시는 아버지 하나님, 여전히 부족한 저희들을 다시금 제직으로 삼아 주심을 감사드립니다. 충성하라고 다시 한 번 기회를 주신 줄 아오니 헌신예배를 통해서 좋은 일꾼으로 세워지게 하옵소서. 하나님께서 친히 예배를 주관해 주시고, 순서를 담당한 이들에게 지혜 주시기를 원합니다. 말씀을 전하러 오신 강사 목사님을 은혜와 진리로 이끄시고, 저희들을 위하여 준비한 말씀을 증거하게 하옵소서.

[결단] 저희들에게 더욱 믿음을 주셔서 주의 보좌 앞에 나아가도록 이끌어 주시기를 원합니다. 큰 사명을 지고, 교회의 기둥답게 교회의 살림을 꾸려가는 것을 기쁨으로 삼게 하시기를 간절히 기도드립니다. 부족한 종들이지만 저희들의 기도와 헌신으로 말미암아 교회의 사명을 완수하도록 믿음 주시고 구제와 봉사, 복음 전파 등의 일을 잘 감당할 수 있도록 함께해 주옵소서.

예수님의 이름으로 기도드립니다. 아멘

Dedication Service (Elders and Deacons)

[**Praise**]　O Holy God, you separated us from the world by your grace. We come before you to give you praise and glory. Thank you for giving us the Sabbath to worship you and rest in your arms. Thank you for this dedication worship.

[**Repentance**]　Almighty God, forgive for the way we shamefully lived the past. As God's workers, we failed to seek your will. Our dedication was lacking in glorifying you and reviving this church. Forgive us for our many excuses for not working faithfully despite many opportunities.

[**For Worship**]　O God, you are our Guide. Thank you for appointing us as elders and deacons. Since you gave us this opportunity to serve you, establish us as good servants through this worship. Please direct this worship and give wisdom to those who are serving in this worship. Help the visiting preacher to speak in grace and truth to us.

[**Determination**]　Give us even greater faith and lead us. Give us joy in fulfilling your calling and leading this church as pillars of this church. Though we are weak, give us faith to live lives of prayer, dedicated to the church fulfilling its calling. Also help us to do good works of charity, social work and sharing the gospel.

In Jesus' name. Amen.

헌신예배 기도문(남전도회)

[감사] 사랑의 하나님 아버지, 남전도회를 세워 주시고, 우리를 남전도회 회원으로 봉사하게 하시오니 감사드립니다. 이 교회와 하나님나라 확장을 위해 남전도회를 사용하시려는 하나님의 계획이 있음을 감사드립니다. 하나님나라를 위하여 남전도회가 앞장을 서고, 모든 제직들과 성도님들은 뜻을 합하는 교회가 되게 하시기를 원합니다. 남전도회 회원들 모두가 주의 선한 사업에 동참할 수 있도록 인도하여 주시옵소서.

[회개] 그동안 하나님께서 저희 남전도회 회원들에게 일을 맡겨 주셨건만 저희들은 그 소임을 다하지 못하였습니다. 하나님 앞에 서기에 심히 부끄럽습니다. 저희들의 죄를 용서하옵시고, 이 시간의 헌신예배로 말미암아 새로워지는 은총을 허락하옵소서.

[말씀] 은혜로우신 하나님, 오늘 이 헌신예배를 위해 주님께서 귀히 쓰시는 목사님을 보내 주셔서 말씀으로 은혜받을 기회를 주시니 감사합니다. 이 시간 강단에서 주의 말씀이 선포되어질 때, 성령으로 함께 역사하셔서 남전도회원들과 성도들에게 새힘을 불어 넣어 주는 은혜와 능력의 말씀이 되게 해주옵소서. 예배의 순서가 진행되는 가운데 남전도회원들이 은혜로 충만해져서 더욱 헌신을 다짐하는 감동이 있게 하옵소서.

[남전도회와 교회를 위해] 오늘의 헌신예배를 통하여 마음이 무장되게 하시고 이 결단이 올 한 해 동안 변하지 않도록 지켜 주옵소서. 남전도회원 전원이 온 교회 앞에서 예배와 봉사와 선한 사업에 본이 되게 하시고, 남전도회가 해야 할 모든 사업들이 하나님의 영광을 드러내게 하옵소서. 남전도회를 통해 교회가 뜨거워지고 크게 부흥하는 역사가 있게 해주옵소서.

예수님의 이름으로 기도드립니다. 아멘

Dedication Service (Men's Meeting)

[**Thanksgiving**]　God of Love, thank you for establishing this fellowship and allowing us to serve as its members. Thank you for using us, your Church, to extend your kingdom. Enable us to lead the church as one Body. Help each one of us to do his part in your good Work.

[**Repentance**]　Lord, you have given us your work to do but we have not been fulfilling it. We are so ashamed to stand before you. Forgive our sins and renew us through this dedication worship.

[**Word**]　God of Grace, thank you for sending your precious servant, the pastor, for us to receive new grace. Give us new strength and grace as your Word is proclaimed. Fill us with your grace so that we may be able to serve you even better.

[**For the Men's Meeting and this Church**]　Lord, arm our hearts through this worship and help us to be faithful this whole year. May the members of this meeting be good examples of worship and good works, giving glory to you. Through them, may the whole church be revived.

In Jesus' name. Amen.

헌신예배 기도문 (남전도회)

  [감사] 하나님의 놀라운 사랑과 은총에 감사와 찬송을 드립니다. 죽을 수밖에 없는 죄인들을 불러 하나님의 귀한 백성을 삼아 주신 사실을 잊지 않게 하여 주옵소서. 그리하여 죄 가운데 방황하는 저희들에게 구름기둥과 불기둥으로 인도하여 주신 극진한 사랑에 깊이 감사드리는 삶을 살게 하옵소서. 하나님의 의로운 오른손으로 우리를 돌보시어 죄악이 만연한 세상 가운데서 신앙의 힘으로 승리할 수 있도록 도와주옵소서.

  [예배를 위해] 하나님 아버지, 지금은 남전도회원들이 마음과 뜻과 정성을 모두어 일꾼으로 부름을 받은 사명을 다짐하는 헌신예배를 드립니다. 이 시간 드리는 예배가 하나님께는 큰 영광을 돌리며 저희들에게는 한없는 은혜의 시간이 되게 하여 주옵소서.

  [간구] 이 시간 헌신을 다짐하는 귀한 복음의 역군들에게 성령의 능력과 지혜와 명철을 허락하여 주시옵소서. 주님의 몸 된 교회를 위하여 봉사하며 또한 무슨 일을 하든지 하나님의 영광을 위하여 일하는 귀한 존재가 될 수 있도록 인도해 주시옵소서. 오늘도 예배 속에서 흡족한 은혜의 단비를 내려 주시고, 이 은혜를 간직하고 증인으로서의 사명을 다하는 모든 회원들이 되게 하옵소서.

  [나라와 민족을 위해] 이 민족을 향하신 아버지 하나님의 뜻이 온전히 이루어지게 하옵소서. 이를 위하여 남전도회 회원들이 선하게 사용되어지기를 원합니다. 이땅의 복음화와 통일을 위해서, 나라와 교회를 위해서 썩어지는 밀알이 되게 하옵소서. 그리고 꿋꿋이 전진하는 신앙인으로 승리하게 하옵소서.

  예수님의 이름으로 기도드립니다. 아멘

Dedication Service (Men's Meeting)

[**Thanksgiving**]   We sing of your grace and wonderful love. Help us not to forget that you called us, who were perishing, to become your precious people. Let us lead our lives remembering your grace, which leads us out of sin-filled lives. Your grace is like the cloud of pillar and fire which was with the Israelites in the desert. Look after us by your righteous Right Hand so that we may live victorious lives in this sinful world.

[**For Worship**]   Father God, the Men's Meeting members worship you whole-heartedly today to refresh their devotion to you. We want to give you glory through this worship. May it be a time when we receive your unlimited grace.

[**Petition**]   Give your Holy Spirit's power to these precious workers of the gospel. Make us your precious workers to serve your church and to work for your glory in whatever we do. Shower your blessings upon us and make us your witnesses having received your grace.

[**For this Country and Nation**]   Father God, fulfill your will towards this Nation. Use us as your instruments. Let us be like grains of wheat dying to ourselves in order to evangelize this country and unify with North Korea. May we boldly go forward to win the victory.

In Jesus' name. Amen.

헌신예배 기도문(여전도회)

[경배] 크고 위대하신 하나님의 이름 앞에 무릎을 꿇게 하시고, 그 이름에 합당한 경배를 드리게 하옵소서. 헌신하기로 다짐한 여전도회원들이 하나님의 이름을 경배하는 예배가 되게 해주옵소서.

[회개] 은혜가 풍성하신 아버지, 하나님의 교회를 위해 여전도회의 회원으로 부르심에 응답하기 위해 여러 가지 사업을 계획해 놓았으나 제대로 이루지 못하였음을 고백합니다. 가정을 돌보며 아이들을 키우는 일에 분주하여 하나님의 일에 소홀했음을 고백합니다. 주님의 일을 등한히 여긴 믿음 없음을 용서하시고 이 예배를 통해 우리의 우선순위가 바뀌게 하시옵소서.

[예배를 위해] 오늘의 여전도회 헌신예배를 인도하는 회장님에게 주님의 능력을 덧입혀 주셔서 주님의 귀하심을 그대로 나타내 보이게 하시며, 설교하시는 목사님에게는 지혜를 주시고 주님의 장중에 붙들어 주셔서 능력의 말씀을 전파하게 하시옵소서. 이 예배를 통해서 그동안 주님을 위해 충성치 못한 나태한 저희 여전도회원들의 심령들이 변화받아 새로워지게 하옵소서.

[결단] 이땅에 세우신 교회를 통하여 택한 자들을 부르시고 또한 구원얻은 이들 가운데 다시금 선택하셔서 일하게 하시는 하나님, 여전도회의 회원으로 부름받았사오니 숨은 봉사와 헌신을 통해 부르시고 세우신 주의 뜻을 이루어 드리게 하옵소서. 저희들은 연약한 여성이지만, 땅 끝까지 이르러 내 증인이 되라고 하신 말씀대로 저희들이 복음을 들고 국내는 물론 온 세계 땅 끝까지 갈 수 있는 담대한 믿음을 주옵소서.

예수님의 이름으로 기도드립니다. 아멘

Dedication Service (Women's Meeting)

[**Worship**] We kneel before your mighty name and may we worship you in a way which is worthy of your name. The Women's Meeting members worship your name.

[**Repentance**] Father, you are abounding in grace. We confess that we have not succeeded in many of our plans. We confess that we put our families before you. Forgive us for neglecting your work and help us to make you our priority through this worship.

[**For this Worship**] Empower the leader of this worship so that she can reveal your honor. Give your wisdom to the preacher and hold him in your hands so that he can preach powerfully. Renew our hearts through this worship, for we have not been serving you faithfully because we have become lazy.

[**Determination**] O God, you call your servants from among those who are saved. As you called us to be members of the Women's meeting, may we do your will by humbly serving you. We are weak but give us courageous faith to the end of the world to obey your commands.

In Jesus' name. Amen.

헌신예배 기도문(여전도회)

[영광] 주의 날을 구별하여 한자리에 모이게 하신 주님의 성호를 찬양합니다. 저희 연약한 여전도회원들이 드리는 헌신예배가 이 시간에 주님의 이름을 크게 나타낼 수 있게 해주옵소서. 하나님의 이름과 권위에 맞는 영광을 드리는 예배이게 하옵소서.

[예배] 우리에게 예배받으시기에 합당하신 하나님, 헌신을 다짐하며 드리는 이 예배가 하나님께 상달되게 하시고, 하나님께 충성하기로 거듭 다짐하는 시간이 되게 하시옵소서. 결코 한 사람의 회원도 주님의 일에 게을리하다가 책망받지 않도록 일깨워 주시옵소서. 이 시간 함께 예배드리는 온 성도들의 심령 속에 주님을 찬양하는 은혜로 가득 채워 주시옵소서.

[공동체를 위해] 저희들과 언제나 동행하여 주시는 하나님의 사랑에 감사드립니다. 온 성도들이 하나님의 백성으로 부족함 없이 지내게 하시옵소서. 이를 위하여 저희 여전도회원들이 온 성도들을 섬기게 하시옵소서. 그리고 저희 기관에서 계획한 모든 사업들이 차질 없이 믿음으로 실행되기를 원합니다.

[간구] 좋은 것으로 응답해 주시는 하나님, 저희들이 한 아내로서 한 어머니로서 믿음으로 남편을 내조하고, 자녀를 양육하며 가정에 충실한 여인으로서 그 본분을 다하게 하시고, 그리고 여전도회 회원으로서, 교회의 봉사자로서 주님의 일에 충성하는 지혜로운 여인들이 되게 하옵소서. 주께서 제자들의 발을 씻어 섬김의 본을 보여 주신 것같이 주님을 본받아 겸손함으로 다른 사람을 위하고 섬기며 사랑하게 하옵소서.

예수님의 이름으로 기도하옵나이다. 아멘

Dedication Service (Women's Meeting)

[**Glory**]　　We worship your name for you gathered us on this Lord's Day. Though we are weak, we desire to present your name powerfully through this worship. May we worship you in a manner worthy of your name and Authority.

[**Worship**]　　O God, who is worthy of all our worship, accept our worship. We remind ourselves to be loyal to you once again. Awake each of us to be diligent, not to be rebuked for laziness. Fill our hearts with your grace.

[**For Community**]　　Thank you Lord, for being with us always. Use the members of this Women's Meeting to serve each saint, enabling them to live abundant lives. We want to execute our plans in faith.

[**Petition**]　　Lord, you give us all good things. Help us to fulfill our callings as wives and mothers in supporting husbands and rearing children in faith. At the same time make us wise to serve your work wisely and faithfully. May we serve following the example of the Lord Jesus when he washed his disciples' feet.

In Jesus' name. Amen.

헌신예배 기도문(구역장 · 권찰)

[감사] 주인이신 하나님, 주님을 따르는 이들이 끝까지 온몸을 바쳐 한 길로 나아가기 원합니다. 주님을 섬길 수 있는 시간을 주시오니 감사와 찬송과 경배를 드립니다.

[구역장 · 권찰] 자비로우신 하나님, 구역장과 권찰로 세움받은 저희들을 복음의 기수로서 청지기의 사명을 다하게 이끌어 주시옵소서. 사랑이 메마른 이땅 위에 사랑을 실천하고자 하는 뜨거운 심정을 품게 해주시옵소서. 특별히 저희들에게 귀한 달란트를 주셔서 일꾼으로 봉사할 수 있도록 이끌어 주시오니 주님의 그 크신 사랑에 응답하여 충성으로 섬기게 하옵소서.

[사명을 감당하기 위해] 하나님 아버지, 비록 한 달란트가 우리에게 쥐어졌더라도 불평하지 않게 하시옵소서. 또한 핑계하지 않고 바로 선용할 줄 아는 책임감과 성실함으로 주님을 섬기게 하옵소서. 미련한 저희들이 하나님의 원리를 바로 터득하여 예리한 분별력으로 하나님의 사랑을 알게 하옵소서. 이로써 작은 일에 충실하며, 그것이 귀한 것임을 알도록 이끌어 주시옵소서.

미천한 저희를 불러 주셔서 주님의 자녀로 삼아 주시고 이전에 세상과 마귀를 찬양하던 입술을 정케 하사 주님을 찬송하는 새 노래, 구원의 노래를 부르게 하여 주신 은혜를 감사드립니다. 저희들 각자에게 주신 사명을 온몸과 마음을 다하여 성실히 수행하므로 하나님을 기쁘시게 하는 삶이 되게 하시옵소서. 그리하여 가정과 사회와 세계를 향하여 하나님의 진리를 외치게 하여 주옵소서.

예수님의 이름으로 기도합니다. 아멘

Dedication Service (Home Group Leaders and Interns)

[**Thanksgiving**] Our Lord, we want to give you our everything to go forward. We give you praise and worship, for you allow us to serve you.

[**Home Group Leaders · Interns**] Merciful God, help us to raise the banner of the gospel and be good stewards of the lives you have entrusted to our care. May we love you with passion in this dry world. We are so thankful that you gave us precious talents to serve you with. We want to be faithful in our service to you.

[**For Callings**] Father God, we should not complain if you only entrusted us with only one talent. Give us sensible judgment to understand your principles, so that we may learn your love.

Teach us to be faithful in small things and to know how precious they are. Thank you for adopting us as your children. Thank you for purifying our lips to proclaim to the world and demons, to sing a new song, the song of salvation. May our lives please you as we do our calling with all our body and soul. Help us to shout your truth to our families, society and the world.

In Jesus' name. Amen.

헌신예배 기도문(교사)

[찬양] 영광의 주가 되시는 하나님, 날마다 우리의 짐을 지시는 구원의 하나님을 찬양합니다. 하나님을 영화롭게 해드리기를 사모하며 살게 하심 또한 감사와 찬양을 드립니다. 하나님께서 저희를 지으신 목적을 따라 찬송을 부르며 살게 하옵소서.

[회개] 사랑이 풍성하신 하나님, 먼저 저희들의 죄를 고백합니다. 저희들을 충성되이 여기셔서 가르치는 일을 맡겨 주셨음에도 불구하고 제대로 가르치지 못하였습니다. 올바른 가르침을 위해서 준비된 교사가 되었어야 했건만 게으름으로 그렇게 하지 못하였던 죄를 고백합니다. 이 시간에 저희들의 잘못된 가슴을 제단 숯불로 뜨겁게 하시어 좋은 일꾼으로 바뀌는 교사들이 되게 하옵소서.

[예배를 위해] 오늘의 헌신예배를 주관하시는 하나님, 이 한 시간의 예배 순서에서 주님께 영광을 드리게 하여 주옵소서. 간절히 바라옵기는 예배의 순서가 진행되는 가운데 성령 하나님의 감동으로 저희들이 새롭게 세워지기를 원합니다. 저희들을 격려하기 위해서 말씀을 들고 단 위에 서신 목사님을 능력에 능력으로 덧입혀 주셔서, 선포되는 말씀에 무릎 꿇는 저희들이 되게 하시옵소서.

[교사들을 위해] 저희들을 특별히 구별하여 하나님의 말씀을 가르치는 교사의 직분을 주셨사오니 저희들이 말씀을 가르치는 소리를 발할 때, 어린이들의 심령이 살아나게 하옵소서. 주님께서 맡기신 어린 생명들을 섬기고 수고하는 일에 기쁨을 갖게 하시며, 충성을 다하여 사명을 감당하도록 이끌어 주시옵소서.

좋은 교사의 본이 되신 예수님의 이름으로 기도드립니다. 아멘

Dedication Service (Teacher's Meeting)

[**Praise**]   Lord of Glory, we praise you for carrying our burdens everyday. We give you thanks and give you praise for you have called us to love you and glorify you with our lives. May we live, singing according to our callings.

[**Repentance**]   Lord, you abound in love. We confess our sins. You consider us as faithful teachers yet we confess that we have been lazy. Touch our hearts now with burning coals, taken from your altar, and make us good teachers.

[**For Worship**]   O God, you rule over this worship. We want to glorify you. We plead with you to renew us by the power of your Holy Spirit. Empower the preacher so that we would kneel before your Word as it is proclaimed.

[**For Teachers**]   Lord, you have set us apart especially to teach your word. Revive the spirits of the children as they hear your Word uttered. May we joyfully serve the little ones and faithfully fulfill our calling.

In the name of Jesus, our greatest Teacher. Amen.

헌신예배 기도문(찬양대)

[감사] 전능하신 하나님, 주님을 찬양할 수 있는 찬양대원으로 세워 주심을 감격하며 하늘의 영광을 가슴에 담아 헌신을 결단하는 마음으로 예배하려 합니다. 찬양대원들이 뜻을 같이하여 주님께 헌신과 충성을 다짐하는 예배에 기쁨으로 참여케 하시니 감사드립니다.

[결단] 이 예배를 드리면서 주님이 저희에게 맡기신 사명이 얼마나 중요하고 귀중한 것인지를 다시 한 번 깨닫게 하시고, 찬양의 도구로 새롭게 거듭나는 시간이 되게 하옵소서. 모든 대원들이 언제나 구속받은 은총의 감격과 특별한 은사를 받은 데 대한 기쁨을 갖고 찬양하게 하시옵소서. 찬양할 때, 저희의 모든 것이 다 주님께 드려지게 하시고, 형식적이거나 가식적인 찬양이 되지 않게 하여 주시옵소서. 항상 향기로운 제물을 주님께 드린다는 정성 된 마음으로 찬양하게 하시며, 오직 하나님을 사랑하고 감사하여 주님을 찬양하게 하옵소서.

[예배를 위해] 예배자를 찾으시는 하나님, 이 시간 찬양대원들 뿐만 아니라, 전 성도들이 헌신을 다짐하는 예배로 드리기를 원합니다. 찬양대 헌신예배를 통하여 온 교회가 주님께 헌신을 새로이 결단하게 하옵소서. 함께한 성도들이 예배할 때, 하나님께 영광이 되기를 간절히 원합니다. 이 시간 사회를 보시는 장로님, 말씀을 증거해 주시는 목사님, 여러 순서를 맡은 이들에게 하늘의 능력을 덧입혀 주시옵소서.

[찬양대원들을 위해] 찬양대원들이 항상 경건에 이르는 연습을 게을리하지 않게 하시고, 예배생활에도 흐트러짐이 없게 하여 주시옵소서. 더욱 주님의 말씀을 가까이하고 기도할 수 있는 믿음을 주시옵소서. 예수님의 이름으로 기도합니다. 아멘

Dedication Service (Choir)

[**Thanksgiving**]   Almighty God, thank you so much for assigning us as choir members. We worship you for having placed your glory in our hearts. Thank you Lord, that we can joyfully worship you as the only one who can revive our faithfulness.

[**Determination**]   Teach us to realize how precious our calling is. Remold us as your instruments of praise. May we always sing from a deep sense of salvation and the joy of receiving such special callings. May we give you everything and not worship you out of formality. May we always sing, wanting to offer you a fragrant sacrifice with thankful hearts.

[**For Worship**]   O God, you look for true worshippers not only in the choir but among all the saints of this church. Renew our dedication through this worship. We earnestly desire to give you glory. Clothe with your power, the elder who is leading this meeting, the pastor who is preaching and all who are participating in this worship.

[**For Choir Members**]   May they always be diligent in spiritual exercise, like worship. Give them faith to grow near to your Word and pray more and more.
In Jesus' name. Amen.

헌신예배 기도문(청년·대학부)

[경배] 위대하고 강하신 하나님, 주님의 이름 앞에 새벽 이슬 같이 여기시는 청년들이 헌신예배를 드립니다. 저희들에게서 받으셔야 하는 경배를 받아 주옵소서. 진심으로 하나님 앞에서 새벽 이슬처럼 맑고, 힘차게 살아 주님을 경배하는 젊은이들이 되게 하소서.

[회개] 헌신을 결단하는 예배 앞에서 저희들의 죄를 고백합니다. 새벽 이슬과 같아야 할 젊은이의 모습을 잊고 지냈던 것을 용서해 주시옵소서. 청년의 고결함과 용기를 잊고, 적당함을 즐기며 지냈습니다. 이 시간의 예배를 통해 죄악 된 길에서 떠나게 하여 주시옵소서.

[예배] 사랑의 하나님, 부족한 저희들의 헌신을 받아 주시기를 원합니다. 드려지는 예배로 하나님은 영광을 받으시고, 저희들은 주님의 일꾼으로 새롭게 세워지게 하옵소서. 하나님의 사람들을 세우셨던 것처럼, 저희들이 이 시대에 하나님의 사람으로 세워지게 하시옵소서. 주님의 청년들에게 기름 부음이 있기를 원합니다.

오늘, 단 위에 세우신 목사님을 붙잡아 주셔서 준비하신 말씀을 마음껏 전하실 수 있도록 도와주시옵소서. 특별히 마련된 여러 순서들도 하나님의 영광을 나타내는 도구가 되게 하옵소서.

[청년들을 위해] 이땅을 향하신 하나님의 소망이 젊은이들을 통해서 나타나게 하옵소서. 이제, 저들은 겸손히 머리를 숙여 하나님 앞에 나아와 주님을 찾는 가슴이 되게 해주옵소서. 그리하여 하나님을 아는 일에 힘써 참 된 것을 보게 하여 이땅에 새로운 그리스도의 문화를 만들게 하시옵소서.

예수님의 이름으로 기도합니다. 아멘

Dedication Service (Youth and University Students)

[**Worship**]   Almighty God, we, the young people of this church are like dew drops. We dedicate ourselves. Receive our worship. May we be like pure dew drops at dawn, worshipping you with the vigor of our lives.

[**Repentance**]   We confess our sins before we dedicate ourselves. Forgive us for forgetting that we must be like dew drops at dawn. We have been forgetful of the nobility and courage of our youth, enjoying the world instead. Help us leave sinful ways through this worship.

[**Worship**]   God of Love, accept our dedication. Be glorified during this worship, and raise us as your workers as you did in past times. Anoint the youth.

Help the pastor to preach freely what he has prepared. Use everything to reveal your glory.

[**For Youth**]   Reveal your plan for this land using the young lives. Now we bow before you and humbly seek you. May we eagerly learn of you and build a new Christian culture in this land.

In Jesus' name. Amen.

헌신예배 기도문(중·고등부)

[찬양] 신실하신 하나님, 혼돈스러운 시대를 살고 있는 저희 중·고등부 학생들이 하나님을 알아 섬기는 믿음을 주셔서 세속에 물들지 않고, 하나님께 마음을 두고 살게 하심을 찬양합니다. 우리에게 귀한 배움의 기회를 주시고 좋은 교회와 귀한 믿음의 선배들과 위해서 늘 기도해 주시는 모든 성도들을 허락하신 하나님을 찬양합니다.

[간구] 어린 시절에서부터 지금까지 하나님께서 보호하시고 인도하심으로 신앙생활을 하게 하셨사오니 이 믿음 변치 않게 하옵소서. 우리 교회로 하여금 우리들의 신앙을 잘 지도받게 하셨사오니 우리들도 하나님나라의 일꾼으로 바로 서게 해주옵소서. 저희들을 위하여 기도하는 모든 분들의 기도의 힘이 있음을 알고 더 열심히 배우고 성장하기 위해 노력하게 하옵소서. 그리하여 교회를 통해서 온전한 기독 학생으로서의 자리를 지켜가게 하옵소서.

[결단] 오늘 드려지는 중·고등부 헌신예배에 복을 내려 주시기 원합니다. 이 예배로 말미암아 주님의 자녀 된 저희들에게 거룩한 결단이 있게 하옵소서. 저희들이 키와 몸이 자랄 뿐만 아니라 믿음도 자라고 생각하는 마음도 자라서 하나님께서 원하시는 인물들이 되겠다는 소망을 품게 하여 주옵소서.

소망의 하나님, 저희들에게 밝고 아름다운 꿈을 허락해 주시기를 원합니다. 주님께서 주신 꿈을 위해 노력하고 인내하게 하시옵소서. 이로써 그 꿈이 이루어질 때 하나님께는 영광이 되고, 교회는 부흥하며, 우리 모두에게는 진실된 기쁨이 넘치게 하옵시고, 새 일을 일으키는 믿음을 허락하여 주옵소서.

예수님의 이름으로 기도드립니다. 아멘

Dedication Service (Middle and High School Students)

[**Praise**]　　Faithful God, thank you for giving us knowledge of you to middle and high school students. Thank you, Lord, for teaching them to give their hearts to you and reject worldliness. Thank you for giving us good examples of faith and also for those who pray for us always.

[**Petition**]　　You protected and led us to live by faith in you. So keep us in faith. Make us workers for your kingdom. Help us to be diligent in learning and growing, knowing that there are people praying for us. May we stand firm as Christian students through this church.

[**Determination**]　　Bless today's dedication worship of middle and high school students. Help us make holy resolutions. May we have hope to be the people God is looking for, as we continue to grow in stature, faith and knowledge.

God of hope, give us beautiful dreams and visions. We want to work hard and endure for those visions. When the vision is fulfilled, may it bring glory to God, revival to the church and overwhelming joy to us. Give us faith to start new things.

In Jesus' name. Amen.

208
교회예식 기도문(세례식)

[감사] 생명의 주 하나님, 저희들을 죄악 가운데서 건져 주시고, 믿음으로 살게 하심을 감사드립니다. 하나님의 사랑을 입어 택함받은 주의 백성이 주님을 영접하고, 양육을 받아 오늘 세례를 받게 되었습니다. 주님의 놀라우신 사랑을 인하여 감사드립니다. 하나님의 여러 자녀들이 저희들의 신앙을 고백하고 세례를 받을 때, 하나님의 기름 부음이 있게 하옵소서.

[예식을 위해] 세례식으로 하나님께 영광 돌리기를 원합니다. 이 예식을 성삼위 하나님께서 집행하여 주시고, 집례하시는 목사님께 권능을 더하여 주시기를 원합니다. 세례를 받는 지체들은 물세례만 받는 것이 되지 않게 하시고, 성령의 충만함을 받게 하여 주옵소서. 그리하여 육에 속했던 옛 사람은 예수님과 함께 죽게 하시고, 그리스도와 함께 새사람으로 다시 살게 하옵소서.

[결단] 좋으신 하나님, 교회에 세례식을 허락하시고, 이 예식으로 온전한 성도가 되게 하심을 감사드립니다. 오늘 세례에 임하는 이들이 교회 앞에서 하나님의 자녀가 되었음을 공표할 수 있는 믿음을 주시니 감사드립니다. 이들에게 오늘의 예식을 통해서 새로운 결단이 있게 하시고 죄의 병기로 살지 않게 하시고 의의 병기로 온전히 하나님께 드려지게 하옵소서. 과거의 삶을 청산하고 주님 안에서 새로운 삶을 시작하게 하옵소서.

[공동체를 위해] 오늘 세례를 받는 지체들이 앞으로 살아가면서 의의 핍박도 수없이 만날 텐데 그때마다 주님의 도우심으로 승리하게 하옵소서. 온 성도들은 이들을 사랑하고 신앙이 아름답게 성장하기를 위하여 계속해서 기도로 돕고 살필 수 있게 하옵소서. 저희들과 함께 주님의 몸을 이루게 하옵소서.

예수님의 이름으로 기도하옵나이다. 아멘

Church Ceremonies (Baptism)

[**Thanksgiving**]　　God of Life, thank you for rescuing us from our sins and teaching us to live by faith. Today we baptize your beloved chosen people. Thank you for your marvelous love. Anoint your children as they profess their faith and are baptized.

[**For Baptism Ceremony**]　　Lord, we want to give you glory through this ceremony. Holy Spirit, take charge of this ceremony and empower the pastor who is leading it. Baptize the candidates with your Spirit as well as with water. May their old nature die with Jesus and be born again with Jesus.

[**Determination**]　　Good God, thank you for allowing this baptism and making them whole Christians. Thank you Lord, that you have given them faith so that they may proclaim they're your children. Clothe them with your armor of righteousness and enable them to rededicate their lives to you.

[**For the Community**]　　May these baptismal candidates win the victory whenever they face persecution for righteousness. All the church members should love them and pray for their beautiful growth in faith. Let us be one as the Body of Christ.
　In Jesus' name. Amen.

210
교회예식 기도문 (유아세례식)

[찬양] 어린아이에게 복을 주시는 하나님, 귀한 생명을 선물로 주시고 특별히 이들에게 세례를 베풀 수 있는 은혜 주시니 찬양과 영광을 돌립니다.

[유아세례를 받는 이들을 위해] 사랑의 하나님, 오늘 세례받는 어린이들에게 복 내려 주시기를 원합니다. 부모의 신앙을 통하여 오늘 세례를 받는 어린아이들이 주님의 품에서 자라게 하옵소서. 육체적으로도 건강하게 하시고, 하나님의 은혜가 그 위에 머무르게 하옵소서. 부모의 신앙고백에 따라 세례받는 어린이들이 성장하여 자신의 의식과 신앙으로 직접 예수님을 구세주로 영접하기까지 하나님을 떠나지 아니하도록 보호해 주옵소서.

[어린이의 부모들을 위해] 어린 생명을 선물로 주셔서 이제까지 키우느라 수고한 부모들에게 복을 주시옵소서. 자녀를 키우면서 하나님 앞에서 자기들의 자녀 이전에 주님께 영광을 드리기를 소망하는 부모들에게도 이 예식이 거룩한 기쁨이 되게 하옵소서. 하나님께 위탁받은 자녀들을 하나님나라의 귀한 일꾼으로 양육시킬 수 있는 믿음을 주시고, 자녀들을 위해 무릎으로 살게 하옵소서.

[교우들을 위해] 교회를 인도하시는 하나님, 저희들에게 어린아이들의 생명을 맡겨 주시니 참으로 감사합니다. 유아세례를 받는 모든 아이들을 믿음 안에서 자녀로 삼는 교회가 되기를 원합니다. 전 성도들이 그들에 대한 신앙적 양육을 돕게 하옵소서. 내일의 하나님나라를 위하여 오늘 저희들에게 허락하신 사명을 다하게 하시옵소서.

교회의 머리가 되시는 예수님의 이름으로 기도드립니다. 아멘

Church Ceremonies (Infant Baptism)

[**Praise**]   O God, who blesses children, thank you for giving us children's lives as gifts and, more so, for your grace to christen them. We praise you and give you glory.

[**For the Children about to be Christened**]   God of Love, bless these children today. May they grow in your arms with the help of believing parents. Give them good health as your grace resided in their lives. Keep them from forsaking you to the day they can make their own decision to follow you.

[**For the Parents' of the Baptismal Candidates**]   Bless those who labored hard to raise these little ones. May this be a joyful occasion for the parents because they want to give you glory through this service. Equip them with faith sufficient to prayerfully nurture their children as precious workers in your kingdom.

[**For the saints**]   O God our Guide, thank you for entrusting the lives of little ones to us. We want to adopt these little ones spiritually. May everyone help them grow in faith. May we fulfill our calling in this.

In the name of Jesus who is the Head of the Church. Amen.

교회예식 기도문(성찬예식)

[감사] 아들을 주신 하나님, 성찬을 제정하시고 주께서 재림하실 때까지 믿는 자들로 하여금 이 예식을 지켜 행하게 하심을 따라 이 예식을 거행합니다. 거룩한 성찬예식으로 주님의 몸에 참예하게 하심을 감사합니다. 이 시간에 저희들이 성찬을 나눌 때에 죄인 된 우리 위해 몸과 피를 아낌없이 내어 주신 주님의 그 크신 사랑을 기억하고, 그 일의 증인이 되기를 다짐하게 하옵소서.

[예식을 위해] 감사의 성례전을 베푸신 하나님, 오늘 저희들이 성찬 예식으로 구속의 위대한 사역을 베푸신 하나님의 놀라운 은총에 참여하게 하시옵소서. 구속하신 주의 사랑에 대한 감사의 성례가 되게 하옵소서.

또한 이 예식이 하나님께서 인류의 창조와 구속을 위해 이루신 모든 아름다운 행위에 대한 감사와 찬양의 제사로 치루어지게 하옵소서. "나를 기념하라"고 하신 주님의 말씀대로 예수님을 기념하게 하옵소서.

[간구] 자비로우신 하나님, 이 거룩한 예식을 통하여 십자가의 수난을 당하시고 부활하신 주님의 희생을 회상하기 원합니다. 주님 부활의 승리와 성찬에 담겨진 귀하신 교훈을 되새기게 하옵소서. 더 이상 죽음을 통한 희생 제사를 드릴 필요가 없게 된 저희들, 자신의 몸을 거룩한 산제사로 드리며 살게 하옵소서.

[교우를 위해] 하나님 아버지, 온 성도들이 떡과 잔을 나누면서 하나님의 자녀로 인침을 받는 역사를 체험하게 하옵소서. 주님의 자녀가 된 계약을 확인하는 의식이 되게 하옵소서.

예수님의 이름으로 기도하옵나이다. 아멘

Church Ceremonies (Holy Communion)

[**Thanksgiving**]　　God, you gave us your Son. Thank you for giving us Holy Communion and letting us participate in Jesus' Body until Jesus comes back. Now, may we remember your great love which gave your Son's Body and Blood unsparingly for us. We want to witness to your love.

[**For the Holy Communion**]　　God, you bestowed Holy Communion on us. Today we participate in your marvelous grace of salvation by celebrating it together. We offer you a sacrifice of praise to your grace in creation and salvation. We remember your command, "Do this in remembrance of Me."

[**Petition**]　　Merciful God, we want to remember your Cross of suffering and your resurrection. We remind ourselves of the precious thoughts of your victorious resurrection and Holy Communion. Since we do not need any more sacrifices by killing, instead we offer our bodies as living sacrifices.

[**For the Saints**]　　As we share in the bread and wine, may we experience the seal of the Holy Spirit as proof that we are your children. May this ceremony be an affirmation of your covenant with us as your children.
　In Jesus' name. Amen.

교회예식 기도문(목사 안수식)

[영광] 사람을 세우시는 하나님, 저희들의 목자장이신 주님을 따라 헌신하려는 이들의 생애를 받으시옵소서. 오늘 거룩하고 복된 목사 안수식에 하나님은 영광을 받으시고, 안수를 받는 종들에게는 하늘의 능력을 덧입혀 주시옵소서. 그동안 소정의 기간을 통해서 종으로 연단을 받고, 목사의 직분으로 기름 부어 세워 주시는 것을 생각할 때 영광을 하나님께 드립니다.

[감사] 하나님의 나라를 위하여 일꾼을 세우시는 하나님께서 이땅의 많은 사람들 가운데 선택하여 하나님의 자녀가 되게 하시고, 특별히 성별해서 훈련받게 하셨습니다. 저들이 오늘에 이르도록 이끌어 주신 놀라우신 은혜와 사랑 그리고 그 섭리에 대하여 감격할 수밖에 없습니다. 귀한 종들을 기름 부어 세우시는 이 시간 성령으로 뜨겁게 역사하여 주시옵소서.

[안수받는 이들을 위해] 거룩하신 하나님, 오늘 안수를 받음으로 목사가 되는 이들의 생애에 함께하옵소서. 저들이 목사라는 이름으로 사역을 할 때, 하나님의 마음에 합한 종이 되게 하옵소서. 저들의 삶을 통하여 하나님의 선하시고 온전하시고 기뻐하시는 뜻을 이루어드리게 하옵소서. 주님과 같이 양무리를 아끼고 사랑하는 선한 목자가 되게 하옵소서.

[교우들을 위해] 하나님께서 주님의 나라와 교회를 위해서 새롭게 일꾼을 삼으셨으니, 온 성도들은 주님의 보내심으로 새로 안수받은 목사를 영접하게 하시고, 지도받기를 기뻐할 수 있게 하옵소서. 바울과 같이 주께서 맡겨 주신 복음 전파 사업을 위해 생명까지 아끼지 않는 충성된 종이 되기를 위해 성도들의 기도가 끊이지 않게 하옵소서. 예수님의 이름으로 기도합니다. 아멘

Church Ceremonies (Pastors' Ordination)

[**Glory**]   God, who establishes people, receive the dedication of these who want to follow our Shepherd, Jesus. Receive glory on this holy, blessed day and endow your servants with power from above. We give you glory for they successfully completed their training and are now ready to be anointed as pastors.

[**Thanksgiving**]   Lord, you yourself chose these people to be your children and be separated out from the many for special training. We are so deeply moved when we think of your amazing grace and love and the way you work. Move among us by your Holy Spirit during this time for the ordination of your precious servants.

[**For those to be Anointed**]   O Holy God, be with them as they start their lives as pastors today. May they be pleasing servants to your heart. May they do your perfect and pleasing will. Make them good, loving shepherds just like Jesus.

[**For the Saints**]   As you made them new workers for your kingdom and the Church, may all the saints welcome the new pastors and joyfully receive their teaching. May the saints continually pray for their pastors, that they would be like Paul who did not withhold his life to spread the gospel.
In Jesus' name. Amen.

216
교회예식 기도문(목사 위임식)

[감사] 전능하신 하나님, 오늘까지 저희 교회를 지켜 주시고, 복음을 위해 사용해 주심을 감사드립니다. 저희들에게 ○○○ 목사님의 위임식을 허락하시니 감사드립니다. 온 성도들이 겸손하고 사랑하는 마음으로 목사님을 위임목사로 받게 하여 주시옵소서. 이 예식을 통하여 하나님은 영광을 받으시고, 저희 교회는 굳건해지도록 복을 내려 주시옵소서.

[예배] 교회를 사랑하시는 하나님, 하나님나라의 잔치인 위임식 예배를 영화롭게 해주시옵소서. 저희들에게 기쁨을 허락해 주옵소서. 특별히 순서를 맡은 목사님들에게 하늘의 능력을 입혀 주시고, 그 순서들의 진행으로 영광을 드리는 예배가 되게 하옵소서. 이 위임식을 위하여 여러 모습으로 섬기는 이들이 있습니다. 그들의 봉사를 받아 주시고, 더욱더 하나님을 위하여 헌신하는 일꾼들이 되게 하시옵소서.

[위임받는 목사를 위해] 이 예식으로 말미암아 위임을 받으시는 ○○○ 목사님께서 더욱더 하나님의 능력의 오른팔에 꼭 붙들려서 사용되는 도구가 되게 하여 주옵소서. 이 교회를 지도하시는 동안, 그의 눈을 주님께 고정시키고 살든지 죽든지 그리스도만 존귀케 하는 종이 되게 하옵소서.

[교회를 위해] 하나님 아버지, 저희 교회가 더욱 힘 있는 교회가 되게 하여 주옵소서. 오늘 위임을 받으시는 ○○○ 목사님의 지도를 받으며 살아갈 때에 복을 누리게 하시기를 원합니다. 주님께서 늘 저희 교회를 붙잡아 주시고, 약해질 때에 새힘 주시기를 원합니다. 그리고 하나님의 힘 있는 손에 붙들림을 받아서 일하는 성도들의 공동체가 되게 하시옵소서.

예수님의 이름으로 기도드립니다. 아멘

Church Ceremonies (Pastor's Commissioning)

[**Thanksgiving**]   Almighty God, thank you for keeping this church to this day and using us for the gospel. Thank you for Pastor's commission. We receive the pastor with humble and loving hearts. Be glorified through this ceremony.

[**Worship**]   God who loves the church, make this ceremony glorious for this is a party of your kingdom. Clothe the pastors directing this ceremony with power from above and may all of us glorify you. There are many who are serving in this ceremony in many different ways. Accept their service and help them give their lives to you even more.

[**For the Pastor Being Commissioned**]   Lord, today Pastor OOO is being commissioned. Hold him by your powerful right arm and use him as he ministers in this church. May he fix his eyes on Jesus. Furthermore may he glorify Jesus through his life and death.

[**For this Church**]   Father God, strengthen this church. Bless the time we have under Pastor ○○○ who is being commissioned today. Hold this church tightly in your hands and give us new strength when we are weak. Use us for your work, Lord.

In Jesus' name. Amen.

218
교회예식 기도문(목사 은퇴식)

[찬양] 영광 중에 계신 하나님, 오늘 ○○○ 목사님의 은퇴식 예배를 드리게 하심을 감사드립니다. 존경하는 목사님께서 맡겨 주신 사역을 아름답게 감당할 수 있음은 하나님의 은혜입니다. 오늘 은퇴하시는 ○○○ 목사님이 하나님의 나라와 주님의 몸 된 교회를 위하여, 하나님의 뜻을 이루기 위하여 오직 한평생을 선한 목자로서의 삶을 살아올 수 있도록 도우신 하나님의 그 크신 은혜를 찬양합니다.

[감사] 교회를 인도하시는 하나님, 교회를 위하여 자신의 삶을 바치신 목사님의 지도 속에 이 교회가 부흥되어 왔음을 감사드립니다. ○○○ 목사님의 삶이 저희 성도들의 모습 속에 녹아 있음을 감사드립니다. 이제, 목사님의 은퇴 이후에도 저희들이 배우고, 은혜를 누렸던 그 신앙으로 살아가도록 이끌어 주옵소서.

[은퇴하시는 목사님을 위해] 사랑하는 ○○○ 목사님이 거룩한 은퇴식으로 말미암아 더욱 능력을 덧입는 종이 되게 하시며, 남은 생애를 더 아름답게 살아 드리게 하옵소서. 눈물과 기도로 사역해오던 교회에서 뒤로 물러나 주님께서 주시는 더 큰일을 하는 종이 되게 하시기를 간절히 원합니다.

[예배를 위해] 아버지 하나님, 거룩한 시간을 허락하셔서 예배를 드릴 수 있게 하시니 감사드립니다. 이 예배로 하나님은 영광을 받으시고, 은퇴하시는 노 목사님께는 위로의 시간이 되게 해주옵소서. 이시간에 예배 의식을 통해서 하나님과 신령한 교제를 갖게 해주시기를 원합니다. 거짓 없는 진실된 마음을 주시사 신령과 진정으로 예배하게 하옵소서. 이 한 시간의 예배가 하나님께만 영광이 되기를 원하오며 예수님의 이름으로 기도드리옵나이다. 아멘

Church Ceremonies (Pastor's Retirement)

[**Praise**]   God, you are seated in glory, thank you for Pastor ○○○'s retirement ceremony today. It was your grace that Pastor ○○○ could minister so beautifully to this church. We sing of your marvelous grace which enabled Pastor ○○○ to live as a good shepherd for your kingdom and your church.

[**Thanksgiving**]   God, you direct churches. Thank you that this church has grown much under the direction of pastor who gave his life for this church. Pastor ○○○'s life has permeated into our lives. Help us to continue to live what we have learned through Pastor ○○○.

[**For the Retiring Pastor**]   Lord, employ him even more powerfully so that he can live the rest of his life even more beautifully. May he serve you even more greatly than during the time he served in this church, in tear-soaked prayers.

[**For Worship**]   Father God, thank you for letting us worship you. May this ceremony glorify you and comfort the retiring pastor. We want to have spiritual fellowship with you through this ceremony. Give us pure hearts without deceit, so that we may worship you in spirit and truth. Lord, Be glorified!
 In Jesus' name. Amen.

교회예식 기도문(원로목사 추대식)

[경배] 영원히 영광을 받으실 하나님, 저희 교회와 저희들을 위하여 ○○○ 목사님을 주신 하나님을 경배합니다. 저희들을 아버지의 형상대로 지으시고 하나님의 지혜와 능력과 자비로 세워주셨습니다. ○○○ 목사님께서는 부족한 저희들을 목양하며 한평생을 드리셨습니다. 충성스러운 종의 섬김을 통해서 오늘 저희 교회가 든든히 서 있습니다. 하나님은 영광을 받으시고, 그동안 수고하신 ○○○ 목사님은 위로를 받게 하옵소서.

[예배] ○○○ 목사님을 원로목사로 추대하면서 예배를 드립니다. 하나님나라를 위하여 목회의 현장에서 평생을 바치신 목사님이십니다. 참 아름다운 종을 저희 교회에 허락하시고, 그분의 헌신으로 교회가 부흥된 것을 생각할 때, 감격할 따름입니다. 이 예배를 하나님께서 주장해 주시고, ○○○ 목사님의 원로목사 추대식이 교회에는 큰 기쁨이 되게 하옵소서.

[추대되는 목사를 위해] 하나님 아버지, 귀한 주님의 종이 하나님나라를 세워가는 일에 삶을 드리며 살아오게 해주심을 감사드립니다. ○○○ 목사님께서 원로로 추대를 받으시면서, 남은 생애의 시간을 참 원로로서 저희들의 뒤에 계시기를 간절히 소망합니다. 교회를 돌보느라고 그동안 소홀히 하셨던 자신을 돌아보아 건강을 유지하시는 일에 힘을 기울게 하시며, 개인적으로 꿈을 성취하시는 삶을 허락해 주시기를 원합니다.

[교회를 위해] 좋으신 하나님, 이제는 교회의 현장에서 뒤로 물러나 더 큰 하나님의 일에 몰두할 수 있는 은혜를 주옵소서. 그리하여 저희들과 교회의 위치를 바로잡아 주시고, 목사님께서 목회현장에서 하시던 성업을 이어가게 하옵소서.

예수님의 이름으로 기도드립니다. 아멘

Church Ceremonies (Nomination of Honorary Pastor)

[**Worship**]　　God, you are worthy to be forever glorified. Thank you for sending Pastor ○○○ to this church. You created us in your image and build up our lives with wisdom, power and mercy. Pastor ○○○ gave his life to serve this church. This church is standing firm today due to his faithful service. Be glorified. Please reward the pastor for his long labor.

[**Worship**]　　Today, we have a nomination service for Pastor ○○○. He has spent his whole life in the service of your kingdom. We are so moved when we think of your grace, giving us such a wonderful servant we grew because of his dedication. Be the Lord of this worship, and may it be a great joy for this church.

[**For the Pastor Being Nominated as Senior Pastor**]
Father God, thank you for your precious servant's life which was given to build your kingdom. We still need his presence and advice even as he ceases to be a formal pastor to this church. Help him to stay healthy as he will have time for himself from now on.

[**For this Church**]　　Gracious Lord, we pray that the retiring pastor will do even greater work for you after retirement. May he continue to correct this church as he has done.

In Jesus' name. Amen.

교회예식 기도문(장로 장립식)

[찬양] 우주 만물을 다스리시는 하나님, 이 시간에도 우리의 반석이 되시는 여호와 하나님을 찬양합니다. 하나님의 그 손으로 이 교회가 보호함을 받아 부흥되었습니다. 여기까지 인도해 주신 하나님을 찬양합니다.

[감사] 여호와 하나님, 오늘처럼 좋은 날을 주시니 감사드립니다. 하나님의 교회를 든든히 세우기 위해 헌신된 주의 종들을 택하여 장로로 기름 부음받게 하심을 진심으로 감사드립니다. 여기에 모인 모든 성도들, 주님께 새 노래로 노래하며 주님을 찬양하게 하옵소서. 이 교회에 복을 주시고, 장립받는 장로님들은 받은 직분을 신실하게 감당하게 하옵소서.

[장립자들을 위해] 기름 부으시는 하나님, 새로 장립받는 이들이 교회를 돌보며 교우들을 살피는 일에 힘써야겠사오니 그분들의 가정과 사업을 하나님께서 책임져 주옵소서. 이전보다 더욱 산업이 풍성해져서 하나님의 일을하는 데 어려움이 없게 하시고, 하나님 허락하신 형통한 삶으로 하나님의 영광을 드러내게 하옵소서. 간절히 바라오니, 성령으로 충만하고 사랑이 넘치는 장로님으로 세워 주옵소서. 모든 양무리의 본이 되게 하옵소서.

[교회를 위해] 은혜로우신 하나님, 주님의 몸 된 교회를 사랑하여 장로님들을 세워 주심을 감사합니다. 기름 부어 세우신 장로님들로 인하여 우리 교회가 더욱 생동하며 전진하고 빛을 발하는 교회 되게 하여 주시옵소서. 이들이 세워짐으로 교회는 부흥하고, 하나님의 영광이 더 크게 선포되기를 원합니다. 오늘 장립받는 장로님들이 그 영광 된 이름에 합당하게 살아 모든 성도들에게 본이 되게 하시며, 기도의 자리를 지켜 성도들의 힘이 되게 하옵소서. 예수님의 이름으로 기도합니다. 아멘

Church Ceremonies (Appointment of Elders)

[**Praise**] God, you rule the universe. We praise you for you are our Rock. Under your protection we have grown much. We praise you for leading us until now.

[**Thanksgiving**] Jehovah God. Thank you for giving us such a joyful day. Thank you for anointing your servants as elders to build a strong church. We worship you and sing a new song. Bless this church and elders so that they will be well able to do their calling.

[**For the New Elders**] Lord who anoints, please be in charge of the families and businesses of these new elders so that they may be able to concentrate on looking after the church and the saints. Prosper them so that they might display your glory through contented lives. Establish the elders and fill them with the Holy Spirit and love them so that they may be good examples to all.

[**For this Church**] Gracious Lord, thank you that these new elders love your Body, the Church. Through their service may this church be revitalized and shine all the more. We desire that this church see a revival and that all your glory be proclaimed with even greater measure. May all these new elders lead lives fitting their calling so that they will be examples to the saints, giving strength to others.

In Jesus' name. Amen.

교회예식 기도문(장로 은퇴식)

[감사] 사랑의 하나님, 예수님의 피로써 세워진 교회를 지켜 주시는 은혜를 감사드립니다. 젊은 날부터 하나님의 교회를 위해서 충성해오신 ○○○ 장로님께서 시무를 마치고 은퇴하시게 되었습니다. 무엇보다도 장로님께서 흠이 없이 시무하시도록 함께 하신 하나님의 은혜를 찬양합니다. 주님께서 저희 교회를 사랑하셔서 조금도 부족함이 없이 오랫동안 교회의 부흥을 위해서 ○○○ 장로님이 헌신해오신 것을 자랑스럽게 생각합니다.

[결단] 거룩하신 하나님, 지금도 살아계셔서 교회의 역사를 주관하시며 감찰하시는 아버지 하나님을 기억합니다. 이 교회와 오늘 은퇴를 하시는 ○○○ 장로님을 향해서 그동안 섭리하셨던 하나님의 손길을 찬송합니다. 이제, 시무에서 은퇴하시는 장로님의 신앙을 본받아 충성을 다하는 성도들이 되게 해주옵소서.

[은퇴하는 장로를 위해] 역사를 주관하시는 하나님, 참으로 여러 가지의 문제들이 많았으나 장로님께서는 기도와 봉사로 이 교회를 평안하게 하셨습니다. 주님의 오른팔로 붙들려져서 목사님을 잘 보필하면서 교회를 섬겨오셨습니다. 그동안 수고를 다했사오니, 이제는 충성된 자에게 내리시는 하나님의 즐거움을 누리게 하시옵소서. 장로님과 그의 가족을 지켜 주시고, 예비하신 은혜를 허락해 주시옵소서.

[교회를 위해] 오늘로써 ○○○ 장로님이 시무직에서 은퇴하시지만 앞으로도 계신 곳에서 신앙의 본을 보이사 아름다운 교회를 만들도록 이끌어 주시기를 원합니다. 장로님께서 이름 없이 빛도 없이 하나님의 나라를 위하여 수고한 것을 기리게 하시고, 그 마음을 본받아 저희들도 하나님께 충성하게 하옵소서.

예수님의 이름으로 기도하옵나이다. 아멘

Church Ceremonies (Elder's Retirement)

[**Thanksgiving**]   God of Love, thank you for your protection on this church built by Jesus' Blood. Elder OOO is retiring today after serving this church since his youth. We praise you that his service has been flawless. It was because of your love that this Elder OOO has been faithfully serving this church for its growth.

[**Determination**]   Holy God, we think of you, the Living God, who is the Lord of Church history. We praise you for all you have done for this church and for Elder OOO's life. Now we want to faithfully emulate his faithful life.

[**For the Retiring Elder**]   O Lord, the ruler of history, this elder brought peace when this church faced various problems. Being held by your righteous right arm, this elder has been serving this church superbly, supporting the senior pastor. Now may he enjoy the happiness which can only be given to those who are faithful to you. Keep him and his family well and pour out your grace prepared for them.

[**For this Church**]   Today, Elder OOO is retiring from his position, yet we want him to continue to be an example of faithfulness to us. We extol his hard work for God's kingdom. May we continue to live like that.
In Jesus' name. Amen.

교회예식 기도문(원로장로 추대식)

[감사] 전능하신 하나님, 사랑과 은혜가 풍성하신 하나님의 이끌어 주심 속에서 ○○○ 장로님이 원로로 추대를 받게 되셨습니다. 장로님께서 참으로 긴 시간을 주님의 교회를 위하여 수고해 오실 수 있었던 것은 하나님의 전적인 은혜입니다. 이 시간 그 은혜를 진심으로 감사드립니다.

[예배] 저희들에게 원로장로님을 모실 수 있는 기쁨을 주셔서 더욱 감사드립니다. 오늘 이 좋은 시간에 ○○○ 장로님을 원로로 추대하여 예배를 드리니 받아 주옵소서. 하늘의 문을 여시고 하나님께 영광이 되는 축제가 되게 해주시옵소서.

간절히 바라옵기는 이 예배가 신령과 진정으로 드려지게 하시고, 온 성도들이 함께 기뻐하는 자리가 되게 해주시기를 원합니다. 이 특별한 예식에 말씀을 전하시는 목사님을 붙들어 주셔서, 그 권면이 원로로 추대되시는 장로님께는 상급의 말씀이 되고, 저희들에게는 격려의 말씀이 되게 하옵소서.

[교우들을 위해] 은혜가 충만하신 하나님, 이 예식에 참여한 원근 각처에서 흩어져 생활하던 성도들의 마음을 주관하여 주시사 기쁨과 감사로 ○○○ 장로님을 원로로 모시는 것을 감사하게 하시옵소서. 예배당을 드나들 때마다 장로님께서 시무하시는 동안에 수고하셨던 모습을 기억하게 하시고, 원로로 추대했으니 더욱 배나 존경하게 하소서.

원로장로로 추대받으신 장로님께서는 평생 시무하시는 것과 같은 마음으로 교회를 돌볼 수 있도록 하옵소서. 이 거룩한 예식으로 하나님께 영광을 드릴 수 있도록 인도하여 주시기를 간절히 원하오며 예수님의 이름으로 기도드립니다. 아멘

Church Ceremonies (Nomination of Senior Elder)

[**Thanksgiving**] Almighty God, by your gracious love and guidance, Elder ○○○ is nominated as a senior elder today. Only your grace enabled him to serve this church for so long. Now we thank you with all our hearts.

[**Worship**] Lord, we thank you all the more for giving us senior Elder ○○○. Accept our worship on this beautiful day. Open the gates of heaven and turn this into a celebration giving glory to you. Help us to worship you in spirit and truth with everyone worshipping you together. Hold in your Hand, the senior pastor who will preach so that the Word will be a reward to the elder and an encouragement to us.

[**For Believers**] Lord, so full of grace, let all who gathered from far and near rejoice together and give you thanks for the nomination of Elder ○○○. We have seen him working hard whenever we came to this church, so we give him double honor. May this elder not cease from looking after this church as he has been doing. We so eagerly desire to give you glory through this ceremony.
In Jesus' name. Amen.

교회예식 기도문(집사 안수식)

[찬양] 교회의 주인이신 하나님, 영광과 감사와 존귀를 돌립니다. 주님의 피로 이 교회를 세우시고 오늘에까지 인도하셨음을 감사드립니다. 지역 사회에서 빛과 소금의 역할을 감당하면서 교회가 이만큼 이르게 하신 주님의 도우심을 감사하며 찬양합니다.

[감사] 교회를 이끄시는 하나님, 오늘은 아주 특별한 날입니다. 이 교회로 하여금 더욱 큰일을 감당하도록 일꾼들을 세우시는 날입니다. 오늘 집사 안수식을 통하여 하나님께서 영광을 받으시옵소서. 이처럼 귀한 하나님의 종들을 주님의 몸 된 교회의 집사로 안수하게 하셨음을 감사드립니다. 이 교회를 굳게 해주시려고 집사를 세워 주신 은총을 생각할 때 감격스러움을 금할 수가 없습니다.

[안수받는 집사를 위해] 사랑하시는 아버지, 집사로 기름 부어 세움을 받는 여러 종들에게 복을 내려 주시옵소서. 안수받는 집사님들에게 믿음 위에 믿음을 더하여 주시고, 은혜 위에 풍성한 은혜를 베풀어 주시기를 원합니다. 그리하여 주님의 교회를 섬기는 일에 조금도 부족함이 없도록 은총 내려 주시옵소서. 특히, 주님께서 주신 세상에서의 생업에도 형통케 하시며, 가정에도 은혜를 내려 주셔서 일심 협력하며 귀한 사명 잘 감당하게 하여 주옵소서.

[교회를 위해] 오늘의 예식을 통해서 더욱더 믿음과 지혜가 충만한 이들이 되게 하옵소서. 초대교회의 처음 집사들처럼 성령이 충만한 이들이 되게 하시옵소서. 진실로 칭찬받을 수 있는 일꾼들이 되어 자신들에게 기쁨이 되게 해주시고, 더 많은 복을 받게 하시고 더 큰 영광을 하나님께 돌리게 하옵소서.

예수님의 이름으로 기도드립니다. 아멘

Church Ceremonies (Appointment of Deacons)

[**Praise**]　　Lord, owner of the Church, we give you glory, thanks and honor. Thank you for establishing this church by Jesus' Blood and for leading us up to this point. Thank you for making this church salt and light to this society.

[**Thanksgiving**]　　O God, Leader of the church, today is such a special day to us. You are appointing many workers to this church for even greater work. Receive glory through this ceremony. We are so deeply moved when we think of your grace that you appoint such precious servants for this church to strengthen it.

[**For the New Deacons**]　　Loving God, bless these servants who are appointed today as deacons. Give them increasing faith and grace. Pour out your grace on them so that they will be well equipped to serve this church. Especially, may their businesses prosper and their families be in harmony.

[**For this Church**]　　Fill us with your faith and wisdom through this worship. We want to be so full of the Holy Spirit, just like the deacons of the first century church. May they give you glory and bless you as they will receive many praises in their future service.

In Jesus' name. Amen.

교회예식 기도문(집사 은퇴식)

[경배] 영광의 하나님, 우러러 주님의 귀하신 이름을 높입니다. 교회에 모인 주님의 자녀들이 찬송과 존귀와 영광을 세세 무궁토록 하나님께 드립니다. 홀로 찬양을 받으시기에 합당하신 하나님께 영광과 감사를 드립니다.

[감사] 이 시간 집사 은퇴식을 갖기까지 아무런 대과 없이 지나올 수 있게 도와주신 하나님의 사랑을 감사드립니다. 이제, 사랑하는 집사님께서 정해진 기간 동안 훌륭히 일을 마치시고 사면하게 되셨습니다. 귀한 직분을 주시고 그 직분을 통해 하나님께 영광을 드릴 수 있도록 인도해 주심을 감사드립니다.

[은퇴하는 집사를 위해] 신실하신 하나님, ○○○ 집사님을 사랑하시고, 그가 한평생의 시간을 주님의 일을 위해 사용하게 하셨음을 감사드립니다. 그가 하나님 앞에서 교회를 통해서 살아온 시간들은 저희 모두에게 즐거움이었고, 감사였습니다. 이 교회 공동체 구석구석에 그의 손때가 묻어 있습니다. 교회의 크고 작은 일에 언제나 앞장을 서왔던 귀한 일꾼이었습니다. 맡겨 주신 집사의 일을 잘 감당할 수 있도록 지금까지 함께하신 하나님께서 은퇴하신 후에도 함께하셔서 아름다운 삶이 되게 해주옵소서.

[교우들을 위해] 자비로우신 하나님, 저희들은 참으로 좋으신 집사님을 가슴에 모십니다. 그는 집사로서의 시무를 마치지만 언제까지라도 저희들과 같이 교회를 섬기게 하옵소서. 오히려 시무하실 때보다 더욱 충성을 다하는 종이 되어 저희들과 함께 하나님의 나라를 넓히게 하시기를 원합니다. 현재 직분을 받은 여러 종들도 ○○○ 집사님의 수고와 헌신을 기억하며 교회를 섬기게 하옵소서. 예수님의 이름으로 기도드립니다. 아멘

Church Ceremonies (Deacon's Retirement)

[**Worship**]　　God of Glory, we exalt your precious name. We, your children, give you praise and honor and glory for ever and ever. We thank you and give you glory for you alone are worthy to receive glory.

[**Thanksgiving**]　　Thank you for your love for leading our lives flawlessly up to this day. Now, your beloved deacon is retiring after completing his work. Thank you for giving him this work and leading him to give you glory.

[**For the Retiring Deacon**]　　Faithful God, we thank you for your love on Deacon ○○○'s life as he gave his whole life for your work. The time he served this church before you has been such joy and so we give you thanks. He has been the one who was actively involved in all matters, big and small. As you led him so far, please give him a beautiful life after retirement as well.

[**For Believers**]　　Merciful God, this deacon will remain in our hearts. May he continue to serve this church even after he retires. Use him to expand your kingdom as he will serve you with even greater faithfulness. May the current deacons cherish his labor and dedication in their future service.
　In Jesus' name. Amen.

교회예식 기도문(권사 취임식)

[감사] 거룩하신 하나님, 하나님나라에 소망을 둔 지체들이 주의 이름으로 모였습니다. 오늘에 이르기까지 저희 교회를 지켜 주신 은혜를 감사드립니다. 주의 이름으로 세워진 교회에 복 주시고, 구원의 방주로써의 사명을 감당할 수 있는 은혜 주시니 감사드립니다. 하나님께서 구별하여 세우시는 권사님들에게 기름 부음이 있는 예배가 되게 하옵소서.

[교회를 위해] 자비로우신 하나님, 오늘 권사님들의 취임으로 저희들의 신앙공동체가 든든한 반석이 되게 하옵소서. 교회에 일꾼이 세워질 때마다 그들을 통하여 부흥하게 하시고, 하나님의 뜻이 이땅에서 이루어지게 하셨던 사실을 기억합니다. 성도들의 마음을 헤아려 권사님들을 세워 주시니 감사드립니다. 이분들의 헌신으로 교회가 더욱 부흥되기를 원합니다.

[예배를 위해] 이 시간에 성령으로 임재하여 주시옵소서. 저희들의 마음과 뜻과 정성을 다하여 하나님께 예배하는 시간이게 하옵소서. 이 예배를 통해서 저희들에게 부어질 큰 은혜를 사모하는 심령이 되게 하옵소서. 예배의 순서를 맡아 진행하는 종들을 성령의 충만함으로 붙잡아 주시고, 주님의 영광을 위하여 수종드는 시간이 되게 하시옵소서.

[취임하는 권사를 위해] 오늘 취임하시는 권사님들에게 영력을 더하여 주시옵소서. 하나님께서 그들의 삶에 기름을 부으셔서 교회와 성도들을 위해 기도하시는 아름다운 종들이 되게 하시기를 원합니다. 권사의 위치에서 본분을 다하여 모든 성도들에게 교훈이 될만한 모습을 보이게 하옵소서. 그리고 성도들의 존경과 사랑 속에서 위로를 받게 하시기를 원합니다. 예수님의 이름으로 기도드립니다. 아멘

Church Ceremonies (Appointment of Lady Elders)

[**Thanksgiving**]   Holy God, we, who gather here, put our hope in your kingdom. Thank you for your grace keeping this church up to now. Bless this church which was built in your name. We thank you for making this church an ark of salvation. Anoint these ladies who are being appointed today as lady elders.

[**For this Church**]   Merciful Lord, by today's appointment, make this faith-community like a solid rock. We remember that each servant you chose will contribute to the growth of this church and do your will. Thank you for understanding our needs and appointing these lady elders. We want to see more growth of this church since we have such dedicated lady elders.

[**For Worship**]   Now, come down Holy Spirit. We want to worship you with all our heart, mind and will. We long for your grace. Fill those who are in charge of running this meeting and may they serve you, giving you glory.

[**For the New Lady Elders**]   Give the new lady elders more spiritual power. Anoint their lives to serve this church and the saints in prayer. Make them good examples. Comfort them with the love and respect they would receive through their future service.

In Jesus' name. Amen.

교회예식 기도문 (권사 은퇴식)

[찬양] 만물의 주인이신 하나님, 주님의 교회를 인도해 주심을 감사하며 그 손길을 높이 찬양합니다. 이 교회를 지켜 주시는 하나님의 이름에 합당한 영광을 드리게 하시고, 입술로 찬양하게 하옵소서.

[감사] 하나님, ○○○ 권사님께서 오늘 은퇴식을 맞기까지 최선을 다하여 교회를 아름답게 섬겨올 수 있도록 도우신 은혜를 생각할 때 감사드립니다. 일찍이 구원의 은혜를 입고, 교회를 위하여 충성하시는 종으로 살아오게 하셨습니다. 오늘 노종의 은퇴를 생각할 때 예배당 곳곳에 그의 자취가 있음을 감사드립니다. 언제나 기도의 무릎 꿇기를 좋아하셨던 권사님의 기도로 교회가 여기에까지 이른 것을 감사드립니다.

[은퇴하는 권사를 위해] 전능하신 하나님, 하나님께서 여종을 권고하사 이처럼 아름답게 섬기게 하셨습니다. 권사님께서는 정년이 되시기까지 아무런 흠도 없이 직분을 감당하셨습니다. 그의 섬김과 기도의 흔적이 뒤를 잇는 젊은이들에게 모범이 되게 하시옵소서. 여종은 지금 일선에서 물러나시지만 이제까지보다도 갑절로 하나님의 영광을 위하여 헌신하게 하옵소서. 여종의 나이 듦으로 말미암은 연약함을 돌아보시며, 강건하게 하옵소서.

[교회를 위해] 하나님 아버지, 간절히 비오니 성령의 능력으로 ○○○ 권사님의 뒤를 따르는 저희들이 되게 하옵소서. 권사님께서 시무의 자리에서 하시던 주님의 일을 저희들이 이어받아 더욱 충성하게 하시며, 이로써 이 교회가 더욱 든든히 세워져가게 하옵소서.

예수님의 이름으로 기도하옵나이다. 아멘

Church Ceremonies (Lady Elder's Retirement)

[**Praise**]　　Lord of everything, we raise our voice to praise you and give you thanks for leading your church. We want to give you the glory which is worthy of your name and praise you with our lips.

[**Thanksgiving**]　　Thank you for your grace which helped lady Elder ○○○ to serve this church so beautifully up to this day. You chose her to live as a faithful servant since she was saved at an early age. Today, on her retirement day, we can see the traces of her good work here and there in the church. She enjoyed praying here regularly, so we thank you.

[**For the Retiring Lady Elder**]　　Almighty God, you enabled her to serve so beautifully and flawlessly until today. Let her service and prayer life be an example to the younger ones who are following behind. Now she is stepping back from the front line but may she continue to serve you double your glory. Please keep her strong as she is getting old and weak.

[**For this Church**]　　Father God, we sincerely pray that we may be like her. May those who continue her work, serve you faithfully to build this church strong.
　In Jesus' name. Amen.

교회예식 기도문(성전 기공식)

[감사] 전능하신 하나님, 천하의 범사에 때가 있고 모든 일에 시작과 끝이 아버지의 장중에 있습니다. 저희들에게 예배당을 건축할 수 있는 기초를 허락하신 하나님께 감사드립니다. 성전 건축을 시작하게 하신 하나님, 이 거룩한 일에 저희들이 먼저 봉헌되기를 원합니다. 하나님의 나라가 확장되어지는 거룩한 방법으로써 성전을 짓게 하옵소서. 기도와 사랑, 감사와 드림으로 아름다운 성전을 짓게 하옵소서.

[건축을 위해] 저희들에게 아름다운 성전을 지으려는 마음을 허락해 주시옵소서. 원컨대 저희들이 예배당의 건축을 위해서 계획하는 공사의 모든 과정이 주님의 뜻대로 이루어지기를 원합니다. 그리고 주님의 뜻을 살펴서 건축되어지는 것에 전 성도들이 즐거이 참여하게 하옵소서.

아버지의 뜻에 합당한 것이 되게 하시어 공사 기간 안에 모든 일들이 아름답게 마쳐지게 하시기를 원합니다. 이 일이 시종 아버지의 손안에 있었음을 모든 사람이 알게 하여 주옵소서.

[공사의 과정을 위해] 좋으신 하나님, 공사가 시작되면 교회 주변의 이웃 주민들에게 여러 가지로 불편한 일들이 생기게 될 것입니다. 건축하는 과정에서 일어나는 불편에 대하여 우리가 지혜롭게 대처할 수 있게 하옵소서.

또한 하나님의 은혜로 소리 높이고 얼굴 붉히는 일이 없게 해 주옵소서. 너그러운 마음으로 불편함을 견디게 하는 역사에까지 이르게 하여 주시옵소서. 건축에 참여하는 모든 사역자들을 그 능력의 오른팔로 붙드시어 한 생명이라도 공사 기간 중에 다치거나 상하는 일이 없도록 지키시고 보호하여 주옵소서. 예수님의 이름으로 기도하옵나이다. 아멘

Church Ceremonies (Laying Church's Cornerstone)

[**Thanksgiving**]   Almighty God, there is a time for everything and the start and finish is in your hands. Thank you for laying the foundation of this church building. Before we continue, we want to dedicate ourselves first. May we build in prayer and love, thanksgiving and giving, so that you will extend your kingdom even through this building process.

[**For Building the Church**]   Give us zeal to build beautifully. May we do the whole process according to your will. May everyone participate joyfully. Until the buildings completion, may everything be done according to your will. In the end, may we testify that this work was so much in your hands.

[**For the Building Process**]   O Gracious God, it is expected that the building process will cause inconveniences to our neighbors. Give us wisdom to treat them rightly. Also, let everything be done in peace without anger. We ask that the neighbors will bear with generosity of heart. Please protect the workers from all harm.
In Jesus' name. Amen.

교회예식 기도문(성전 준공식)

[**영광**] 교회를 다스리시는 하나님, 이스라엘 백성들의 영광 중에 계셨던 것처럼, 이 교회의 영광 가운데 계심을 믿습니다. 우리 주 하나님을 찬양하며 예배할 수 있는 거룩한 집을 허락해 주신 하나님을 찬양합니다. 새로 지어진 예배당으로 말미암아 이땅에 주의 영광이 드러나게 하옵소서. 저희들의 기도와 헌신으로 주님의 집을 지어 준공하게 하신 하나님, 영광을 받으시옵소서.

[**감사**] 이땅의 많은 교회들이 성전을 건축하는 동안 어려움 겪는 일들을 자주 보아왔습니다. 새로운 예배당의 공사를 통해서 하나님께서 성도들을 연단시키는 것도 보아왔습니다. 그러나 저희들에게는 성전을 짓는 과정이 오히려 부흥의 시간이었습니다. 건축 중에도 말씀이 더욱 왕성하게 하시고, 불신자들이 주님께로 돌아오는 역사가 있었습니다. 주님의 자녀들은 건축을 위한 재정의 마련에 힘을 다하여 헌신하였습니다. 이로써 성장하는 교회가 되게 하시니 감사합니다.

[**결단**] 여기까지 인도하신 하나님, 바라옵기는 새로운 예배당에서 이 지역 사회를 향한 주님의 일이 불타오르기를 원합니다. 진실로 기도하오니, 담임 목사님을 붙들어 주시고, 그에게 보여 주시는 비전에 따라 온 성도들이 열심을 내게 하옵소서. 예배하는 일과 복음을 전파하며 가르치는 일이 더욱 흥왕하게 하시옵소서. 그리하여 든든히 서가는 교회 되게 하옵소서.

[**시공사를 위해**] 오늘 준공하게 된 새로운 예배당의 건축을 담당한 시공사를 기억하시고 함께해 주옵소서. 새 예배당의 설계와 공사의 실무를 맡아 수고한 종들에게 복 내려 주시기를 원합니다. 예배당을 건축하기 위하여 수고한 모든 이들에게 크신 은혜를 주옵소서. 예수님의 이름으로 기도드립니다. 아멘

Church Ceremonies (Completion of Building Church)

[**Glory**]   O God who rules over the Church, we believe you are here among us in glory as you were among the Israelites. We praise you for giving this holy place for our worship. Reveal your glory here. Be glorified in the completion of the building of this church through our prayer and dedication.

[**Thanksgiving**]   There are many churches that encounter many difficulties in new building projects. It can be a time that demands much endurance. Nevertheless, for us it was a time of growth. Even during this time, your Word kept spreading and non-believers came to the Lord. Your children were so eager to give financially. Thank you Lord that we have grown through it.

[**Dedication**]   O God, you led us to this point. May your work burn bright like a flame in this locality. We pray sincerely that you will take hold of the pastor's life and cause every saint to enthusiastically embrace the vision. May we flourish in worship, teaching and evangelism. May we stand firm as a church.

[**For the Building Company**]   Lord, remember the building company and be with them. Bless them as they served from the planning stage through to the church's construction. Show your massive grace to those who worked so diligently!

In Jesus' name. Amen.

교회예식 기도문(성전 입당식)

[감사] 전능하신 하나님, 모든 영광과 찬양을 받으시기에 합당하시오니 영광과 찬양을 받으시옵소서. 새롭게 성전을 지을 수 있도록 시작과 끝을 주관해 주심을 믿고 감사드립니다. 여러 형편들이 있었으나 성전을 완성할 수 있게 된 것은 전적으로 주의 은혜였음을 다시 한 번 고백합니다. 나약하고 부족한 저희들을 세우사 힘있는 대로 드려서 주님의 전을 아름답게 지을 수 있도록 인도하셨사오니 영광을 받으시옵소서.

[수고한 이들을 위해] 그동안 애쓰고 수고한 이들을 기억하시고 복을 내려 주옵소서. 기도와 물질로 주님의 전을 세운 성도들에게 복 내려 주시기를 원합니다. 그리하여 하늘에 심은 자들에게 나타나는 하나님의 영광을 보여 주시옵소서.

[교회를 위해] 일을 이루시는 하나님, 새로운 예배당을 주셨사오니 더욱 예배로 영광을 드리는 교회가 되게 하시옵소서. 이 성전은 하나님의 것입니다. 하나님이 높여지는 교회 되게 하시고, 주의 복음을 전파하는 교회 되어 죽어가는 많은 영혼들을 구원하는 구원의 방주가 되게 해주옵소서.

[결단] 일을 맡기시는 하나님, 우리 교회가 아름다운 주의 성전을 갖게 되는 은혜를 입었사오니 이전보다 더 많은 일을 감당할 수 있게 하옵소서. 아직도 복음을 모르는 이땅의 불쌍한 영혼들을 위한 국내 전도와 국외 선교 특별히 한 형제 자매인 북한의 동포들을 향한 북한 선교 등 우리들이 감당해야 할 영혼을 구원하는 일에 대한 열심이 새 성전, 복된 집에서 불일 듯 타오르게 하여 주옵소서.

예수님의 이름으로 기도드립니다. 아멘

Church Ceremonies (Entering the Church)

[**Thanksgiving**]   Almighty God, you are worthy to receive all praise and glory. Thank you for being with us from the beginning to the end of the building process. Only by your grace could we complete it in spite of some small problems. Be glorified in your temple for you have used us to do it.

[**For Contributors**]   Lord, remember and bless those who have contributed much in prayer and finance. Reveal to them your glory which is only shown to those who invest in heaven.

[**For this Church**]   Lord, you make all things possible. May we glorify you more in the new place. This church is yours. May it be a place where you are exalted and your gospel is preached. Use it like an ark for saving many dying souls.

[**Determination**]   O God, you entrust us with work. By your grace we have a new building. Equip us to manage the increasing work. There are many missions to be done such as inland mission, overseas mission and North Korea mission. May our zeal for saving people burn like a flame.
In Jesus' name. Amen.

교회예식 기도문(성전 헌당식)

[감사] 거룩하시고 자비로우신 하나님, 온 우주 만물을 다스리시며, 시간의 흐름을 통하여 영광을 받으시는 줄 믿습니다. 예수님의 보혈로 말미암아 구원받고 하나님의 자녀가 되어 이제까지 살도록 인도하시고, 아무 공로 없사오나 아버지의 사랑으로 이토록 보호해 주시니 더욱 감사드립니다.

[예배를 위해] 이제 거룩한 예배당이 지어졌습니다. 예배당을 짓고, 이 건물을 하나님께 드리는 예배로 모였습니다. 예배에 임하는 저희들이 먼저 감격스럽습니다. 감히 주님의 일에 동참할 자격도 없는 저희들이었으나 하나님께서 계시는 성전을 짓는 일에 쓰임받게 하셨습니다. 헌당예배로 말미암아 하나님은 영광을 받으시고, 이 전은 오직 주님의 뜻대로 쓰여지기를 원합니다. 예배의 모든 순서를 성령 하나님께서 주관해 주시고, 저희들은 '아멘, 아멘'으로 따르게 하여 주시옵소서. 오늘의 예식을 위해서 여러 종들이 자리를 같이 하였습니다. 오늘의 이 예식이 서로에게 기쁨이 되게 하옵소서.

[공동체를 위해] 사랑의 하나님, 이 예배당은 주님을 사랑하는 헌신으로 지어졌으니 온 성도들이 마음껏 찬양하고 마음껏 기도하며 하나님께 신령과 진정으로 예배드리게 하옵소서. 간절히 바라오니 주님의 뜻에 따라 은혜 가운데 허락받은 새 예배당을 받아 주시기를 원합니다. 주님께서 주신 사명에 따라, 신령과 진정으로 예배드리는 일과 말씀으로 교육하는 일, 그리스도의 사랑을 서로 나누며 섬기는 일을 위해서 사용할 수 있게 하옵소서. 성전 안에 찬양과 기도와 감사 그리고 구원의 말씀이 넘쳐나게 하여 주옵소서.

예수님의 이름으로 기도합니다. 아멘.

Church Ceremonies (Dedication of the Church)

[**Thanksgiving**]   Holy and Merciful God, you rule over the universe and you receive glory through the ages. Thank you for saving us by Jesus' Blood and adopting us to be your children. Also we thank you for giving us life and protecting us by the Father's love although we little deserve it.

[**For Worship**]   Now we worship you on the completion of the church building. We are deeply thankful for using us to build it when we are not fit for the work.

Be glorified and use it according to your will. Lead this worship and we will respond 'Amen' to you. Let the dedication be a joy to many servants who gather to celebrate today.

[**For the Community**]   God of love, as this building was completed with loving dedication, may it be used for worship and pray without reserve. We want to worship you in spirit and truth. We plead to you to receive this new building. May it be used according to your will for worshiping you in spirit and truth, teaching the Word, sharing the love of Christ and serving each other. May praise, prayer, thanksgiving and the Word of salvation overflow in this place.

In Jesus' name. Amen.

교회예식 기도문(성전 헌당식)

[영광] 영원 가운데 영원하신 하나님, 주님의 뜻을 받들어 하나님의 처소를 짓게 하시니 감사를 드립니다. 새로운 성전을 짓기로 다짐을 하면서 기도를 시작하게 하신 하나님, 이 귀한 사명에 부르심을 입은 모든 성도가 기쁨으로 참여하게 하셨음을 감사드립니다. 모든 이들이 자신들의 집을 짓는 것보다 즐거이 여기며, 헌신된 마음으로 정성을 다하여 완공하게 하시고 이렇게 봉헌하게 하셨사오니 영광 거두어 주옵소서.

[공동체를 위해] 참으로 오랜 시간에 걸쳐 완공을 본 예배당을 봉헌하는 이 예식에 참여하는 모든 이들에게 기쁨이 넘치게 해주옵소서. 이들이 한결같이 하늘의 창고에 보화를 저장하는 마음으로 헌신했사오니 심은 대로 거두게 하옵소서. 이땅에 사는 날 동안 30배, 혹은 60배, 100배의 결실을 보게 하여 주옵소서. 무엇보다도 돈으로 살 수 없는 하늘의 은혜를 허락하시고, 신령한 열매를 먹게 하여 주옵소서.

하나님, 건축이 진행되는 동안 여러 가지 불편한 점이 있었으나 조금도 불평하지 아니하고 기도하며 간구하는 가운데 오래 참음으로 견디고, 서로 섬기며 봉사하는 신앙인의 도리를 다했던 저들에게 복을 내려 주옵소서.

[간구] 은혜의 하나님, 택하신 백성들로 하여금 이 세상의 빛과 소금의 역할을 다하라고 하셨습니다. 이제, 허락하신 새 성전이 하나님을 믿는 우리들이 우리들끼리만 모여서 예배하고 교제하기 위해서 사용되기 보다는 믿지 않는 이웃들에게도 활짝 열려져서 누구든지 이곳에서 쉼을 얻고, 배우며, 좋은 일에 참여함으로 장차 주님을 영접하는 데에까지 이르도록 사용되게 하여 주시옵소서. 예수님의 이름으로 기도드립니다. 아멘

Church Ceremonies (Dedication of the Church)

[**Glory**]   We thank you for the new building built in your will. We started in prayer and participated gladly. We felt even happier than building our own houses. Be glorified on its completion.

[**For the Community**]   May the dedication of the new building be a great joy to all who have been eagerly waiting to see it. Many generously gave wanting to store up treasures in heaven. May their harvest on earth be 30, 60 and 100-fold. First of all, give us your grace we could not buy and feed us with spiritual food.

Lord, bless those who patiently endured many inconveniences. They walked as Christians ought to by serving each other.

[**Petition**]   God of Grace, you said we should be salt and light in the world. Use your house not only for believers but also for our unbelieving neighbors. We want this place to be a place for them to rest, learn and participate in the good work. Eventually they may be ready to accept Jesus as their Lord.

In Jesus' name. Amen.

교회예식 기도문(교육관 입당식)

[감사] 오늘 참으로 아름답게 지어진 교육관 입당식을 갖게 하신 하나님께 영광을 돌립니다. 하나님은 진실로 위대하셨습니다. 저희 교회에 허락하신 복인 줄 믿습니다. 하나님의 교회에서 자라나야 할 세대들을 위하여 교육관을 짓도록 하셨사오니, 주님의 사람들이 많이 배출되게 하옵소서. 저희들이 내일의 교회를 준비할 수 있는 기회에 동참했던 것을 감사드립니다.

[결단] 하나님 아버지, 저희 교회가 그렇게도 원했던 교육관입니다. 이제, 이 시설을 사용하여 하나님의 말씀을 배우고, 성도들이 신앙훈련을 하는 데 즐거움으로 참여하게 하옵소서. 가르치고 배우는 일이 더욱더 활성화되게 하시며, 하나님의 사람들로 준비되는 데 모자람이 없게 하시기를 원합니다.

[성도들을 위해] 그동안의 공사 기간으로 장소나 시설 등의 모든 점에서 불편한 점이 많았으나 아름다운 건물로 말미암아 기쁨을 누리게 하옵소서. 잠시 겪는 다소의 불편함이 장차 보게 될 놀라운 영광과 족히 비교할 수 없다는 이 한 가지를 깨달았습니다. 모든 성도들이 물질에 풍족하지 못하였으나 믿음 가운데 모두가 자신의 자녀들을 양육하는 마음으로 주님께 드려 이렇게 지어졌습니다. 참여한 손길들을 기억하여 주옵소서.

[간구] 교육관의 공사를 위해 헌신한 이들에게 심은 대로 열매를 거두게 해주옵소서. 저희 교회가 하나님 보시기에 합당한 교회로 성장해 나아가도록 교육의 사명을 맡겨 주셨으니 잘 감당하게 하옵소서. 더 힘쓰고 애써서 가르치게 하시고, 배우는 터 위에 꽃 피우고 열매 맺는 교회 되게 하여 주옵소서.

예수님의 이름으로 기도합니다. 아멘

Church Ceremonies (Entering Teaching Building)

[**Thanksgiving**]   Lord, you are truly great. We give you glory for having this ceremony for entering the teaching building which is a blessing for this church. As you prepared it for many generations, we pray that many of your workers will come forward. We thank you that we have the privilege of preparing the future of this church.

[**Determination**]   Father God, this is the building we so waited for so long. Now let everybody enjoy using this building for learning your Word and being trained in faith. May it facilitate teaching and learning more.

[**For the Saints**]   We have born some inconvenience during the building work but we now rejoice in seeing such a beautiful building. We are reminded of the scripture, "Our present sufferings are not worth comparing with the glory that will be revealed in us." Not every saint is wealthy but each one gave because they understood it is for their children. Please remember them.

[**Petition**]   Let those who sacrificed for the building harvest as much as they sowed. May we be faithful in fulfilling our calling of becoming a church pleasing in your sight. As we labor to teach, may we harvest richly.
In Jesus' name. Amen.

교회예식 기도문(교육관 헌당식)

[감사] 영광을 받으실 하나님, 교육관을 지어 헌당하게 하시니 감사드립니다. 저희들이 믿음으로 참여하게 하시고, 소망 중에 물질을 드리게 하시며, 사랑으로 참여하게 하시니 감사드립니다. 공사에 참가한 모든 이들이 인간의 힘과 재주와 기술로 하지 아니하고 하나님께서 인도하시는 대로 그 능력에 의지하여 정직하게 소임을 다할 수 있게 하셨으니 감사드립니다.

[결단] 사랑받아 쓰임받는 주의 종들이 주의 자녀들에게 하나님의 법을 가르치는 데 더 충성하게 하시며, 이곳에서 배우는 이들은 기쁨으로 참여하게 하시기를 원합니다. 하나님께서 교육하기에 좋은 환경을 준비해 주셨사오니 이 자리가 인간의 가르침과 인간의 배움을 위해 쓰여지는 곳이 되지 않게 하소서. 오직 하나님께 영광을 드리며, 하나님의 선한 군사로 훈련되는 장소가 되게 해주옵소서.

[교육관 사용을 위해] 일을 이루시는 하나님, 이 좋은 시설로 말미암아 성도들에게 교육에 대한 은혜를 허락해 주시기를 원합니다. 주님의 자녀들이 믿음에서 믿음으로 말씀을 배우는 일에 넉넉히 쓰여지는 공간이 되게 하시옵소서. 또한 구역으로 모여서 예배하는 일, 남녀 전도회로 뜻을 모아 활동하는 일 등의 모든 면에서 쓰여지는 장소가 되기를 원합니다.

[교우들을 위해] 찬양받으실 하나님, 주님께서 주신 교육관을 통해서 성도들의 신앙에 진보가 있게 하옵소서. 더 슬기롭고 지혜로우며, 다른 사람을 위해 내가 먼저 힘든 일을 감당하는 섬김의 마음을 서로 나누게 하여 주옵소서. 교회가 부흥하며 평안 가운데 든든히 서가고 성령으로 진행하여 그 수가 늘어가게 하여 주옵소서. 예수님의 이름으로 기도드리옵나이다. 아멘

Church Ceremonies (Teaching Building Dedication)

[**Thanksgiving**] Lord who is worthy of all glory, we thank you we can dedicate this building to you. Thank you for the privilege of participating in giving in faith. It is an expression of our hope for your kingdom and our love for you. Thank you that the builders honestly followed your guidance, relying on your power and not on human wisdom or skill.

[**Determination**] May your servants teach faithfully and those who study, study joyfully. As you prepared such an excellent environment for church education. May it be used to teach your wisdom, not humanistic teaching. May it be used to give you glory and train your spiritual army.

[**For the Use of the Teaching Building**] God, let your grace be shown in the teaching. May it be so useful for learning the Word of faith. Also may it be used for home group meetings and many other meetings.

[**For Believers**] God, you are worthy to receive our praise. May all make progress in faith through the use of this building. May we serve each other and bear each other's burdens wisely. May we grow numerically in harmony, doing all we do by your Spirit.
In Jesus' name. Amen.

교회예식 기도문(교육관 헌당식)

　　[**찬양**]　하나님 아버지, 이처럼 즐거운 때를 주시니 감사와 찬양으로 영광을 드립니다. 저희들을 하나님의 자녀로 삼아 주시고, 거룩한 일에 쓰임받게 하셨음을 찬양합니다. 부족한 저희들에게 교육관을 짓게 하시니 그 은혜와 영광을 찬양합니다.

　　[**공사에 참여한 이들을 위해**]　자비로우신 하나님, 이 교육관은 사람을 위한 건축물이 아닙니다. 하나님께서 기뻐받으시는 건물을 짓기 위하여 세우심을 받아 수고한 건축위원들에게 복을 더하시기 원합니다. 밤낮으로 기도하며 모든 지혜를 다하여 충성을 다한 저들에게 약속된 복을 내려 주시기를 원합니다. 하나님의 건물을 세우는 중임을 맡아 수고가 많았사오니 위로하여 주시고, 혹시 육체적으로 연약해진 부분이 있다면 건강의 복도 허락하여 주옵소서. 아울러, 그들의 가정을 돌아보사 주님의 일에 수고한 대로 각각 더 큰 것으로 채워 주옵소서.

　　[**예배**]　예배의 모든 순서에 성령님께서 역사하시며 참여한 모든 심령들이 은혜받고 돌아갈 수 있게 하여 주옵소서. 말씀을 증거하시는 목사님께 성령의 능력을 입혀 주셔서 능력의 메시지가 선포되게 하옵소서. 찬양대원들의 성대를 붙잡아 주셔서 아름다운 찬양을 부르게 하여 주옵소서.

　　[**교우들을 위해**]　이 교육관을 봉헌한 이들이 더욱더 주님의 말씀을 따르게 하시고, 이로써 생명을 살리는 전도의 역사가 일어나게 하시며, 믿음의 열정을 주사 주님께서 맡겨 주신 사명을 잘 감당하게 하옵소서. 이후로 주님의 교회를 찾아 나오는 이들마다 구원받게 하여 주시고 하늘의 복을 누리게 하옵소서.

　　예수님의 이름으로 기도드립니다. 아멘

Church Ceremonies (Teaching Building Dedication)

[**Thanksgiving**]　　Father God, we give you thanks and praise for giving us such a happy day. Thank you for adopting us as your children and use us in your holy work. Thank you for letting us build this teaching building, we praise your grace and glory.

[**For the Building Committee**]　　Merciful God, this is not for men. Bless those committee members who worked so hard day and night to present a pleasing building to you. Comfort them and strengthen them physically for they worked so hard. Also look after their families and reward them greatly.

[**Worship**]　　Fill us all with your grace, Holy Spirit. Clothe your preacher in the power of the Holy Spirit so that he will preach powerfully. Protect the choir members' voices so that they can sing beautifully.

[**For Believers**]　　May we follow your Word even closer after this dedication and engage in evangelism more actively. Give us a compassionate faith to fulfill your calling. May all who come to this church be saved and enjoy blessings from heaven.

In Jesus' name. Amen.

교회예식 기도문(교회창립예배)

[경배] 만물을 다스리시는 하나님, 예수님의 몸으로 이땅에 교회를 세우시고, 하나님의 나라를 이루게 하셨음을 감사드립니다. 하나님께서 이 지역에 죽어가는 영혼들을 위해, 천국 복음을 전파하시려고 저희 교회를 세우셨습니다. 이곳에 교회를 세우신 하나님의 뜻에 따라 저희 교회가 이 지역에 하나님의 백성들을 찾아내는 일을 멈추지 않게 하옵소서. 오늘, 교회창립 기념일을 맞이하여 신령과 진정으로 예배하게 하옵소서.

[성도들을 위해] 이 시간 예배를 드리는 가운데 온 성도들이 이 교회를 세우신 하나님의 뜻을 깨닫고 성도로서의 사명에 대한 재 다짐을 하게 하여 주옵소서.

[결단] 거룩하신 하나님, 교회의 역사를 자랑하기 전에 교회의 사명을 제대로 감당하지 못하였던 죄를 아파하며 회개하는 저희들이 되게 하시옵소서. 그리하여 하나님의 은혜로 영육간에 회복의 기쁨을 누리는 성도들이 되기를 원합니다. 이 교회에 주신 사명을 모든 성도들이 바로 깨닫고 그 사명을 감당할 수 있는 믿음을 주옵소서. 저희들의 기도와 수고가 교회를 더욱 부흥케 하는 일이 되게 하시옵소서.

[예배위원들을 위해] 단 위에 세우신 목사님께 성령 충만하게 하셔서 말씀을 증거하실 때 사단의 권세 틈 못 타게 하옵소서. 찬양대원들의 찬양을 받아 주시며, 부르는 이들과 함께하는 이들이 은혜를 누리게 하옵소서. 드려지는 예배를 위해서 여러 자리에서 봉사하는 일꾼들이 있습니다. 얼굴도 드러내지 않고, 이름도 나타내지 않으며 예배를 섬기는 종들에게 복을 내려 주시옵소서. 예수님의 이름으로 기도합니다. 아멘

Church Ceremonies (Church's Foundation)

[**Worship**]   O God, you rule over everything. Thank you for establishing the Church, the Body of Christ, on earth to build your kingdom. You established this church to spread the gospel to dying souls in this area. May we obey your will, seeking out your people without ceasing. Today as we celebrate the anniversary of the founding of this church, we worship you in spirit and truth.

[**For the Saints**]   Through this worship, may all the saints learn your will for the church and renew their pledge before you.

[**Determination**]   Holy God, we repent of our sin that we did not fulfill our calling as a church. Restore us by your grace, both spiritually and physically. May all the saints know your will and carry out their callings. Use our prayer and labor to revive this church.

[**For the Workers Running Worship**]   Fill the pastor with your Spirit so that Satan will not be able to gain a foothold. Accept the praise of the choir and may each of us receive your grace, either through singing or listening to the choir. Bless those who are serving in so many diverse ways.

In Jesus' name. Amen.

장례예식 기도문(임종을 앞두고)

생명의 주인이신 하나님 아버지! 하나님 아버지를 충성되이 섬기던 ○○○ 성도가 이제 하나님의 부르심을 받아 우리의 곁을 떠나려 합니다. 이 성도의 영혼을 아버지 손에 의탁하오니 받아 주옵소서.

긍휼이 풍성하신 하나님, 이 시간 ○○○ 성도에게 강하고 담대한 믿음을 주사 모든 두려움을 이기게 하옵소서. 지켜 보고 있는 가족들을 위로해 주시고 믿음으로 기도하며, 주님만 바라보게 하옵소서.

오랜 동안 병상에 누워있던 ○○○님의 밤은 때론 슬프고, 고통스러우며 때론 두려운 밤이었습니다.

우리의 친구가 되신 하나님! 약한 자를 떠나지 마시고 외로운 자를 돌보아 주시옵소서. 죽음의 두려움을 물리쳐 주옵소서. 세리와 강도를 구속하시던 예수님의 피 묻은 손으로 ○○○님을 어루만져 주시고, 병자와 가난한 자를 불쌍히 여기시고 또 죄인과 원수를 사랑하신 주님의 사랑으로 삶과 죽음의 사이에서 몸부림하는 ○○○님을 붙들어 주시옵고 구원해 주시옵소서.

죄인을 위하여 겟세마네 동산에서 피땀을 흘리시고, 골고다에서 생명을 내어 놓으신 주님께서 피의 값을 주고 사신 ○○○님의 영혼을 받아 주시고 하나님의 품 안에서 안식의 쉼을 누리게 하옵소서. 우리의 부족함으로 병상에 계신 ○○○님을 정성껏 간병해 드리지 못했습니다. 이 시간 용서해 주시옵소서.

구원자이신 예수님의 이름으로 기도드립니다. 아멘

Funeral Ceremonies (Approaching Death)

Father God, Lord of our lives! your faithful servant ○○○ is about to leave us now. We entrust his spirit into your hands.

Compassionate God, give bold faith to ○○○ so that he can overcome all fear. While the family is waiting, comfort them to look only to you in prayer.

Lord, ○○○ spent has spent a long time on his bed, sometimes sad, sometimes in pain.

God, our Friend, don't abandon the weak but comfort the lonely. Drive away our fear of death.

Give ○○○ a touch with Jesus' blood-stained hand, that saved the lives of the tax-collector and thieves. Save him as he is struggling between life and death. Hold him with your loving hands which are stretched out to sinners, the sick, the poor, even to your enemies. Accept saint ○○○'s spirit for he is the ransom of Jesus' Blood shed on Gethsemane's hill. May he rest in your bosom. Forgive us for not nursing him wholeheartedly.

In the name of Jesus, our Savior. Amen.

장례예식 기도문(임종예배)

　우리의 영혼을 구속하시며 성도들의 힘이 되시는 하나님, 주 안에서 세상을 떠난 고 ○○○님이 모든 수고와 시련을 끝내고 주님의 품 안에서 영원한 안식을 얻게 된 것을 생각하면서 위로를 받습니다.
　우리의 소망이 되시는 하나님, 우리가 주님의 높고 크신 경륜을 다 깨닫지 못하오나 저희들로 하여금 주님의 약속과 영생의 복음을 확실히 믿고 이땅에서 환란과 역경을 이기며 하늘의 소망을 빼앗기지 않게 하여 주옵소서.
　"너희는 근심하지 말라 하나님을 믿으니 또 나를 믿으라 내 아버지 집에 거할 곳이 많도다 그렇지 않으면 너희에게 일렀으리라 내가 너희를 위하여 처소를 예비하러 가노니 가서 너희를 위하여 처소를 예비하면 내가 다시 와서 너희를 내게로 영접하여 나 있는 곳에 너희도 있게 하리라"(요 14:1~3)고 예수님은 말씀하셨습니다.
　또한 말씀하시길 "나는 부활이요 생명이니 나를 믿는 자는 죽어도 살겠고 무릇 살아서 나를 믿는 자는 영원히 죽지 아니하리니 이것을 내가 믿느냐"(요 11:25~26)고 하셨습니다.
　허락하신 말씀으로 인하여 죽음의 두려움을 이기게 하시고, 임종하신 고 ○○○님의 영혼을 받으신 줄 믿고 감사드립니다. 고인이 고달픈 나그네 인생의 여정을 접고, 주님 준비하신 본향집에 갔사오니 또한 감사합니다. 그동안 간병하느라 병석을 지키며 수고한 유족들을 기억하시고 위로해 주옵소서. 어려운 마음들을 살펴 주시고 쇠진한 육신도 강건하게 지켜 주옵소서.
　부활의 첫열매 되시는 예수님의 이름으로 기도합니다. 아멘

Funeral Ceremonies (Just after Death)

God our salvation and strength, we are comforted when we think that ○○○ will be resting in your arms forever after finishing all that labor and suffering.

Lord, you are our hope, but we can't comprehend your greatness. Yet you help us to hold onto the hope from above, firmly believing your promise of eternal life.

Jesus said, "Do not let your heart be troubled, trust in God; Trust also in Me. In my Father's House there are many rooms; if it were not so, I would have told you. I am going there to prepare a place for you. And if I go and prepare a place for you, I will come back and take you to be with me that you also may be where I am" (John 14:1-3).

He also said, "I am the resurrection and the life. He who believes in Me will live, even though he dies; and whoever lives and believes in me will never die. Do you believe this?" (John 11:25-26)

We thank you because we believe you helped ○○○ to overcome the fear of death by your Word and you accepted his soul. We thank you that he went to a home prepared by Jesus and has ceased to be a weary wanderer. Please comfort his family who have been nursing him. Take care of their hearts and Bodies.

In the name of Jesus, who became the first fruit of the resurrection. Amen.

장례예식 기도문(임종예배)

　우리의 참 소망이신 하나님 아버지, 그동안 질병으로 고통당하시던 ○○○님이 이땅에서의 수한이 다하여 이제 그 영혼이 하나님의 품에 안식하게 되었습니다.
　영의 눈을 뜨고 바라보면 질병의 고통에서 놓여나 영원한 안식처에서 안식하게 되니 더없이 감사할 일이지만 연약한 육신을 입은 우리 인생들은 육신의 정에 이끌려 슬프고 안타까울 뿐입니다.
　이제 고인이 된 ○○○님과 그동안 생사고락을 함께해오던 유족들의 마음은 아직까지도 고인의 죽음이 믿어지지 않고, 말할 수 없이 아프고 낙망됩니다. 연약한 우리 인생들의 형편을 주님께서 아시오니 긍휼히 여겨 주셔서 유족들에게 하늘의 소망을 주시고 담대한 믿음을 주심으로 너무 아파하지 않게 하옵소서. 또한 따뜻하신 주님의 손으로 어루만져 주시며 부활하신 주의 능력을 믿게 하셔서 우리보다 앞서 가신 고인의 부활도 믿음의 눈으로 바라보게 하옵소서.
　이 시간 함께 모인 우리 모두에게 하나님께서 주시는 새힘을 덧입혀 주시고 하늘의 위로를 얻게 해주옵소서.
　주를 의지하는 자가 부끄러움을 당하지 않게 하시기를 원합니다. 고인의 죽음이 초라한 죽음이 아니라 하나님나라의 시민이 되는 영광을 만인이 보게 해주옵소서. 유족들의 담대한 믿음을 통해 복음이 확산되게 하시고, 믿지 않던 이들이 주님의 품으로 돌아오는 전환점이 되게 해주옵소서.
　부활의 첫열매가 되신 예수님의 이름으로 기도합니다. 아멘

Funeral Ceremonies (Just after Death)

Lord, you are our true hope.

Now ○○○, who has been suffering much from sickness, is entering rest in your bosom as his life is coming to an end. We can rejoice in our spirit that he is free from painful disease but we feel sad in our flesh.

It is still difficult for his family to believe he has died. They have been through thick and thin with him. They are so hurt and distressed. Lord, you understand all our weakness. So please have compassion on this family and give bold faith to them to accept without too much hurt. Touch them with your loving hands and help them to have hope in the resurrection in view of ○○○'s death.

Now clothe us with your new strength and comfort us all. Let those trust in you not be put to shame.

May all see glory in his death, that he is becoming a citizen of heaven. Use his family to boldly witness to the gospel and may this time be a turning point for them.

In the name of Jesus, who became the first fruit of the resurrection. Amen.

장례예식 기도문 (위로예배)

인간의 생사화복을 주관하시는 하나님 아버지!

모든 만물이 날 때가 있고, 죽을 때가 있음을 가르쳐 주신 주님의 말씀에 의지하여 간구합니다. 가족과의 갑작스러운 이별로 슬퍼하고 있는 유족들이 생명이 하나님께 있음을 믿음으로 위로를 얻게 하옵소서.

또한 하나님의 자녀 고 ○○○님의 영혼이 하나님의 보호 가운데에 있음도 믿고 위로를 얻게 하옵소서.

어려울 때 피난처가 되시는 하나님!

우리의 언어로는 가족을 잃고 망연자실해 있는 유족들을 무엇이라 위로할 수 없사오니 이 시간 성령께서 친히 임재하셔서 주의 말씀으로 용기를 얻게 하시고 낙망치 않도록 붙잡아 주옵소서. 또한 함께 신앙생활을 하던 신앙의 동지를 앞서 보내게 된 우리 교우들의 마음도 위로해 주시고, 고인의 빈자리를 채워갈 수 있는 은혜를 주시옵소서.

하나님, 아직도 우리의 귓가에 고인의 소리가 들리는 듯 합니다. 고인이 못 다한 일들을 기도하며 이루어나아갈 수 있는 능력을 주시고, 고인의 그 뜻을 이어갈 수 있도록 특별히 자녀들에게 믿음과 지혜를 더하여 주옵소서.

이제 장례의 절차가 남아 있습니다. 장례를 모시는 동안 가족의 소중함을 다시 한 번 일깨워 주시고 유족들의 건강도 지켜 주옵소서. 좋은 일기를 허락해 주시고, 모든 순서가 순조로이 진행되도록 도와주옵소서. 이 시간 목사님을 통해 위로의 말씀을 주실 때 큰 은혜가 있게 하옵소서.

예수님의 이름으로 기도합니다. 아멘

Funeral Ceremonies (Comfort Service)

Lord, you rule over life and death, prosperity and adversity!

We pray, relying on your Word which taught us that there is a time to be born and there is a time to die. Comfort this family who experienced a sudden death. May they believe that ○○○'s soul is in your protection.

Lord, you are our refuge!

Our words are inadequate to comfort this family, so Holy Spirit please come and speak your Word to strengthen them. Also comfort his friends in this church for they have lost a good friend. Give your grace to fill his empty place.

His voice is still ringing in our ears. Give us strength to complete his unfulfilled calling. Especially, add faith and wisdom to his children so that they may be able to continue to do his will.

The family needs to go through some funeral procedures now. May they remember the importance of family members during this time and keep them in good health. Please grant us good weather and help us throughout the whole process. Give us your grace as the pastor preaches.

In Jesus' name. Amen.

장례예식 기도문(위로예배)

사랑이신 하나님!

십자가의 죽음을 이기시고 승리하신 예수님을 기억하며 이 시간 위로를 받고자 합니다.

우리들을 남겨 놓은 채 하나님의 부름을 받고 이 세상을 먼저 떠난 고인을 생각하니 눈물을 멈출 수가 없습니다. 특별히 고인의 생전에 기쁠 때나 슬플 때 늘 함께하면서 아끼고 사랑하던 유족들이 외로이 남아 있사오니 그들 마음속 깊은 곳까지 어루만져 주시고 고인의 죽음에 대한 하나님의 비밀을 깨우쳐 주옵소서.

생명의 주권이 창조주이신 하나님께 있음을 다시 한 번 일깨워 주신 하나님, 우리의 힘으로는 단 1분 동안도 우리의 생명을 연장할 수 없음을 고백합니다. 정해진 날, 정해진 시간에 하나님의 계획에 의해 부름받는 것이 유한한 인생인 줄 압니다. 이 자리에 함께한 모두에게 언제 어느 때 찾아올지 모르는 죽음을 지혜롭게 준비하는 예비된 신앙을 갖게 해주옵소서.

새생명을 주시는 하나님, 혹 예수님을 영접지 못한 유족들이 있다면 은혜를 베풀어 주셔서 마음의 문이 열리게 하시고 예수 그리스도를 구주로 영접하는 놀라운 사건을 일으켜 주옵소서. 고인이 된 ○○○님을 우리에게로부터 먼저 보내지만 그로 인해 많은 사람이 새생명을 얻는 은총을 허락하심으로 이 슬픔 가운데에 기쁨을 맛보게 하옵소서. 고인의 죽음이 안타깝기 그지없으나 고인의 장례절차를 진행하는 동안 생명의 비밀이 주님께 있음을 고백하는 믿음으로 무장되게 하시고, 우리의 삶을 뒤돌아보는 계기가 되게 해주옵소서.

장례 절차를 의탁하오며 예수님의 이름으로 기도합니다. 아멘

Funeral Ceremonies (Comfort Service)

God of Love!

We are comforted as we think of Jesus who won the victory over death. We can't stop shedding tears when we think of ○○○'s death.

Please comfort his beloved family members deeply in their hearts and help them understand why he should die.

Lord, we are once again made aware that you are our Creator and the Lord of our lives. We cannot lengthen our lives with our own power by even one minute. We will all be called when the hour you determined arrives. Give us faith to prepare to die at anytime.

Lord who gives new life. If there are any non-believing families, give them grace to them so that they can receive Christ. Even at this sad hour of sending ○○○ away, may we receive even greater joy by seeing new lives being born again by your grace. Lord our hearts are lamenting about his death but it is also an opportunity for us to see that our lives are in your hands and to reflect upon them.

We trust the whole procedure of this funeral to you.
In Jesus' name. Amen.

장례예식 기도문(입관예배)

영원하신 아버지 하나님!

우리와 함께 교회를 섬기시던 그 귀중한 생명이 세상을 떠났기에 슬픈 마음으로 입관예배를 드립니다. 그 생명은 이미 부름을 받아 아버지의 품에 안기우고 여기에는 그의 몸만이 남아 있습니다.

아무리 생각해 보아도 고인을 우리보다 먼저 보내는 것이 안타깝고 힘이 듭니다. 입관예배를 드리며 이땅에서의 마지막 얼굴을 보게 되오니 더욱이 슬프고 마음이 아플 뿐입니다. 이제는 뵙고 싶어도 다시는 뵐 수 없기에 더욱 그러합니다.

슬픈 마음을 어떠한 말로도 표현할 수 없으나, 고인께서 육신의 장막 집을 쓰고 사는 동안 갖가지 희노애락을 믿음으로 극복하면서 한평생을 사시다가 하나님의 부르심을 받아 지금은 하나님과 함께 편히 계신 것을 믿고, 그 남은 시신을 장례하기 위해 입관예배를 드리오니 이 예배를 영광 중에 받으시고, 고인의 유가족들을 위로하여 주시옵소서.

입관예배를 드리며 애통해 하고 있는 우리 모두에게 하늘의 평화를 누리게 하시고, 큰 위로를 내려 주시옵소서. 특별히 유족들에게 소망의 주님을 바라보게 하시고 슬픔으로 인하여 마음에 흔들림이 없도록 성령께서 붙들어 주시옵소서. 이후에 있을 모든 장례의 절차 위에도 함께해 주시고 어려운 일 만나지 않도록 도와주옵소서.

장례예식를 집례하시는 목사님과 함께해 주시고 피곤치 아니하도록 붙들어 주옵소서. 성령의 능력으로 말씀을 선포할 수 있게 하셔서 장례에 참여한 모든 이들에게 은혜가 넘치게 해주옵소서. 주 예수님의 이름으로 기도드립니다. 아멘

Funeral Ceremonies (Encoffining Service)

Everlasting God, our Father!

We encoffin a precious servant and we are so sad. Only his body is here but his soul is already in your bosom.

We repeatedly think that it is so sad that we are loosing him. We are grieving. It's hard to accept. Seeing his face for the last time aches our hearts. We will miss him as we will not be able to see him again.

Our sorrow cannot be expressed in words but we believe that he is resting with you. His life was spent in a tent of flesh as he lived by faith going through times of joy, anger, sorrow and pleasure. Be glorified by this worship.

Give the family peace and comfort from above.

Especially help the family members to look to you and be steadfast and not to be shaken by their sadness.

Please hold them strongly. Holy Spirit please help them through the whole procedure of the funeral so that they will have no difficulties.

Be with the pastor, who is leading the funeral service, not to become tired. May he preach in the power of the Holy Spirit. May your grace overflow to all who are present.

In Jesus' name. Amen.

장례예식 기도문(입관예배)

생명의 주인 되신 하나님 아버지!

귀중한 생명이 하나님의 섭리로 세상을 떠났기에 우리는 애태우며 슬픈 마음으로 입관예배를 드립니다. 드려지는 이 예배를 받으시고 육신의 정을 잊을 수 없기에 고인의 죽음 앞에서 안타까운 심정으로 예배하는 유가족들에게 새힘을 공급해 주옵소서. 더 이상의 슬픔이 없도록 주님께서 이들을 보호하여 주옵소서.

고인은 이땅에서의 수를 다하였기에 하나님의 부름을 받은 줄 믿습니다. 너무 오래도록 슬퍼하지 않게 하시고, 세상 근심과 염려를 다 버리고 하나님나라에서 승리의 면류관을 쓰고 영생의 복을 누릴 것을 믿고 감사하는 신앙인이 되게 해주옵소서.

자비로우신 하나님, 고인이 세상에 계시는 동안 하나님께서 저를 부르사 예수 그리스도를 믿고 영원한 후사로 세워 주신 것을 감사합니다. 이 시간 고인이 평소에 사랑하는 유족들에게 권면하고 가르치던 교훈들이 생각나게 하시고, 고인의 귀한 신앙과 진실한 생활을 본받게 하시며, 한평생 걸어갔던 믿음의 길을 따라가게 하옵소서. 신앙생활에 모본자가 되게 하시옵소서.

말씀을 전하실 목사님에게 성령으로 기름 부어 주셔서 이 시간이 슬픔의 시간이 아니라 남은 생애를 믿음으로 살아가겠다는 결단과 헌신의 시간이 되게해 주옵소서. 스데반 집사가 순교의 순간 눈을 들어 하늘을 바라봄으로 큰 위로와 새힘을 얻은 것처럼 저희들도 그러한 은혜를 입게 해주옵소서.

예수님의 이름으로 기도드립니다. 아멘

Funeral Ceremonies (Encoffining Service)

Father God, you are the Lord of our life.

With deep sadness, we encoffin a precious life, who has left this world. Accept our worship and please give new strength to this distressed family. Please protect them so that they will not be more saddened. We believe that his years were numbered by you. So help the family not to become overly distressed.

We pray Lord that the family members may have faith so that they can give you thanks that ○○○ is now enjoying everlasting blessings in heaven, wearing the crown of victory, being so far from all the fear and worry of this world.

Merciful Lord, before his death, ○○○ believed in Jesus Christ and became an heir to everlasting life.

Remind this family of the instructions ○○○ used to give them before his death so that they will follow the example ○○○ has shown.

Anoint the preacher with the oil of the Holy Spirit. May this hour be an hour of faith and not of sadness. We want to be like Stephen who at the moment of his martyrdom, looked up to heaven and received great comfort and strength.

In Jesus' name. Amen.

장례예식 기도문(입관예배)

생명의 근원 되시는 하나님!

모든 인생들은 죄로 말미암아 영벌을 받을 수밖에 없는 죄인들이지만 우리 주님 구속의 은총으로 구원하여 주시고, 영생의 소망을 가지고 살게 하시는 은혜를 생각할 때 하나님께 영광과 찬양을 돌립니다.

고인이 세상에서 사는 동안 일찍이 불러 주셔서 하나님의 자녀 됨의 은총을 덧입혀 주시고 하늘 백성으로 충성을 다하였으니 큰 상급이 있음을 믿고 위로를 받습니다.

이제 고인의 시신을 입관하여 장례를 준비하고자 하오니 성령께서 이 자리에 임재하셔서 슬퍼하는 유족과 친구들을 위로하여 주시고, 그들에게 믿음과 소망을 더욱 굳게 하여 주시옵소서.

예수께서 "너희는 마음에 근심하지 말라 하나님을 믿으니 또 나를 믿으라 내 아버지 집에 거할 곳이 많도다. 그렇지 않으면 너희에게 일렀으리라 내가 너희를 위하여 처소를 예비하러 가노니 가서 너희를 위하여 처소를 예비하면 내가 다시 와서 너희를 내게로 영접하여 나 있는 곳에 너희도 있게 하리라"(요 14:1~3)고 하신 말씀을 기억하며 소망을 갖게 해주옵소서.

자비로우신 하나님, 이 시간 고인의 입관예배를 드리고 있는 저희들에게 성령으로 감동을 주셔서 다시 한 번 신앙의 옷깃을 여미게 하시며 불현듯 우리들 앞에 찾아올 마지막 때를 준비할 수 있게 하옵소서. 이후에 있을 장례 순서 절차를 주장해 주시고 하나님의 영광이 드러나게 하옵소서.

믿는 자들의 처소를 준비하신다 약속하신 예수 그리스도의 이름으로 기도드립니다. 아멘

Funeral Ceremonies (Encoffining Service)

God, you are the source of life!

We give you glory and praise for you saved us who deserve punishment for our sins. Instead you gave us the hope of everlasting life.

We are comforted when we think that ○○○ must now be rewarded since he became your child at an early age and served you faithfully.

Now we are encoffining him, so Holy Spirit be with us and comfort the family and friends and strengthen their hope.

Let us remember receive hope from what Jesus said, "Do not let your hearts be troubled. Trust in God; trust also in me. In my Father's house there are many rooms; if it were not so, I would have told you. I am going to prepare a place for you. And if I go and prepare a place for you, I will come back and take you to be with me that you may also be where I am" (John 14:1-3).

Merciful God, touch our hearts by your Holy Spirit once more that we may perfect our faith and prepare ourselves to face the moment of our death which could come at anytime. Please be in charge of the whole process and reveal your glory.

In the name of Jesus, who promised to prepare a place for those who trust in Him. Amen.

장례예식 기도문(발인예배)

　인류의 역사와 개인의 생사화복를 주관하시는 하나님!
　지금 저희들은 이 세상을 떠나 하나님 앞으로 가신 고 ○○○님의 장례식을 거행하고자 합니다. 한없이 연약한 인생들이 슬픈 마음으로 하나님 앞에 머리 숙였사오니 긍휼히 여기시고, 위로를 내려 주시옵소서.
　특별히 가족의 한 분을 먼저 하나님나라로 보내면서 슬퍼하고 있는 유족들에게 하늘의 평강을 허락해 주시옵소서. 고인이 계셨던 빈자리를 바라볼 때마다 마음이 아프고 슬퍼할 가족들에게 더 큰 믿음, 흔들리지 않는 견고한 믿음을 주셔서 잘 견디어 낼 수 있게 하옵소서.
　영원히 변치 않고 우리를 사랑하시는 하나님, 그 사랑 다시 한번 확인하며 그 사랑 가운데 거할 수 있는 은혜를 주옵소서.
　지금 고인이 되신 주의 종이 이 세상에서 신앙생활을 하는 동안 선한 싸움을 싸워 승리하였고, 진실되고 착실한 봉사생활을 통해 교인들에게 본 보이신 것을 영원히 잊을 수가 없습니다. 우리도 그의 뒤를 따라 하나님의 영원한 나라의 유업을 계승할 그 날을 기다리면서 항상 소망 중에 즐거워하며 모든 시련을 극복하며 전진할 수 있는 신앙을 주시옵소서.
　죽음의 현실 앞에서 슬퍼하며 울 수밖에 없는 우리 모두에게 하나님의 크신 은총을 베풀어 주시옵소서. 우리 자신들을 하나님의 선하심과 자비에 맡기면서 영원한 삶의 희망을 바라보게 하여 주시옵소서. 육신적으로 잃어버린 것들을 신령한 것으로 회복하게 하시고 하관예배와 남은 모든 절차를 주관해 주옵소서.
　사랑이신 예수님의 이름으로 기도드립니다. 아멘

Funeral Ceremonies (Leaving Toward Grave)

God, you are the ruler of history, life and death, blessing and disaster!

We want to conduct ○○○'s funeral now. Have compassion on us and comfort us as we are feeble and bowed down before you in sadness.

First of all, we ask you to give you peace to ○○○'s family. It is going to be sad when they look at the empty place of ○○○ but please give them strength and firm faith to overcome their sadness.

God who loves us forever, give us grace to reaffirm your grace and to dwell in it. We will never forget the example ○○○ showed while he was alive. He was victorious in the good fight, sincere and always serving. Let us follow in his example of rejoicing in the hope of receiving the everlasting inheritance and walking in faith, overcoming all difficulties.

Pour out your grace to us who can only cry before the reality of death. Let us look up to the hope of life everlasting, entrusting ourselves to your goodness and mercy. We recover spiritually even though we lose physically.

Please watch over the steps of those depositing the coffin in the grave.

In Jesus' name. Amen.

장례예식 기도문(발인예배)

생명의 주인이신 하나님!

고인은 주님을 위해 살고, 주님을 위해 죽기를 바라면서 일생을 살아왔습니다. 그러기에 살아도 주님의 것이요, 죽어도 주님의 것임을 믿습니다. 또한 그리스도께서는 죽은 자의 주도 되시고, 산 자의 주도 되시기 위해 죽으셨다가 다시 살아나셨음을 우리가 믿고 머리 숙여 기도드립니다.

이 시간이 부활에 대한 소망이 새로워지는 시간이 되게 하여 주시고, 성령께서 이 자리에 임재하사 이 순간이 영원과 이어지는 시간이 되게 하여 주시옵소서. 주의 인자하심으로 위로를 주시고, 먼저 보낸 고인을 천국에서 다시 만날 때까지 믿음의 길에서 벗어 나는 일 없도록 인도하여 주옵소서.

전능하시며 영원하신 하나님 아버지! 영원무궁하신 아버지의 뜻에 머리를 숙이오니 주님의 깊은 뜻을 깨닫게 하시옵소서. 죽음 앞에 선 우리들이 인간의 생명이 한낱 티끌임을 깨닫고 영원하신 주님을 더욱 사모하게 하시옵소서.

인생은 풀과 같은 것, 들에 핀 꽃처럼 한 번 피었다가 스치는 바람에도 곧 사라져 그 있던 자리조차 알 수 없는 존재입니다. 우리에게 우리 날 계수함을 가르치사 지혜의 마음을 얻게 하시고, 세월을 아끼고 주의 뜻을 이루어드리는 일에 온전히 쓰여지게 하옵소서.

임종에서부터 지금까지 함께하신 하나님, 장지까지 가는 길에도 동행하시며 하관예식에도 함께하여 주옵소서.

사망 권세를 이기시고 부활하심으로 승리하신 예수님의 이름으로 기도하옵나이다. 아멘

Funeral Ceremonies (Leaving Toward Grave)

God, you are the Lord of life!

○○○ spent his life for you, and even wanted to die for you. Therefore we believe ○○○ is yours both in life and death. We believe he is yours. We believe that you raised Jesus from the grave, to become the Lord of the living and the dead. And so we bow down before you.

Now, renew our hope in the resurrection. Come Holy Spirit and connect this moment with eternity. Comfort us in your mercy and help us to walk by faith until we see ○○○ again.

Almighty and Everlasting God, we bow before your everlasting will. Make us realize your profound will. When we realize that our lives are dust in the face of death, may we desire you more.

Life is like grass, a wild flower which quickly withers and can no longer be found where it once stood. Give us wisdom to count our days and give ourselves to you completely.

God, you have been with us so far and so be with us to the completion of this funeral.

We pray this in the name of Jesus who overcame the power of death by his resurrection. Amen.

274
장례예식 기도문(하관예배)

전능하신 하나님 아버지, 우리는 지금 믿음의 형제를 이곳에 안장하려고 합니다. 흙으로 된 인생이 흙에서 와서 흙으로 돌아가려는 하관예식을 지켜 보기 위해 믿음의 형제들이 모였습니다. 땅에서 온 몸, 땅으로 돌아가고 생명은 하나님께로서 받은 것이기에 이미 하나님께로 돌아간 줄을 믿습니다.

오 하나님, 간구하옵기는 사랑하는 이를 이렇게 보내야 하는 유족들과 믿음의 형제들에게 주님의 위로를 내리시며 영원한 소망을 갖게 하옵소서.

썩을 몸이 땅에 묻히지만 썩지 않을 몸으로 다시 살아날 것을 믿습니다. 천한 몸이 이땅에 묻히지만 영광스러운 몸으로 다시 살아날 것을 믿습니다. 약한 자가 땅에 안장되지만 강한 자로 다시 살아나며, 영적인 몸으로 부활할 것을 믿고 여기에 안장합니다. 하나님의 말씀에 따라 주님 다시 오시는 날 마지막 나팔소리가 울릴 때 눈 깜짝할 사이도 없이 죽은 이들이 썩지 않을 몸으로 다시 살아날 것을 확신합니다.

이 시간 하관예식을 지켜 보는 모든 이들에게 부활의 믿음을 주시옵소서.

임마누엘 되신 하나님, 사랑하는 유가족들이 이땅에서 살아가는 동안에 동행하시며 인도하여 주시사 마침내 인간의 손으로 지은 것이 아닌 영원한 천국, 하나님의 장막에 기쁨으로 들어가게 하시고 저희들이 지금까지 경험하지 못한 아름다운 천국을 믿을 수 있도록 도와주시옵소서.

다시 오시마 약속하신 예수님의 이름으로 기도합니다. 아멘

Funeral Ceremonies (Depositing Coffin in the Grave)

Almighty God, we are about to bury a brother who was so faithful. We, his brothers in faith, gathered to see this ceremony. A life which came from the earth is returning to the earth for we are just dust. His body is returning to the earth but we believe his life is returning to where he came from, to you.

O Lord, comfort his family and let them have everlasting hope for they are grieving over the loss of their loved one. We believe that a perishable body is being buried but it will be resurrected as a glorious body. We bury him here believing that the weak are buried but they will come back to life in a strong spiritual body. We are confident that your Word will be fulfilled in the twinkling of an eye, when the Lord comes again.

Now give us all faith in the resurrection.

Lord, our Immanuel, be with his family and lead them to joyfully enter eternal heaven, God's tent. Also help them to believe in heaven even though they haven't yet experienced it.

In the name of Jesus, who promised to come again. Amen.

장례예식 기도문(하관예배)

전능하신 하나님!

우리들에게 귀한 믿음을 주시고 저희로 하여금 당신의 변치 않는 사랑으로 인해 현재의 삶 속에서 두려움 없이 살게 하신 은총을 감사합니다.

인생은 세상에서 자기의 수한대로 살다가 세상을 떠나야 하는 나그네인 것을 압니다. 나그네와 같은 인생 여정이 잠시 잠깐은 즐거웠으나 수고와 근심과 질병으로 밤잠을 설치며 고통스러워 눈물로 세월 가기를 기다렸던 이들이 헤아릴 수 없이 많이 있사오나, 이곳에 안장 될 고인은 예수 그리스도를 주인으로 모시고 본향을 사모하며 소망 중에 살게 하셨사오니 슬픔 중에도 감사를 드립니다.

고인의 시신은 땅속으로 들어가지만 영혼은 하나님의 품에 거하게 됨을 믿습니다. 또한 믿는 자들에게 생명의 부활이 주어지고 믿지 않는 자들은 심판의 부활을 하게 된다는 것을 압니다. 이 시간 함께 모여 이 하관예식을 지켜 보는 유족들과 모든 조문객들에게 믿음을 새롭게 다질 수 있는 은혜를 주시고, 아직 예수 그리스도를 영접지 않은 분들에게는 영안이 열려져 하나님나라의 비밀을 보게 해주옵소서.

장례의 마지막 절차를 거행하는 이 시간 더욱 안타까워 견디기 힘든 유족들이 있습니다. 사랑하는 가족이었지만 고인이 가는 길을 함께 갈 수 없기에 무력한 인생임을 깨닫습니다. 이 산에 사랑하는 가족을 외로이 홀로 놓고 허전한 마음으로 내려 가야하는 야속함을 주께서 아시오니 이길 수 있는 힘을 주시옵소서.

예수님의 이름으로 기도드립니다. 아멘

Funeral Ceremonies (Depositing Coffin in the Grave)

All Powerful God!
We thank you for your grace that you gave us precious faith and enable us to live without fear in your love.

We are only sojourners in this world that we will need to leave the world after the days allotted to us have been spent. Yet, there are uncountable people who have worry, disease and sleepless nights of pain after tasting a short time of pleasure. Yet we thank you for ○○○ who accepted Jesus Christ as his Lord and lived in the hope of returning to heaven.

His body is returning to earth but we believe that his soul will stay in your bosom. Also believers will be resurrected and non-believers will face judgment. Let everyone's faith be renewed today and open non-believer's spiritual eyes so that they can see the secret of God's kingdom.

Now his family members are deeply distressed. We realize we are powerless because we can't be with the deceased one. Give the family strength to overcome their sadness and emptiness as they go down from this hill, leaving the loved one behind.

In Jesus' name. Amen.

장례예식 기도문 (하관예배)

사랑이 많으신 하나님 아버지, 지금까지 장례의 일정을 도우시고 함께 해주신 은혜를 감사드립니다.

하나님의 사람으로 이땅에 사시던 고인이 갑작스런 부르심을 받아 그 영혼이 주님의 곁으로 가셨습니다. 이제 그 육신이 흙으로부터 와서 흙으로 돌아갑니다. 차가운 땅에 묻힌 고인을 보고 애통해 하지 않고, 오히려 고통도 사망도 눈물도 없는 안전한 하나님나라에서 살게 되실 고인을 생각하며 위로받게 하옵소서.

외아들을 주시기까지 우리를 사랑하시는 하나님!

독생자이신 예수 그리스도는 부활의 첫열매이십니다. 그분께서 문둥이의 썩은 살을 만지시니 그곳에 새살이 나고, 절름발이의 부러진 뼈를 주무르신즉 그 몸이 성하여 건강한 인생이 된 것같이 각색 병든 자를 살리시는 주님은 부활의 힘이신 것을 믿습니다. 주님께서 주신 부활의 소망을 잃지 않게 하시고 모든 생명이 하나님께 있음을 알게 하옵소서. 우리의 생명을 주님께 의탁하고, 하나님의 섭리와 경륜에 순복하면서 살아가게 하옵소서.

하나님, 혈육의 정을 끊을 수 없어 마음 아파하는 유족들을 따뜻하신 손으로 보듬어 주시고 앞으로의 삶도 주장해 주셔서 어려운 일 만나지 않게 해주옵소서. 복음을 가진 자로서의 삶을 살게 하시고, 담대하게 복음을 전하는 복된 삶을 살 수 있도록 인도해 주옵소서. 말씀을 들을 때에 위로가 있게 하시고 새힘을 얻게 하옵소서. 슬픔과 이별의 자리가 변하여 환송의 자리가 되게 하옵소서.

죽음의 권세 물리치시고 다시 사신 예수님의 이름으로 기도드리옵나이다. 아멘

Funeral Ceremonies (Depositing Coffin in the Grave)

Father God who abounds in love, thank you for your grace that you have been with us through all the proceedings of this funeral.

Your man ○○○'s soul is back to you as suddenly as you called. Now his body which came from the earth is returning to the earth. Comfort us with the thought that ○○○ will live in heaven where there is no pain, or death or tears.

God, you love us to the point of giving us your own Son!

Jesus is the first fruit of the resurrection. When Jesus touched the leper, he had new flesh. When Jesus touched the lame, he became whole. You are the Lord, the strength of the resurrection, who heals those who suffer.

May we know the hope of the resurrection and remember that all lives are in God. May we entrust our lives to the Lord and obey his ways. God, comfort the distressed family who finds the separation difficult to bear. Keep their future safe. Help them live lives as courageous witnesses. Comfort them when they hear your Word and give them new strength. May this time be a time of hearty farewell, not of sad good-bye.

In the name of Jesus, who rebuked the authority of death. Amen.

장례예식 기도문(첫성묘)

사랑과 은혜가 충만하신 아버지 하나님!

고 ○○○님이 하나님의 부르심을 받고 시신이 잠들어 있는 묘소 앞에 모여 이 시간 추모예배를 드리오니 찬양과 영광을 받으시옵소서.

사랑하는 고인이 우리 곁을 떠났을 때, 그 황망함과 슬픔으로 눈앞이 깜깜했지만, 하나님나라에 가신 고 ○○○님을 믿음의 눈으로 바라보며 위로받게 하신 것을 감사합니다.

또한 "세상 끝날까지 너희와 함께하신다"고 말씀하신 주님이 저희들 곁에서 힘을 주시고 소망을 주셔서 슬픔을 극복하게 하시니 감사합니다. 장례식 기간 동안 좋은 날씨를 주시고, 많은 성도와 친지들이 합력해서 장례식을 은혜롭고 정중하게 마칠 수 있도록 도와주심도 감사드립니다.

자비로우신 하나님, 이제 구하옵나니 모든 유가족들을 능력의 장중에 붙드셔서 험난한 세상을 믿음 안에서 승리하며 살게 해주옵소서. 고인의 없는 자리를 주님이 친히 채워 주시고, 그가 섬기던 교회의 빈자리도 유가족들이 계승해서 메꾸어갈 수 있도록 은혜를 베풀어 주옵소서. 여러 자녀손들이 더욱 화목하게 하시고, 홀로 계신 어머니(아버지)를 효성으로 섬기도록 도와주옵소서.

고인이 하시던 사업도 잘 이어받아 가문을 빛내는 후손들이 되게 하옵소서. 주님 다시 오실 때 기쁨으로 만날 수 있도록 신앙을 새롭게 하여 믿음 안에 거하게 하시고, 고인의 유훈을 다시 한 번 되새기는 은혜의 성묘예배가 되게 해주옵소서.

부활의 첫열매가 되시는 예수님의 이름으로 기도합니다. 아멘

Funeral Ceremonies (First Visit to the Grave)

Father God, you abound in love and grace.

We worship you in front of ○○○'s grave where his body is sleeping. Receive our praise and be glorified.

When ○○○ left us, we felt so helpless in sadness, but we thank you that we received your comfort in understanding that ○○○ has gone to heaven.

We also thank you that our Lord promised, "I will be with you always to the very end of the age." This gives us strength and hope to overcome the sadness. We thank you for giving us good weather. Thank you for helping us to be united, both relatives and saints, to complete the whole process gracefully and respectfully.

Merciful God, we now pray that you will hold the family in your hands to live victoriously in this harsh world. Fill their emptiness caused by the loss of their loved one. May the family fill his place in the church by your grace. May the family be even more harmonious and be devoted to their widowed mother. We pray that his descendants will be even more prosperous in running the business they inherited. Renew our faith so that we may continue to walk in faith until we joyfully meet him again. We remind ourselves of his last sayings.

In the name of Jesus, who became the first fruit of the resurrection. Amen.

장례예식 기도문(추모예배)

　우리의 힘이신 전능하신 하나님, 사랑하는 가족을 잃은 슬픔을 이제 거두시고 다시 평안한 마음을 주시니 감사드립니다. 우리 곁을 먼저 떠난 고 ○○○님을 추모하며 예배를 드리오니 영광 받으시고 크신 은혜 허락해 주옵소서.
　고인을 잃은 슬픔을 이기기 어려웠으나 하나님을 아버지로, 예수님을 남편으로, 친구로 모시고 위로하시는 성령님과 더불어 살 수 있게 하심을 감사드립니다. 또한 참 좋은 가족을 주셔서 예수 믿게 하시고 화목하게 하셨으니 더욱 감사합니다.
　고인이 이 세상에 계실 때보다 가족들을 더 화목하게 하시고 자녀들에게도 은혜를 베푸셔서 올곧게 성장할 수 있도록 지켜 주옵시고, 의인의 자손이 걸식하는 것을 보지 못하였다고 했사오니 고인의 후손들도 늘 물질이 풍성하여 나누어 주는 삶을 살 수 있게 해주옵소서.
　먼저 가신 고인을 다시 만날 때까지 주신 믿음 잃지 않게 하시고, 복음의 일꾼으로서의 사명을 충실히 감당하게 하옵소서. 내게 능력 주시는 자 안에서 승리의 삶을 살 수 있도록 도와주옵소서.
　하나님께서 우리를 향해 하시는 소리를 듣게 하옵소서. 게으르지 않고 부지런하여 종의 도를 다하게 하시고, 기도하기를 쉬지 않게 하시므로 영성 있는 삶을 살게 하옵소서. 고넬료의 가정과 같이 경건한 가정, 예수만 섬기는 가정이 되게 하옵소서.
　섬기는 교회에서 맡겨진 일들도 기쁨으로 감당하게 하시며, 풍성한 열매를 맺도록 함께해 주옵소서. 말씀을 주야로 묵상하며 사모하게 하시고, 듣고 배우며, 그 말씀 지키는 행함의 믿음을 허락해 주옵소서. 예수님의 이름으로 기도드립니다. 아멘

Funeral Ceremonies (Memorial Service)

Almighty God, you are our strength. Thank you for giving the family peace after experiencing so much sadness. We worship you, remembering ○○○ who has gone before us. Be glorified and give us your wonderful grace.

Losing ○○○ was unbearably sad. Nevertheless, we thank you that God is our Father, Jesus is our Husband and Holy Spirit is our Friend and Comforter.

All the more we thank you that you gave him a believing, loving family. May the family be even more harmonious and help his children to grow up rightly. Because the Word says that the descendants of the righteous are not seen to beg. May his descendants live an abundant life to give freely.

Let us walk by faith until we meet him again, and be faithful in fulfilling our calling as workers for your gospel. Help us to live victoriously through him who gives us strength. Help us listen to what you tell us. May we be diligent servants who continually pray in the spirit.

May his family serve Jesus only and joyfully serve in their church, bearing many fruits. Give them faith to meditate day and night, to learn and practice the Word.

In Jesus' name. Amen.

| 경건회 기도문 | Prayer Meetings
| 청소년 예배 | Youth Services
| 기도시 | Prayer Poems

〈제직회〉

일꾼을 찾으시는 하나님, 먼저 저희들에게 귀중한 직분을 허락해 주신 것을 감사드립니다.

초대교회가 제직을 선발할 때 믿음과 성령의 충만함을 기준으로 삼았는데 저희들이 그 기준에 합당한 자들이 될 수 있기를 위해 부단히 노력하는 삶을 살게 하옵소서. 초대교회의 제직들과 같이 저희들도 칭찬받고 인정받는 일꾼들이 되기를 소원합니다.

이 시간 성령님이 이 회의의 의장이 되어 주셔서 주님을 기쁘시게 해드리는 일들이 많이 의논되게 하시고, 모든 것을 성령님과 함께 결정하는 은혜의 시간이 되게 하시옵소서. 이 제직회가 교회의 부흥과 성장의 출발점이 되게 해주시기를 원하옵고 예수님의 이름으로 기도합니다. 아멘

〈공동의회〉

예수 그리스도를 교회의 머리가 되게 하신 하나님, 새 일꾼들을 선출하고자 공동의회를 열었사오니 이 일을 간섭해 주셔서 주님의 뜻에 따라 합당한 사람이 세워지게 하옵소서.

교회를 위해 기도합니다. 이 민족 앞에 바른 방향을 제시해야 할 책임의식을 가지고 우리의 교회가 이 시대의 등불이 되게 하시며, 바른 방향으로 나아가게 하여 주옵소서. 이 공동의회가 이와 같은 교회가 되는 데 큰 역할을 감당하게 하옵소서.

공동의회를 통해 주님께서 피 흘려 세우신 이 교회를 위하여 더욱 기도하며, 봉사하며, 섬기기를 다짐하는 시간이 되게 하옵소서. 예수님의 이름으로 기도합니다. 아멘

⟨Elders and Deacons' Meeting⟩

God who seeks for workers, we thank you for giving us precious posts.

We want to ceaselessly endeavor to match the standard the first churches set for elders and deacons – full of faith and the Holy Spirit. We desire to be praised workers like them.

Holy Spirit, help us to discuss many agenda which are pleasing to God and make decisions with you. Let this meeting be the start of revival for this church.

In Jesus' name. Amen.

⟨General Assembly⟩

God, you made Jesus the Head of the Church, intervene in this meeting so that the right people will be newly elected.

We pray for the Church. May it be responsible for showing this nation the right direction and being a light in this age. May we play an important part in this.

We determine to pray and serve the Church better which Jesus built by shedding his Blood.

In Jesus' name. Amen.

〈구역장·권찰회〉

　사랑이신 하나님, 저희들에게 사랑의 눈을 주셔서 저희들에게 맡겨 주신 양 떼들을 사랑으로 보살피게 하옵소서. 그러므로 병든 양, 시험에 드는 양, 우리를 벗어나는 양이 없게 하여 주옵소서. 구역에 있는 성도들의 처지와 형편을 잘 알 수 있는 눈을 주시고 그들을 위해 기도하기를 쉬지 않고, 위로하며, 낙심한 자들을 돌아오게 하는 일에 저희들을 사용하옵소서.
　영혼을 돌보는 귀한 직분을 맡은 저희들이 봉사와 경건한 삶의 모범을 보일 수 있도록 동행해 주셔서 하나님께는 영광을, 교회에는 유익을 돌리게 하옵소서.
　예수님의 이름으로 기도드립니다. 아멘

〈교사회〉

　하나님, 천하보다 귀한 영혼들을 저희들에게 맡기셨사오니 무릎으로 살게 하옵소서.
　이 세상의 좋지 못한 일들과 잘못된 가치관, 오용되고 있는 인터넷으로부터 아동부 어린이들을 지켜 주옵소서. 세상의 유혹에 흔들리기 쉬운 중·고등부 학생들을 주님의 능하신 오른 팔로 강하게 붙들어 주시고, 기독교 신앙의 가치관을 갖게 하여 주옵소서. 청년들이 창조주를 기억하게 하시고, 귀한 젊음을 주님께 드리며, 진리의 싸움을 힘써 싸우게 해주시옵소서.
　저희들이 최선을 다하는 교사, 학생들의 일생에 좋은 영향을 미치는 교사, 평생 기억되는 교사가 될 수 있기 위해 배우고 기도하며 준비하게 하옵소서. 예수님의 이름으로 기도합니다. 아멘

⟨Home Group Leaders and Interns' Meeting⟩

God of Love, give us loving eyes to look after the flock so they would not be diseased, tempted or lost. Give us eyes which can understand the saints' circumstances and use us for praying, comforting and bringing the backslidden back to the fold.

Be with us so that we may glorify you and benefit the church by being examples of serving, holy lives.

In Jesus' name. Amen.

⟨Teachers' Meeting⟩

God, may we lead a praying life for you have entrusted to us little ones, each one of whom is more precious than the whole world.

Please protect them from wrong values of the world and misuse of the internet. Hold middle and high school students with your mighty arms and teach them Christian values.

May young people remember you and give their lives to you for the good fight. We want to be teachers who do the best and give good influence to students and be well remembered for our life's work. We will continue to learn and pray.

In Jesus' name. Amen.

경건회 기도문

〈여전도회〉

여전도회를 사랑하시는 하나님, 저희들이 하나님께 크게 쓰임 받는 하나님의 도구가 되게 해주심을 감사드립니다.

저희에게 사랑의 눈을 열어 주셔서 사랑을 필요로 하는 많은 사람들을 발견하게 하여 주시기를 소망합니다. 또한 사랑의 귀를 열어 주시사 상한 영들의 탄식 소리를 들을 수 있게 하옵시고, 그들의 소리에 응답의 삶을 살게 하옵소서.

하나님, 저희들은 세상의 한 가운데 있습니다. 향기 나는 우리들의 생활로 주의 복음을 전하는 선교의 삶을 살게 하옵소서. 여전도회의 여러 가지 봉사를 통해 우리의 교회가 더욱 든든히 세워지게 하옵소서. 예수님의 이름으로 기도합니다. 아멘

〈남전도회〉

저희를 불러 주신 하나님, 저희들이 수동적이며 뒤따르는 자세를 갖지 않게 하시고, 주님이 주신 건강과 시간과 재능을 가지고 봉사와 전도에 앞장서게 하여 주옵소서. 신앙의 선배들에게 부끄럽지 않은 저희들이 되게 하시고 또한 저희들도 후배들에게 자랑스러운 선배들로 기억되게 하여 주시옵소서.

남전도회 회원들을 기억해 주옵소서. 서로가 사랑의 교제를 통해 이 세상에서 받은 상처를 치유받게 하시며, 전도에 힘쓰게 하여 주옵소서. 시간 없다, 능력 없다 핑계하지 않고 기도의 능력으로 감당하게 하옵소서. 예수님의 이름으로 기도드립니다. 아멘

⟨Women's Meeting⟩

God who loves us, we thank you for making us tools useful in your hands.

Open our eyes to find many who need love. Open our ears to the mourning of broken souls. May we respond to them.

God, we are in the middle of the world. May we live an evangelistic lifestyle, spreading the fragrance of Jesus. Build up this church and strengthen it through our various services.

In Jesus' name. Amen.

⟨Men's Meeting⟩

God who called us, may we not be passive but lead in service and evangelism using the health, talent and time you gave us. May we not be ashamed before senior members but want to be proudly remembered by junior ones. Please remember us.

Let us heal each other's wounds from the world by sharing love. Help us not make excuses of lack of time or ability in evangelism but carry it out by the power of prayer.

In Jesus' name. Amen.

경건회 기도문

〈찬양대〉

　찬양받으시기를 기뻐하시며 찬양받으시기에 합당하신 하나님, 저희들을 찬양대원으로 택해 주심을 감사드립니다.
　저희들이 드리는 찬양이 신앙고백적인 찬양이기를 소원합니다. 가슴 깊은 곳에서 나오는 찬양, 하나님의 이름을 높이는 찬양이 되게 해주시옵소서. 경건한 생활에 힘쓰고 그 경건한 생활이 찬양으로 표현되게 하여 주시옵소서.
　저희들이 부르는 찬양을 통해서 지치고 상한 성도들의 영혼이 위로와 새힘을 얻게 하시고, 그들의 마음속에 있는 근심과 갈등과 염려를 잠재우게 하시며, 마음에 평화를 얻게 하시옵소서. 예수님의 이름으로 기도드립니다. 아멘

〈청년회〉

　우리의 소망이신 하나님, 곤고한 날이 이르기 전에 창조자를 기억하라고 하신 말씀을 기억합니다. 저희들이 다음 세대의 주인으로 부족함이 없도록 여호수아와 갈렙에게 주셨던 믿음을 주옵소서. 요셉에게 주셨던 경건을 주옵소서.
　한국 교회가 젊은이들에게 꿈과 비전을 제시하므로 오늘날과 같은 청년부재의 현상이 극복되고 오히려 청년들이 넘쳐나는 은총을 허락하옵소서.
　저희들이 새벽이슬 같은 청년들이 되기를 원하옵나이다. 저희를 통해 교회에 신선함과 새로움이 넘치게 하여 주옵소서. 예수님의 이름으로 기도드립니다. 아멘

⟨Choir⟩

God, you are pleased to receive our worship and are worthy to receive our worship. We thank you that you have chosen us to be choir members.

We confess our faith in praise.

We want to exalt your name from the bottom of our hearts. May we live holy lives and express it in our praise.

Use our songs to comfort and strengthen the weary, calming the fear and conflict in their hearts. Give them your peace.

In Jesus' name. Amen.

⟨Youth Meeting⟩

Lord, our hope, we consider your Word, "Remember your creator in the days of your youth, before the days of trouble come."

Give us the faith of Joshua and Caleb, sufficient to be leaders for the next generation. Make us holy like Joseph was. May the church manifest the vision so that young people may fill the churches, since many are leaving the church.

Make us like dew drops at dawn. May we inject freshness and newness into this church.

In Jesus' name. Amen.

〈학생수련회〉

좋은 환경 가운데에서 수련회를 갖게 하신 하나님, 이번 수련회를 통해 창조주 하나님의 음성을 듣게 하여 주시고, 공동생활을 하는 가운데 교제가 깊어지게 하여 주옵소서. 또한 나무와 풀들이 이슬과 비와 땅의 영양분과 햇볕 가운데에서 자라는 것과 같이 말씀과 기도의 훈련으로 학생들이 성장하게 하옵소서.

사람들의 욕심과 부주의로 환경이 파괴되고 오염 되었습니다. 환경보존을 위해 힘쓰는 학생들이 되겠는 다짐으로 주변을 깨끗이 정리하고 돌아가는 실천이 있게 하옵소서.

이 수련회가 평생에 잊지 못할 감동의 시간이 되게 하여 주시기를 원하오며 예수님의 이름으로 기도합니다. 아멘

〈야외예배〉

창조주이신 하나님, 하나님께서 지으신 자연 가운데서 즐거운 시간을 갖게 해주심을 감사드립니다.

야외에 나와 하나님의 오묘하신 솜씨를 바라보며 예배하는 중에 오랫동안 소홀하였던 성도의 교제가 두터워지게 하여 주시기를 원합니다. 건강 문제와 여러 가지 사정으로 이 예배에 참석하지 못한 성도들에게도 같은 은혜를 베풀어 주옵소서.

하나님께서 지으시고 저희에게 맡기신 천지 만물이 저희들의 부주의로 아름다운 모습을 잃게 되었습니다. 다시금 피조 세계에 대한 선한 관리자로서의 사명을 깨닫는 시간이 되게 해주옵소서. 예수님의 이름으로 기도드립니다. 아멘

\<Student's Conference\>

God, you allowed such an excellent environment for this conference. May we hear your voice and have deep fellowship of living in a community. Also, may these students grow by training them in the Word and prayer, just like trees and grass grow, receiving sunlight and nutrition and rain.

Much of our environment is destroyed and polluted. May we not forget to keep this world clean and orderly.

Give us an unforgettable experience of you.

In Jesus' name. Amen.

\<Outdoor Worship\>

God our Creator, thank you for allowing us such a happy time in the nature you created.

We want to worship you, looking at your creation and having deeper fellowship with each other. Give the same grace to those who could not be with us today, e.g. those with health problems.

Much of your creation has lost its beauty because of mankind's carelessness. Once again, we renew our calling to be good stewards of creation.

In Jesus' name. Amen.

〈철야기도회〉

우리의 기도를 들으시는 하나님, 저희 영혼이 늘 깨어서 하나님을 바라보게 하시고, 파수꾼의 심정으로 이 밤에 기도하게 하여 주옵소서. 이 시대의 파수꾼, 나라의 파수꾼, 양심의 파수꾼, 무엇보다도 믿음의 파수꾼이 되어 기도하게 하여 주옵소서.

철야기도회의 활성화를 위해 기도드립니다. 때때로 밤이 맞도록 기도하심으로 철야기도의 모범을 보이신 주님을 닮아 한국 교회가 철야기도의 열기가 식지 않게 하여 주옵소서.

야곱이 얍복 나루에서 기도할 때에 변하여 새사람이 되고, 새로운 이름을 갖게 되었으며 에서와의 문제가 잘 해결된 것을 기억합니다. 이 밤에 우리가 새로워지게 하시고, 모든 문제가 잘 해결되게 하여 주옵소서.

예수님의 이름으로 기도합니다. 아멘

〈기업체예배〉

우리에게 좋은 직장을 주신 하나님, 저희 회사가 예배드리는 회사인 것을 감사드립니다. 직장 신우회 운동이 더욱 활발해져서 모든 사원들이 예수 그리스도를 영접하고 구원의 복을 누리게 하옵소서.

저희 회사의 모든 부서들이 튼실해져서 많은 수익을 올리게 하시고 하나님나라와 사회를 위해서 선하게 사용할 수 있도록 도와주옵소서. 믿음을 소유한 모든 직원들이 회사를 아끼고 사랑하여 정성스러운 마음으로 일하게 하여 주시고, 회사에 필요한 사람이 되게 하시옵소서. 예수님의 이름으로 기도합니다. 아멘

‹Overnight Prayer Meeting›

God, who hears our prayer, we pray tonight with the hearts of watchmen. May we always be spiritually alert. May we pray as watchmen of this age and this country. Let us be watchmen with pure hearts and strong faith.

We pray for activating overnight prayer meeting. May Korean churches be zealous in praying overnight, following Jesus' example who often kept vigil in prayer.

We remember how Jacob became a new man and received a new name. Esau's grievance against him was healed when he prayed at the ford of Jabbok. Renew us and solve our problems.

In Jesus' name. Amen.

‹A Company Worship›

God, who gave us good jobs, we thank you that we can worship you at work. May Christians be more active so that every worker may accept Christ and enjoy the blessings of being saved.

Help this to be a strong company earning much so that the profit may be used for God's kingdom and this society. May all Christian workers value and love this local church and become much needed, sincere workers.

In Jesus' name. Amen.

경건회 기도문

〈시무식〉

알파와 오메가가 되시는 하나님, 새해를 맞아 예배드리며 업무를 시작할 수 있게 해주심을 감사드립니다. 하나하나의 일에 최선을 다하고 정성을 다해 종무예배를 드릴 때 부끄럽게 되지 않기를 원합니다.

부족한 저희들을 하나님의 전능하신 손으로 붙드셔서 작년의 잘못된 일을 반복하지 않게 하시고, 개선하고 변화되고 전진하게 하옵소서. 무사안일주의와 권태에 빠지지 않고 늘 새롭게 도전하게 하여 주옵소서.

함께 일하는 우리의 일터가 기쁘게 일하는 공동체가 되게 하시고, 연약한 저희들을 안전하게 지켜 주시옵소서. 예수님의 이름으로 기도하옵나이다. 아멘

〈종무식〉

임마누엘이신 하나님, 올해의 수확을 겸손한 마음으로 주님 앞에 들고 나아왔사오니 받아 주옵소서.

이 시간 하나님 앞에 서 있는 저희들, 믿음이 약하여 계획한 것을 제대로 이루지 못하였습니다. 저희가 한 일이 잎만 무성하고 열매가 없어서 주님의 저주를 받아 말라버린 무화과나무와 같은 것은 아닌지 살펴보게 하여 주옵소서.

이 시간에 올 한 해 동안 일하면서 서로간에 있었던 여러 가지의 갈등들과 허물과 실수들이 깨끗이 씻어지게 하시고, 화해가 이루어지게 하옵소서. 서로 용서하지 못하여, 앙금을 갖고 새해를 맞지 않도록 인도하옵소서. 예수님의 이름으로 기도합니다. 아멘

Prayer Meetings

⟨Opening of the Year⟩

God, the Alpha and the Omega, we thank you that we can open this year's work with worship. May we do our best in every detail so that we won't be ashamed in the worship at the end of the year.

We feel inadequate. Please hold us with your mighty hands so that we don't repeat the mistakes we made last Year. Instead may we advance, becoming better and better. May we be challenged for new changes, not becoming lazy or fatigued.

May this work place be a joyful community. Keep us safe.

In Jesus' name. Amen.

⟨Closing of the Year⟩

God, our Immanuel, we humbly bring you the fruit of this year's labor. Please accept it.

We have not fulfilled our goals because of our lack of faith. We want to review our lives in case we might be like the fig tree cursed for not bearing fruits for Jesus. May we reconcile with each other if there have been any conflicts or shortcomings. Let us forgive and so welcome the new year.

In Jesus' name. Amen.

경건회 기도문

〈여전도회 연합회〉

　형제의 연합을 선하고 아름답다고 하신 하나님, 여전도회 연합회로 모이게 하심을 감사드립니다. 저희 연합회가 봉사의 기쁨을 알고 이름 없이 빛도 없이 봉사하는 가운데 더욱 튼튼하게 성장하게 하여 주옵소서.
　오늘날 세계 여러 곳에서 그리스도를 모르고 죽어가는 영혼들이 많이 있습니다. 자주 장사 루디아의 집이 마게도냐 선교의 출발점이 된 것처럼 이 여전도회 연합회가 민족복음화와 세계복음화의 출발점이 되게 하여 주시옵소서. 나누기에 힘쓰는 연합회가 되기를 원합니다. 주님의 사랑을 필요로 하는 곳에 도움의 손길을 나누게 하시고, 저희를 통해 더 많은 열매를 거두게 하옵소서. 예수님의 이름으로 기도드립니다. 아멘

〈남전도회 연합회〉

　하나님, 남전도회 연합회로 모이게 하심을 감사드립니다.
　교파와 교파가, 교회와 교회가, 교회 안의 각 기관들이 서로 연합하여 주님의 일을 이루어가게 하여 주옵소서. 또한 보수와 진보가 연합하게 하여 주시고 세대 간의 연합도 이루어지게 하여 주옵소서. 한 사람이 하지 못하는 일을 여러 사람이 모이면 잘 할 수 있는 것처럼 연합하여 더 많은 일을 하게 하여 주옵소서.
　저희 남전도회 연합회가 연합운동의 모범을 보이게 하여 주시고, 저희들이 출석하고 있는 교회에서도 충성을 다하게 하여 주옵소서. 연합활동의 지도자들에게 능력을 더하여 주옵소서. 예수님의 이름으로 기도합니다. 아멘

Prayer Meetings

⟨Joint Women's Meeting⟩

God, you said that unity among brothers is beautiful. We thank you for this meeting. May we grow strong more and more as we know the joy of serving without name or fame.

In many parts of the world, souls are dying without knowing you. May we be the starting point of evangelism of this nation and the world, just as Lydia's house was the starting point in Macedonia. We want to share as much as possible, wherever your love is needed. Use us to harvest more fruits.

In Jesus' name. Amen.

⟨Joint Men's Meeting⟩

God, thank you for this meeting.

May denominations, churches and church departments be united to do your will. All the more, may there be unity between conservatives and radicals as well as between different generations. May we serve you better being united.

May we be an example of the unity movement. May we also faithfully serve in local churches. Empower the leaders of this movement.

In Jesus' name. Amen.

청소년예배 기도문

▨ 학생회 부서 활동을 위하여

[감사·찬양] 고마우신 하나님, 저희 중·고등부를 사랑하셔서 부서가 조직되게 하심을 감사드립니다. 회원들의 신앙생활과 성숙을 위하여 부서마다 활동을 마련하여 운영하게 하시고, 이 부서 활동으로 저희 공동체가 건강한 자치회로 자라나게 하시는 하나님께 찬양을 드립니다.

[수고하는 이들을 위해] 사랑의 하나님, 부서를 맡고 있는 부장님과 부원들의 협력으로 회원들에게 유익을 주는 활동들을 펼치게 하여 주시고 그 활동으로 말미암아 하나님께 영광을 돌리는 저희들이 되게 하옵소서. 또한 참여하는 회원들에게도 하나님의 말씀으로 마른 심령이 적셔지는 은혜를 허락하시옵소서. 그리하여 주님의 놀라우신 은혜를 찬양하게 되기를 원하옵나이다. 모든 회원들이 저마다 중·고등부를 지키는 기둥이 되게 하옵소서.

[영혼 구원] 땅 끝까지 복음이 전파되기를 원하시는 하나님, 저희들에게 베푸신 구원의 은총을 감사드립니다. 이제 저희들이 구원받은 기쁨을 갖고 아직도 어두움 가운데 있는 구원받지 못한 수많은 영혼들을 주님께로 인도하는 역할을 감당하게 하여 주시옵소서.

[결실] 좋으신 하나님, 저희들은 언제나 주님의 동산에 있는 포도나무의 가지일 뿐입니다. 포도나무에 붙어 있는 가지가 되어서 풍성한 포도알을 많이 맺어 주님께 영광을 돌리게 하옵소서.

예수님의 이름으로 기도드립니다. 아멘

▨ For Activities

[**Thanksgiving · Praise**]　　Lord, we thank you for loving us. So we can set up our own department. We praise you that we can grow healthy through all these activities and form a sound community.

[**For Workers**]　　God of Love, may we have beneficial activities which will glorify you under the care of those who support us. Rain down your grace on our dry hearts. We want to give you praise for your grace is so marvelous. May each of us become strong pillars of this group.

[**Salvation of Souls**]　　God, you want to spread the gospel to the ends of the earth. Thank you for the grace you bestowed on us. Use us to joyfully lead unsaved souls to you, souls who are still in darkness.

[**Bearing Fruits**]　　Good God, we are only branches of your Vine. May we remain in you and bear many fruits to give you glory.
In Jesus' name. Amen.

교회에서 봉사하기 위하여

[간구] 사랑의 하나님, 저희들에게 그리스도인으로서의 삶에 대한 비전을 주시니 감사드립니다. 임역원들이 하나님 앞에서 남을 섬기는 삶을 살기 위하여 봉사하려 하오니 해야 할 일들을 가르쳐 주시고 잘 감당할 수 있도록 인도해 주옵소서.

[봉사하는 삶을 위해] 고마우신 하나님, 성경의 진리를 배우는 일의 완성이 생활 속에서 어우러지는 것임을 깨닫게 하심을 감사드립니다. 저희들이 지금 살고 있는 삶의 현장에서 봉사하며 세상에 오신 그리스도의 뒤를 따르는 삶을 살기를 원합니다. 도우시는 하나님께서 우리들이 세상에 있을 동안 세상의 필요를 채우고 세상을 돕는 삶을 살게 하셔서 그리스도께서 친히 실천하시고 본을 보이신 봉사의 삶을 통해 이웃에게 나아가게 하옵소서.

[교회] 또한 저희들의 봉사로 하나님의 교회가 힘을 얻게 되기를 원합니다. 봉사하는 기쁨을 맛보게 하시고 섬기는 손길들이 아름답게 빛나게 하옵소서.

[결단] 자비로우신 하나님, 저희들이 봉사할 일터를 찾을 때, 주님께서 인도해 주시기를 원합니다. 성령께서 좋은 곳으로 저희들의 마음과 생각을 이끄셔서 사람들 앞에 착한 행실을 나타내게 하시고 그로 인하여 하나님의 영광을 드러내는 중·고등부가 되게 해주시옵소서.

예수님의 이름으로 기도드립니다. 아멘

▨ For Serving the Church

[**Petition**]   God of Love, thank you for giving us a Christian vision. We want to serve others, so teach us what to do and how to do it well.

[**For a Life of Service**]   Gracious God, thank you for letting us know that the truth of the Bible should be lived out in our lives. We want to imitate the life of Jesus, serving others where we are now. May we approach our neighbors as Christ did, meeting the needs of the needy.

[**Church**]   May your Church become strong as we serve. May our service be joyful and may our helping hands shine beautifully.

[**Determination**]   Merciful God, lead us to find the right place to serve. Holy Spirit, guide our minds and thoughts. May we be known for our good deeds and so give you glory.
In Jesus' name. Amen.

청소년예배 기도문

▨ 제자로 헌신된 삶을 위하여

[감사] 사랑의 하나님, 친구의 전도로 예수님을 알고 구원에 이르게 하심을 감사드립니다. 하나님께서 아버지가 되어 주셔서 그리스도인으로 자라나기를 기뻐하게 하심을 감사드립니다.

[변화될 삶을 위해] 하나님, 예수님을 믿는다고 입으로만 말하는 것이 아니라 생활 속에서 그리스도인으로 변화되기를 원합니다. 진심으로 예수님의 다스리심을 즐거워하고 언제나 구원의 은혜를 경험하기를 원합니다.

예배를 원하시는 하나님, 예배를 통해 저희 영혼이 살아나며 하나님의 은혜를 뜨겁게 체험하게 하옵소서. 이제 하나님의 자녀가 되었으니 마땅히 그리스도인의 성숙한 지식을 갖춤에 대해서도 소망을 품게 하옵소서.

[간구] 자비로우신 하나님, 하나님께서 주신 날을 하나님의 자녀로 살아 산제사를 드리는 하루가 되게 하옵소서. 주님의 자녀답게 생각하고 모든 일들을 받아들이기 원합니다. 그래서 자신의 영적인 성장을 증진시키는 습관을 기르게 하시며, 하나님의 자녀 된 행동의 기준을 모든 생활의 영역에 적용시키도록 이끌어 주시옵소서.

행함이 없는 믿음은 죽은 믿음이라는 것을 말씀을 통해 알게 해주셨사오니 그리스도의 제자 된 삶을 살 수 있도록 결단하게 하시고 주님과 동행하는 삶을 살게 해주시옵소서.

예수님의 이름으로 기도드립니다. 아멘

For Living as Disciples

[**Thanksgiving**]   Loving God, thank you for using my friend to tell me about you salvation and so lead me to you. Thank you for being my Father. I am delighted to grow up as your child.

[**Transformed Life**]   God, we want to be transformed into real followers of you, not merely speaking words of belief with our lips. We rejoice in Christ's rule and want to always experience your saving grace. God, you desire our worship, may our souls be revived through worship and deeply experience your grace. As your children, may we desire to be mature and know you rightly.

[**Petition**]   Merciful God, may we give ourselves to you as living sacrifices to live as your children in this age. May we consider everything we do in the light of being your children. Help us to nurture habits which enable our spiritual growth and help us to apply biblical standards to every aspect of our lives.

Lord, you taught us that faith without deeds is dead. Help us to determine to be your disciples and walk with you.

In Jesus' name. Amen.

308 청소년예배 기도문

▨ 기독학생으로서의 본분을 다하기 위하여

[감사] 자비로우신 하나님, 저희들에게 은혜를 베푸셔서 공부할 수 있도록 도와주심을 감사드립니다. 또한 저희들에게 배우기를 기뻐하는 마음을 품게 하시고 또한 학년이 바뀔 때마다 좋은 선생님들을 만나서 배울 수 있도록 이끌어 주심을 감사드립니다.

[은총] 복 주시는 하나님, 기독학생으로서 배우는 일에 성실할 수 있도록 도와주시기를 원합니다. 오늘도 공부할 때 하나님께서 지식을 얻게 하시며, 모든 학문과 재주에 명철하게 하신다는 사실을 깨달아 먼저 기도드리게 하옵소서.

하나님, 학교생활에서 예수 그리스도를 믿는 학생으로서의 본분을 다하기를 원합니다. 모든 친구들이 앞을 다투어 나가기를 원할 때, 선생님의 가르치심을 이해하지 못하여 어려워하는 친구들과 배움을 나누게 하옵소서.

그리하여 예수님의 사랑을 나타낼 수 있도록 도와주시옵소서. 이로써 주의 친구들이 하나님께 감사드릴 수 있는 기회가 만들어지게 하시옵소서.

[다짐] 사랑의 하나님, 선생님들의 가르치심이 저희들에게 배워야 할 가치가 있는 것이길 원합니다. 또한 저희들이 세상 학문을 배우면서 더불어, 하나님을 더욱 깊이 알 수 있는 은혜도 허락해 주옵소서.

예수님의 이름으로 기도드립니다. 아멘

▨ For Doing Duty as Christian Students

[**Thanksgiving**]   Merciful God, thank you for your grace to help us to study and for giving us good teachers every year.

[**Grace**]   God who blesses, help us to learn diligently as Christian students. When we study today, may we pray first to you, for you give us not only knowledge but skill as well.

God, we want to fulfill our calling as Christian students in our schools. Everyone is so competitive, yet we want to help those who can't keep up with their studies.

May we express the love of Christ so that our friends may give praise to you.

[**Determination**]   God of Love, we want to learn knowledge that is really worth learning. We want to learn about you. This is far profounder than the knowledge of the world.

In Jesus' name. Amen.

310
청소년예배 기도문

▨ **학교에 주님의 주권이 회복되기를 위하여**

[**영광**] 복의 근원이신 하나님, 저희 학교를 지금까지 지켜 주심을 감사드립니다. 훌륭하신 선생님들로부터 가르침을 받게 하시니 참으로 감사합니다.

사랑의 하나님, 이 학교가 성령의 도우심으로 날마다 날마다 발전하게 해주시고, 모든 학생들과 선생님들이 힘을 다하여 주님께 영광을 돌리게 하옵소서.

[**순종**] 이 학교를 사람에게만 맡기지 마시고 성령의 간섭하심과 다스리심이 있기를 원합니다. 하나님께서 배우는 교실마다에 풍성한 은혜를 베풀어 주셔서 저희들은 수업을 통하여 주님의 진리를 성실하게 나타내게 하옵소서. 저희들 모두 주님의 진리를 진실되게 받아들이며 하나님의 말씀 앞에서 순종하게 하옵소서.

[**도우심**] 선생님들께 이전보다 갑절의 지혜를 허락해 주시기를 원합니다. 선생님들의 가슴에 정열과 인내를 부어 주옵소서. 오직 진리의 정신과 겸손으로 가르치고 배우는 학교가 되도록 도와주시옵소서.

저희들은 선생님들의 가르침을 받고 훌륭한 사람이 되기를 원합니다. 학문을 배우고 인품을 배우며 세상을 살아가는 바른 길을 배우기를 원합니다. 먼저 저희를 가르치시는 선생님께 구원의 진리를 알게 하셔서 배움받는 저희들에게 좋은 영향을 미치게 해주옵소서. 저희들이 공부하는 가운데 우리 주 예수 그리스도의 은혜로 나날이 자라게 하옵소서.

예수님의 이름으로 기도드립니다. 아멘

To Recover God's Lordship in Schools

[**Glory**]　　God, you are the source of all blessings. Thank you for watching over our school to this day. And thank you for the good lessons our teachers give us.

God of Love, may this school develop day by day with Holy Spirit's help and may all the students and teachers give you glory.

[**Obedience**]　　Holy Spirit, do not leave this school in men's hands but rule over this school. May we sincerely learn your truth through the classes. May all of us sincerely accept the Lord's truth to obey your Word.

[**Help from the Lord**]　　Give the teachers a double portion of wisdom and give them patient and passionate hearts. May this school humbly teach only the truth.

We want to receive good lessons to become respected citizens. We want to learn the right way to live in this world, both in knowledge and character. Please show the teachers the truth of your salvation so that they may be good influences on the students. May we grow daily in the grace of our Lord Jesus Christ.

In Jesus' name. Amen.

청소년예배 기도문

▨ 성적이 떨어졌을 때

[**감사**] 자비로우신 하나님, 저를 사랑하셔서 학교생활에 함께 하시니 감사드립니다. 저보다 어려운 환경 속에서 공부하는 친구들도 많은데, 제게 공부하기에 부족함이 없게 하시니 참 감사합니다.

[**상한 마음을 위로**] 아버지 하나님, 제가 이번 학기에 좋은 성적을 얻기 위해 열심히 공부했던 것에 비해 결과가 너무나 좋지 않습니다. 마음속 깊은 곳에 실망감이 찾아와 나를 힘들게 하고 있습니다.

좋으신 하나님, 생각보다 떨어진 점수로 말미암아 지나치게 낙심하지 않도록 붙들어 주시기를 원합니다. "우리가 알거니와 하나님을 사랑하는 자 곧 그 뜻대로 부르심을 입은 자들에게는 모든 것이 합력하여 선을 이루느니라"고 말씀하셨사오니, 좌절하지 않게 하시고 선을 이루시는 하나님을 바라보게 하소옵서. 성적이 떨어질 수밖에 없었던 저의 문제를 살피는 지혜를 주옵소서.

[**간구**] 하나님 아버지, 좋은 성적을 위하여 다시 한 번 노력하도록 용기를 주시고 더욱 열심히 하겠다는 결단을 내리게 도와주옵소서. 이번 기회를 통해 똑같은 실수를 되풀이하지 않게 도와주옵소서. 그리고 늘 지혜로운 학생이 되도록 도와주옵소서.

이 일로 인하여 새로운 깨달음을 주옵소서. 성적이 떨어져 실망하고 힘들었지만 신앙을 잃어버리고 두려움 가운데 거하지 아니하도록 붙들어 주시고 영적으로 더 무장하고 성숙한 기독학생이 되게 해주옵소서. 예수님의 이름으로 기도드립니다. 아멘

Youth Services

▨ When Grades are Falling

[**Thanksgiving**]   Merciful God, thank you for being with me in my school life. Thank you for helping me sufficiently when others are struggling to study in difficult circumstances.

[**Comfort for The Broken Hearted**]   Father God, considering the effort I put into study, the result is really bad. I am deeply disappointed and troubled.

Prevent me from becoming too discouraged, as your Word says "We know that all things work together for good for those who love God, who are called according to his purpose." I will look up to my Lord who will make everything good. Give me wisdom to discern the real cause of my poor results.

[**Petition**]   Father God. Give me courage to try once again, I determine to study hard. Help me to be wise and give me fresh understanding.

I do not want to dwell in disappointment without faith. Instead, I want to be more mature and spiritually equipped. In Jesus' name. Amen.

청소년예배 기도문

▨ 불신 친구와 갈등이 있을 때

[간구] 사랑의 하나님, 제가 늘 가까이하며 사랑할 수 있는 친구를 주신 하나님께 감사드립니다. 그 친구가 아직도 주님을 섬기지 않으므로 제게 복음을 전하라고 사귀게 하신 줄 믿습니다. 제가 언제나 그에게 소금과 빛이 되어서 착한 행실을 보이게 하여 주옵소서. 그래서 그가 저로 말미암아 하나님 앞으로 나아오게 하여 주소서.

[회개] 하나님 아버지, 오늘 저희들은 아주 사소한 일로 다투었습니다. 제 마음도 아프지만 상처를 입은 친구의 마음을 성령께서 어루만져 주시기를 기도드립니다. 제가 친구에게 예수님의 사랑을 보여 주어야 했는데, 저의 이기심 때문에 그렇게 하지 못하였으니 용서해 주시옵소서.

이 밤에 성령님께서 그에게 찾아가셔서 상처입은 마음을 감싸 주옵소서. 내일 만나면 제가 먼저 화해를 구하는 용기를 주옵시고 그 친구의 마음을 열어 주셔서 진정한 화해를 이룰 수 있도록 함께해 주옵소서.

[은혜] 저의 마음을 아시는 하나님, 주님께서는 진실을 알고 계심을 믿습니다. 저희에게 은총을 내려 주셔서 서로가 너그러움을 품을 수 있도록 도와주시고, 이러한 갈등이 이후로는 일어나지 않게 해주시옵소서.

부족한 저희 행실로 인하여 하나님의 영광이 가리어지면 안 되겠사오니 늘 함께해 주셔서 본이 되는 생활을 하게 하옵소서. 나의 행실이 복음을 가로막는 어리석음을 범하지 않도록 도와주옵소서. 예수님의 이름으로 기도드립니다. 아멘

Conflict with Non-Christian Friends

[**Petition**]　　Thank you for giving me a close friend whom I love. I believe that you led them to me so that I can share the gospel with him. Help me to always show good deeds to them, being salt and light. And lead them to you.

[**Repentance**]　　Father God, my friend and I argued over a minor matter. Though I am also hurt, I pray that your Holy Spirit will heal my friend's heart. Because of my selfishness, I failed to show the love of Jesus. Forgive me. Holy Spirit, visit them this night and heal their bruised hearts. Give me boldness to reconcile with them tomorrow. Please open my friend's heart to accept.

[**Grace**]　　God, you know my heart; you know the truth. Give us grace to be generous to each other and help us not to fight like this again.

Be with me always. Help me not to hide your glory by my wrong actions. Please help me not to be a hinderance to the gospel by my foolish actions.

In Jesus' name. Amen.

청소년예배 기도문

▨ 부모님과의 갈등이 심할 때

[감사] 고마우신 하나님, 저의 생명을 지으시고 부모님으로 말미암아 세상에 나게 하셨음을 감사드립니다. 저를 돌보시기 위해서 사랑이 많으신 부모님을 주신 크신 은혜를 감사드립니다.

[회개] 하나님, 제가 지금 무릎을 꿇은 까닭을 아시지요? 생각하지도 못했는데 부모님과 다투었습니다. 저에게는 더없이 좋으신 부모님인데 제가 부모님의 마음을 헤아리지 못하여 부모님께 아픔을 드렸습니다. 이 시간 용서해 주시옵소서.

[간구] 나의 하나님, 부모님과의 충돌로 혼란에 빠진 저를 붙잡아 주시기를 원합니다. 저로 하여금 이기심을 버리게 하옵소서. 언제나 자식의 자리에서 흔들리지 않게 하시고 부모님에 대한 예의를 잊지 않도록 도와주옵소서.

부모님께 용서를 구하는 용기를 갖게 하옵소서. 순종하는 자세로 부모님 앞에 서게 하옵소서. 그리고 모든 일에 심사숙고하여 부모님의 마음을 먼저 헤아림으로 부모님을 기쁘게 해드리는 자녀가 되게 하옵소서.

저의 좁은 소견 때문에 마음 아파하시는 부모님을 위로해 주실 것을 믿습니다. 또한 부모님의 상한 마음을 풀어 주셔서 웃는 모습을 뵐 수 있도록 도와주옵소서. 부모님과의 갈등으로 인한 힘든 마음이 속히 회복되기를 원합니다. 이러한 일이 반복되지 않게 해주시옵소서. 예수님의 이름으로 기도드립니다. 아멘

Conflict with Parents

[Thanksgiving] Lord, I am thankful that you made me and brought me into the world through my parents. Thank you for giving me such loving parents.

[Repentance] God, you know the reason I kneel before you now. Unexpectedly, I argued with my parents. They are very good to me but I hurt them because, I did not understand their hearts' intention. Forgive me now!

[Petition] My God, hold me for I am in confusion because of this conflict I had with my parents. I renounce my selfish ways.

Let me know my position as a child and not forget the rightful respect I owe my parents. I need courage to ask forgiveness. I want to have an obedient attitude. Help me to make my parents happy by being careful and thoughtful in everything I do. I believe you will comfort my parents so that I will soon see their smiling faces. Swiftly restore us, please. Help us not to dispute over the same issue again.

In Jesus' name. Amen.

318
청소년예배 기도문

■ 두려움으로 시달릴 때

[감사] 자비로우신 하나님, 날마다 크신 사랑으로 돌보아 주시는 은혜를 찬양합니다. 악한 원수가 우리를 쓰러뜨리려고 대적해올 때, 천사를 보내셔서 지켜 주심을 감사드립니다.

[강건함을 위해] 하나님 아버지, 저는 지금 까닭을 모르는 두려움으로 시달리고 있습니다. 이 두려움에서 건져 주시기를 원합니다. 혹시 제가 알지 못하는 죄가 우리를 두렵게 한다면 그 죄를 생각나게 하시고, 깨닫게 하셔서 회개하게 해주옵소서. 바라기는 주님을 잊어버리는 것을 제외하고는 아무것도 두려워하지 않기를 원합니다.

"내가 평안히 눕고 자기도 하리니 나를 안전히 거하게 하시는 이는 오직 여호와시니이다"라고 하셨사오니, 성령께서 저를 지켜 주시기를 원합니다. 지금부터 두려움보다는 저희를 보호해 주시는 주님의 은혜를 생각하며 평안한 마음으로 지내게 하옵소서.

[간구] 사랑의 하나님, 믿음이 없기 때문에 생기는 두려움을 물리쳐 주옵소서. 사랑 안에 두려움이 없고 온전한 사랑이 두려움을 내어 쫓는 것을 믿습니다. 예수 그리스도께서 십자가의 두려움을 이기신 것은 우리를 사랑하신 까닭입니다. 우리에게 담대한 믿음을 허락하시고, 염려해야 될 일들은 이 시간에 주님께 내려 놓게 하옵소서.

우리를 죄와 죽음으로부터 구원해 주신 예수님의 사랑의 능력으로 평안을 얻게 하옵소서.

예수님의 이름으로 기도드립니다. 아멘

Youth Services

▨ Troubled by Fear

[**Thanksgiving**]   Merciful God. We give you praise for your grace is watching over us everyday. Send your angels, when my enemy comes against me to strike me down. Thank you.

[**For Strength**]   Father God, I am suffering from this unknown fear. Deliver me from this fear. If there is any hidden sin in me, please show it to me, so I may repent of it. I do not fear anything apart from losing you, my Lord.

As the psalmist wrote, "I will lie down and sleep in peace, for you alone, O Lord, make me dwell in safety." Keep me Holy Spirit. Give me peace, remembering that your grace protects me.

[**Petition**]   God of Love, drive away my fear caused by lack of faith. We know that there is no fear in true love and that perfect love casts out all fear. Jesus overcame fear of the Cross, for he loved us. Give us courageous faith and help us to lay down the things that worry us.

Give us peace in the powerful love of Christ, who has saved us from sin and death.

In Jesus' name. Amen.

청소년예배 기도문

▨ **선교에 대한 비전을 품기 위하여**

[감사] 인류를 사랑하시는 하나님, 이땅의 사람들에게 찾아오셔서 잃어버린 자들을 부르시는 하나님을 찬양합니다. 저를 구원해 주신 사랑을 감사드립니다. 이 크고 놀라우신 사랑을 날마다 증거하면서 살아가게 하옵소서.

[복음 전파를 위해] 소원을 품도록 하시는 하나님, 주님께서 하늘로 올라가시면서 이땅의 사람들에게 맡기신 선교의 사명을 감당하는 저희들이 되게 하옵소서. 복음이 땅 끝까지 전해지기를 원하셔서 성령을 보내 주신 하나님의 뜻을 깨닫게 하옵소서. "성령의 권능을 받아 예루살렘과 온 유대와 사마리아 땅 끝까지 이르러 내 증인 되리라"는 주님의 말씀을 따르게 하옵소서.

[도우심] 사랑의 하나님, 많은 이들 가운데 특별히 저에게 세상 사람들을 향하여 마음이 열리게 하시니 감사드립니다. 이 마음은 성령께서 주신 것인 줄 믿사오니 그들을 가슴에 품고 기도하게 하옵소서. 잃어버린 자들을 찾으시기 위해 복음의 일꾼을 보내시기를 원하시는 하나님의 뜻을 이루어 드리기 위하여 기도하게 하옵소서. 참으로 선교사로 부름을 받았다면 자신을 준비할 수 있도록 이끌어 주옵소서.

영육간에 필요를 아시는 하나님, 복음 전하는 일에 쓰임받기를 원하는 주님의 제자들에게 필요를 따라 채워 주시옵소서.

마음 속에 품은 선교의 비전이 주변 환경으로 인하여 꺾이지 않게 하시옵고, 하나님 허락하신 환경들이 복음 전하는 곳에 올바로 쓰여지게 해주시옵소서.

예수님의 이름으로 기도드립니다. 아멘

Vision for Mission

[**Thanksgiving**]　　God, you love all mankind. We praise you for you came to earth to seek after the lost. Thank you, for your love which saved me. Help me to witness every day to your wondrous love.

[**For Evangelism**]　　Lord, you give us desire for you. Help us to fulfill the calling you gave to men when you ascended to heaven. Help us to realize your purpose in sending the Holy Spirit to take the gospel to the ends of the earth. May we obey your Word, "You will receive power when the Holy Spirit comes on you; and you will be my witnesses in Jerusalem, and in all Judea and Samaria, and to the ends of the earth".

[**Help**]　　God of Love, thank you for giving me an open heart towards the world. As I believe that you gave me this, help me to embrace people in my heart and pray for them. I want to pray to do your will of sending out workers of the gospel to seek after the lost.

If you call me as a missionary, please equip me. Lord, you know my own physical and spiritual need. Meet the needs of your disciples.

May your command to Mission stand firm and not be compromised by difficult circumstances. Use even our circumstances to spread your gospel. In Jesus' name. Amen.

새싹

하나님,
섣달 매질하듯 모질던 눈보라 잠들고
이 우주에서 제일 먼저
나의 안에 신기한 새싹이 움텄습니다
겨울 잔 가지 모냥 바싹 메마른
앙상한 나의 영혼에 이것은
어쩐 싱그러움인지

정성 없이 불러대던
아버지, 아버지가
사랑스런 별꽃 되어 반짝이고
부르면 부를수록
부르는 소리 드높아
가슴이 미어져옵니다

그지없이 찬양받으실 분
어제의 나 지켜 주시고
오늘의 나 동행해 주시고
감히 생각지도 못할
따스함과 맑은 푸르름으로
야훼를 바라봅니다

기도시 (신년)

바라건대 하나님,
하늘 아래 아직은 추워 떨며 배고파하고
못나고 욕심스럼이 쌓여가는 그곳에
오늘
나의 안에 움튼 신기한 새싹이
내일의 나 준비하시니
야훼 하시는 일
크고 크십니다

잔뜩 찌푸리다 못해 어둠에 젖던
내 모습
억한 마음 먹고
쥐어 놓은 고치처럼
다시 풀릴 것 같지 않던
욕심과 가치들 그 심성이

모두 형제 된 그들에게도
당신의 신령한 입김으로 자라나서
무어든 영험을 나타낼 수 있기를
그리하여 영원의 동산에서
모두 다 새꽃으로 피어나기를
푸른 하늘에 가슴안기듯
두 손 모아 소망합니다

324
기도시 (부활)

살아서 다시 살게 해주오

이대로 살아있는 것은 썩어지는 것이요
이대로 살아있는 것은 죽어가는 것이요
이 썩어지고 죽어가는 날들을
다시 일어나게 해주오
다시 살아서 정말로 살아가게 해주오

저 허공과 나 사이 어둠의
장막을 거두어 주오
이땅 위의 모든 경계선과 철망과
담장을 거두어 주오
서로를 미워하고 죽고 죽여야 하는
칼부림의 변명거리일 뿐이라면
저 화려하고 고상한 이데올로기들도 잊게 해주오
사람들의 미움과 탐욕과 차별의식을
거두어 주오
나와 저들의 방관과 무관심한 체념과 절망을
거두어 주오

살아나게 해주오, 놀람과 눈물과 기도를
살아나게 해주오, 진리와 두려움을
살아나게 해주오, 아깝게 죽어간
모든 이들의 꿈과 사랑을

기도시(부활)

살아나게 해주오, 파괴의 기계와 이성이 앗아간
자연의 모든 색깔을

그리고 허락하오, 저 바위에게 말을
이 바람에게 모습을
꽃들에게 표정을 허락해 주오
오오, 나에게 순수와 진실의 빛과 소리로
영원히 살 것을 허락해 주오
부활하신 이의 이름으로

그러나 살아있는 동안에
거두어져야 할 것이 거두어지고
살아나야 할 것이 다시 살아난다면
나는 살아있는 동안에 다시 살 수 있으리니
살아서 다시 살게 해주오

326
기도시(성탄)

이 밤 오신 이께

하늘아 환성을 울려라
딸아 기뻐 뛰어라
산들아 기뻐 소리 질러라
여보세요, 이젠
모든 말 그치고
가던 발걸음 멈추고
가만히 들어보오

지극히 높으신 이께서
사랑 때문에 사람으로
북극성 큰별처럼
어둠 밝히시러
이 밤 오시니

하늘 높은 곳에서는 하나님께 영광이요
땅에서는 사랑하는 이들에게 평화 되시니
우리 또한 기뻐하심을 입게 하소서

지극히 귀하신 이께서
용서받지 못할 사람 위해
오직 죽으시기 위해
헝클어진 볏단으로 가리어진
구유에 나셨으니

327
기도시(성탄)

죽어서야 다시 사는
생명의 의미를 알진저

하늘 높은 곳에서
침묵으로 일하시는 하나님
땅에 사는 우리도 낮아지고 낮아져
매일 죽고 다시 사는 연습을 하게 하소서

지극히 겸손하신 이께서
한 처음
천지가 창조되기 전부터 말씀이셨고
모든 것이 말씀으로 생겨 생명을 얻었으니
그 생명은 사람들의 빛이라
이 빛은 하나님께로서 나와
우릴 구원하심이니

하늘 높은 곳에서부터
어리신 하나님으로 태어나신 대로
땅을 딛고 사는 우리를 겸손한 삶으로 인도하시어
모든 것이 내 탓이오, 모든 깃이 내 닷이오 가슴 치며
자비를 구하게 하소서

기도시(송년)

내 지금 설 자리

지는 해의 검붉은 거울 속
욕된 얼굴 살아난다
하늘이 어두워지고 감출 수 없는 부끄런 마음
가슴이 춥도록 바람에 매맞는다

내 어디에서 왔는가
고난에 다리 절고 진실로서 우뚝 서던
나도 너도 이해 못할 갈릴리 청년 예수
그가 유독 내 등 뒤 그림자를 쫓고 있으니
내 어디로 갈건가
그가 돌아와
바람으로 길을 막고 부끄럼을
공포로 내밀고 섰으니

일년 삼백 육십 오일을
허구헌 날 값싸게 외치던 말
"나도 십자가 지고 가리다. 오 주여, 붙드소서."
낯익은 가책의 가슴팍을 지금사 쿡쿡 찔러대니
나의 십자가는
돌이켜 내 못난 행적을 적시는 눈물

기도시(송년)

내가 이땅에서
이기주의로 자유를 빼앗노라
내가 이땅에서
생명을 값 없이 죽였노라
내가 이땅에서 내 땅덩이 한 줌으로
가난한 입을 틀어막았노라
내가 이땅에서 갈릴리 청년의 피 묻은 발자국을
침을 뱉고 짓밟아 문지르며 지웠노라
나는 이땅에서 추잡한 마귀로 살았노라

휘둘러 전율하는 손끝에 닿는 밤빛
까만 눈물로 이밤 가없이 지새워도
내 지금 설 자리
어디에서 밝히 볼 수 있을는지

자신을 비어 주러 오신
성자 예수의 겸허함을
소리 없이 익어가는 열매처럼
새삼스레 발견하며
우리 또한 남을 위해 익어가리

| 기쁠 때 드리는 기도문 | Prayers on Joyful Occasions
| 어려울 때 드리는 기도문 | Prayers in Difficult Times
| 영적 성장을 위한 기도문 | Prayers for Spiritual Growth
| 일상생활에서 드리는 기도문 | Prayers in Everyday Life

기쁠 때 드리는 기도문(출산)

[감사] 생명의 주인이신 하나님, 해산의 고통을 통해 무엇과도 바꿀 수 없는 새생명을 선물로 허락하시오니 감사드립니다. 주님의 선하신 예정 중에서 이 귀한 아이를 허락하신 줄 믿습니다. 저희들에게 새생명을 주셨사오니, 주신 생명 하나님께서 위탁해 주신 줄 알고 주 안에서 양육할 수 있게 하옵소서.

[아기의 성장을 위해] 이 아이가 키가 자라고 지혜가 자라감에 따라 우리 주님을 닮아가게 하옵소서. 사무엘처럼 주님의 성전에서 자라게 하시고, 아이가 자라서 주님의 귀한 일을 이루는 복음의 일꾼이 되게 하옵소서.

[산모를 위해] 산모의 건강을 회복시켜 주시고, 온 가내에 평안을 주시고 부모님들이 하나님의 말씀으로 자녀를 양육하게 하옵소서. 이 아이로 인하여 부모의 신앙이 더욱 성숙하게 하시고 하나님의 손길을 구체적으로 체험하는 가정이 되게 하옵소서. 이 아이의 생애가 복 되고 부모들은 더욱 믿음에 부유한 이들이 되게 해주시옵소서.

[장래를 위해] 사랑의 하나님, 사람을 땅에 보내심은 이땅에서도 하나님의 뜻을 이루시려는 하나님의 섭리가 있으신 줄 믿사오니, 이 아이를 통하여 이땅에 주님의 뜻을 이루시옵소서. 이 아이의 영이 계속 윤택하게 하시고, 이 육신이 강건하여서 온전히 하나님께 드려 하나님만 위하여 살게 하시기를 원합니다. 요셉과 같이 이 아이로 인하여 가정이 복 있게 하옵소서. 일생을 믿음의 사람으로 살게 하시고, 독생자이신 그리스도께서 모든 만물의 주가 되사 세상의 으뜸이 되심을 깨닫게 하옵소서.

예수님의 이름으로 기도드립니다. 아멘

Prayers on Joyful Occasions (Giving Birth)

[**Thanksgiving**]   God, Lord of Life, thank you for giving us a new life, as a gift to us through the pain of giving birth. We believe that this child was sent according to your good plan. We want to rear this child in you.

[**For the Baby's Growth**]   May this baby imitate Jesus as he grows in strength and wisdom. May he grow in your temple like Samuel and become a worker of the gospel to do your precious work.

[**For The Mother**]   Restore her health and give peace to the whole family. Help her to rear this child by the Word. May this baby's life cause his/her parents to mature and may the whole family experience your helping hand in every detail. Lord, bless this child's life and give strong faith to the parents.

[**For The Future**]   God of Love, we believe that when you send a life to the earth, it's part of your plan. Fulfill your will on the earth through the baby's life. May he/she be well in body and spirit. May this whole family be blessed by having a child like Joseph. Lead him/her by faith until the end of his/her life. May he/she be aware that Christ is the Lord of everything on earth.

In Jesus' name. Amen.

기쁠 때 드리는 기도문(생일)

[찬양] 은혜로우신 하나님, 지난 한 해 동안도 참으로 어려웠던 환란과 재난이 많았습니다. 그럼에도 지켜 주시고 도와주신 하나님의 은혜를 찬양합니다. 주님의 전적인 사랑이 오늘을 맞이하도록 하셨습니다.

[감사] 주님께서는 사랑하는 형제를 강하게 붙들어 주사 죄악의 두려움으로부터 보호해 주셨습니다. 또한 저가 비천한 가운데 빠지지 않도록 지켜 주시며, 성령의 능력으로 우리에게 은혜를 베푸셨습니다. 이 좋은 날에 하나님의 은혜를 잊지 않도록 하시며, 오직 자신을 주님께 복종시키며 살아가게 하옵소서.

[생일맞은 이를 위해] 주 하나님 아버지, 주님의 인도하심을 따라 이제까지 살아오신 ○○○님이 생신을 맞이하여 주님께 예배하게 하시니 감사드립니다. 광야와 같은 세상에서 만나와 메추라기로 먹이시며 불기둥과 구름기둥으로 이끌어 주신 하나님, 오늘 이후로 더욱 강건하게 하시고 가정은 더욱 평화롭게 하옵소서. 마지막 날까지 주님과 동행하는 삶이 되게 하시옵소서. 원하옵기는 주께서 허락하신 생명을 지금까지 인도해 주셨사오니 앞으로도 주께서 원하시는 길로 인도해 주옵소서.

[성도들을 위해] 사랑의 하나님, 형제의 생일을 축하하여 가족과 성도들이 한자리에 모였습니다. 비록 육체의 연약함으로 인생의 연수와 자랑이 수고와 슬픔으로 인해 험악한 세월을 보내었지만, 그래도 주님의 그 크신 은혜로 지켜 주심을 감사하는 저희들이 되게 하옵소서. 오늘 생일을 맞은 이와 동행하사 사는 날 동안에 하나님의 빛 가운데 걷게 하옵소서.

예수 그리스도의 이름으로 기도드립니다. 아멘

335
Prayers on Joyful Occasions (Birthday)

[**Praise**]   Gracious God, there were so many difficulties and disasters during the last year. Nevertheless, we praise you for helping us through. Your complete love made it possible for us to come and celebrate today.

[**Thanksgiving**]   Lord, you took hold of our beloved brother's life and protected him from sin. Also, you kept him safe for falling into oblivion. Remind him of your grace on this blessed day. Cause him to obey you.

[**For The Birthday Person**]   We thank you on ○○○'s birthday that he has followed you so far. You led him through and through feeding him as with quails and guiding him as by a pillar of fire and cloud in the world. May he be even stronger from this day on. May he walk with you till the end of his life. Guide him in the way that you want him to go.

[**For the Saints**]   God of Love, ○○○'s family and church members gather here to celebrate. His physical weakness gave him many years' hardship and sadness, yet we thank you for your grace keeping him. Walk with him till the end of his life so that he can remain in your light.
In Jesus' name. Amen.

기쁠 때 드리는 기도문 (회갑)

[감사] 찬양을 받으시기에 합당하신 하나님, 많은 사람들 가운데 저희들을 부르시사 아버지의 백성으로 삼아 주시고, 무한하신 섭리와 은총 가운데서 보호하시고 인도하심을 감사드립니다. 그중에 하나님께서 ○○○님을 사랑하시어 오늘 같은 좋은 날을 주셨습니다.

[예배] 이 기쁜 연회에서 온 무리가 마음을 모아 예배케 하시니 감사드립니다. 이 예배를 통해서 회갑을 맞이한 ○○○님이 전심으로 주님께 영광을 드리게 하시고, 함께한 저희들도 신령과 진정으로 예배하게 하소서. 목사님께서 특별히 준비하신 말씀이 ○○○님의 생애를 더욱 복 되게 하는 메시지가 되게 하시고, 모든 이들에게는 갑절의 은혜를 더하여 주시옵소서.

[회갑맞은 이를 위해] 사랑의 하나님, ○○○님의 생애가 야곱의 말년처럼 더욱 복된 시간이 되기를 원합니다. 그의 신앙과 삶을 온 자녀들이 기리게 하시고 믿음의 대를 이어가게 하옵소서. 사실, 지금까지 주님을 위하여 산다고 하였으나 자신을 위한 삶이 더 많았음을 고백합니다. 이제부터 남은 생애가 오직 주님만을 위한 삶이 되게 하옵소서. 더욱 건강하게 하시고, 더욱 신령하게 하시어서 독수리의 날개치며 올라감같이 그의 믿음과 건강과 용기가 용솟음치게 하시고 이전보다 더 좋은 열매를 맺게 하옵소서.

[결단] 육십 평생을 당신의 긍휼 가운데 인도하여 주신 하나님이시여, ○○○님과 함께 하여 주셔서 지나간 삶보다 앞으로의 삶이 더욱 빛나고 복 되게 하옵소서. 또한 가족을 위해, 교회를 위해 기도하고, 사랑을 더하는 삶이 되게 하옵소서.

예수님의 이름으로 기도드립니다. 아멘

Prayers on Joyful Occasions (Sixtieth Birthday)

[**Thanksgiving**]　　God, you are worthy of our praise. We thank you for choosing us from among many to be your people and keeping us in your immeasurable goodness. Give ○○○ such a good day because of your love for him.

[**Worship**]　　We thank you for gathering us together to worship you on this joyful feast – celebrating ○○○'s 60th Birthday. May he give you glory through this worship and may we all worship in spirit and truth. May the pastor's Word bless ○○○ more and give a double blessing to all who are here.

[**For The Birthday Person**]　　God of Love, Bless ○○○'s life be like Jacob's last days. May his descendants extol his faith and life and follow in his ways. He himself would confess that his priority has not been you but himself. May his days be only for you. May he be like an eagle soaring up with physical and spiritual strength and give him even better fruits in his life.

[**Determination**]　　God, you have led ○○○'s life for the last 60 years. May his future be even more blessed and glorious. May he pray and love his family and the church.
　In Jesus' name. Amen.

기쁠 때 드리는 기도문(약혼)

[감사] 사랑의 하나님, 오늘 두 남녀가 주님의 귀한 뜻과 은혜로 성년이 되어 약혼을 하게 된 것을 생각할 때 찬양과 영광을 드립니다. 원하옵기는 이들의 약혼 기간이 앞으로의 결혼과 복된 가정을 위한 충실한 준비 기간이 될 수 있게 해주시옵소서.

[결단] 아버지 하나님, 주님 앞에서 오늘 약혼식을 치루는 이 두 사람이 손을 잡고 살아가기를 다짐하게 하옵소서. 둘이 한 몸을 이루어 더 하나님을 사랑하고, 주님의 뜻을 받드는 삶이 되게 하옵소서. 순결과 온전함으로 서로를 지켜가게 하시고 모든 사람의 축복 가운데 결혼 예식을 갖게 되는 그날까지 더욱 강건하게 해주옵소서.

[약혼하는 이들을 위해] 자비로우신 하나님, 여기에 무릎 꿇고 엎드린 두 남녀가 귀하신 믿음의 아들과 딸이 되게 하옵소서.

하나님 여호와께서 택하고 정하여 인도하신 이삭과 리브가의 가정과 같이 모든 민족 위에 뛰어나는 믿음의 가정을 이루게 하시고 처음 만날 때의 조심스러움과 사랑하는 마음이 끝날까지 변치 않게 하시고 이들이 뜻한 모든 것이 서로에게 소중하게 받아들여지게 하옵소서.

[양가의 가족을 위해] 오늘 약혼하는 두 사람과 모여 앉은 두 집안의 가족 모두 아브라함의 하나님 여호와를 찬송케 하옵소서. 주님의 인자와 성실을 끊이지 않게 하옵시고 두 가정을 하나님의 길로 인도하옵소서. 주님의 빛으로 저들을 감싸 주시고, 지켜 주셔서 두 사람이 결혼하고, 앞으로 사는 날 동안 아름다운 후견인들이 되게 해주옵소서.

예수님의 이름으로 기도드립니다. 아멘

Prayers on Joyful Occasions (Engagement)

[**Thanksgiving**] God of Love, we give you praise and glory on this engagement day of these two precious people. Help them to prepare fully for marriage and married life together.

[**Determination**] Father God, may this couple determine before you for their life together. May they love you more and serve your will as one. May they be strong in you and protect each other to remain virgins until they marry with everybody's blessing.

[**For The Engaged couple**] Merciful God, may they be a son and daughter of faith. Let them build an outstanding family above the nations, like Isaac and Rebekah. Help them to maintain their first love and careful manner till the end of their lives. May they also cherish each other's wishes.

[**For Both Families**] May God Jehovah be praised by this couple and their families. May your mercy and faithfulness be with them forever and guide them in your ways. Surround them with your light until they become beautiful supporters of others.

In Jesus' name. Amen.

기쁠 때 드리는 기도문(결혼)

[은혜] 복의 복이 되시는 하나님, 주께서 주신 사역을 위하여 인생의 동반자가 되기로 한 이 두 사람에게 하늘 문을 여시고 은혜와 복을 충만히 내려 주옵소서. 이들의 새 가정에 주님을 호주로 모시고 신앙과 사랑으로 살게 하옵소서. 주님을 모시고 모든 일을 의탁하며 신뢰받는 두 사람 되게 하여 주시옵소서.

[결혼예식을 위해] 이 어두운 세상에서 하나님의 귀한 백성을 보존하고 그들을 통하여 영광받기를 원하심으로 오늘 이들의 결혼을 허락하신 줄 믿습니다. 부디 이 결혼이 주님 안에서 온전히 지켜질 수 있도록 친히 도우시고, 이 세상을 향한 하나님의 선하신 뜻이 이루어지는 복된 가정이 되게 하옵소서.

[새 가정을 위해] 좋으신 하나님, 오늘 완전한 사랑으로 맺어져 온전한 생활로 나아가는 이 새로운 가정에 주님께서 친히 오셔서 가나 혼인잔치에서의 포도주로 가득 차게 하옵소서. 아브라함에게 주셨던 믿음을 이 가정에 허락하여 주시고, 다윗 왕에게 베푸셨던 영광을 이 가정에 내려 주시오며, 솔로몬에게 허락하셨던 지혜를 이들에게 풍성히 허락하옵소서. 이웃과 나라를 위하여 필요한 가정이 되게 해주시옵소서.

[양가의 가족을 위해] 양가의 모든 가족들을 기억하시옵소서. 서로를 위하면서 하나님의 뜻을 함께 이루어가는 아름다운 관계가 되게 하옵소서. 양가의 식구들이 이 가정을 통하여 즐거워하고 기뻐하게 하옵시고, 좋은 후손도 허락하여 주시어 자자손손 믿음의 뿌리가 깊이 박혀 좋은 열매만이 가득 맺혀지는 가정이 되게 하시옵소서. 예수님의 이름으로 기도드립니다. 아멘

Prayers on Joyful Occasions (Marriage)

[**Grace**]   God, Blessing of Blessings, open heaven's gate to this couple who want to be life partners for each other and fulfill your calling on them. Be the head of this family and let them live in faith and love. Let them commit all their ways to you and be trusted by others.

[**For The Marriage Ceremony**]   We believe that you allowed this marriage. You want to keep your precious people on this earth and be glorified through their lives. Please help them to last in you and be a blessed family where your good will is fulfilled.

[**For The New Family**]   They are bound today and made whole in perfect love. Good God, come and fill this new family with the wine of the Wedding in Cana. Give them the faith of Abraham, the glory of King David and the wisdom of Solomon. May this family be so used to meet the needs of their neighbors and this country.

[**For Both Families**]   Remember all family members on both sides. May they build a beautiful relationship, caring for each other and doing your will. Give both families joy through this new family. Give them good descendants who will be deeply rooted in God and bear good fruits from generation to generation.
 In Jesus' name. Amen.

기쁠 때 드리는 기도문(입학)

[감사] 하나님 아버지, 오늘 사랑하는 ○○○ 성도가 입학을 하게 되었습니다. 하나님께서 귀하게 길러 주시고 새로운 학문의 세계로 이끌어 주셨사오니 참으로 감사드립니다. 공부하는 동안 지식을 쌓게 하시며, 그 지식이 하나님을 아는 지식에까지 이르게 하시기를 원합니다.

[간구] 또한 주님의 뜻을 이땅 위에서 실현하며 살기를 원하는 이 젊은 영혼을 살펴 주시기를 원합니다. 이 입학의 시간부터 졸업의 그날까지 동행하시며, 선한 경쟁의 마당에서 승리하게 하옵소서. 지금까지 슬기와 명철로 깨우쳐 주신 하나님께서 이 젊은이가 학업의 길을 가는 동안 총명과 지혜를 부어 주시고 굳은 의지를 허락해 주시옵소서.

[입학생을 위해] 사랑이신 하나님, ○○○ 성도가 학문의 자리에서 하나님을 경외하는 것이 지혜의 근본임을 깊이 알게 하시고, 배움의 마당에서 먼저 하나님을 섬기는 일을 잊지 않게 하옵소서. 그의 지식의 폭이 넓어져갈수록 하나님을 아는 지식이 깊어지게 하옵시며, 그의 총명이 밝아짐과 함께 하늘의 지혜를 터득하게 하여 주옵소서.

○○○ 성도가 학업을 계속하는 동안에 부모의 기쁨이 되고 스승의 자랑이 되게 하시옵소서. 그가 입학하는 이 첫걸음부터 그와 그의 가족을 지키시어, 주님께서 원하시는 목표까지 최선을 다해 걸어갈 수 있도록 도와주시기를 바라옵고 기도합니다. 학업 도중에 낙오하거나 좌절하지 않게 하시고, 주님의 십자가를 바라보면서 인내와 용기로 살아가게 하옵소서.

예수님의 이름으로 기도합니다. 아멘

Prayers on Joyful Occasions (Entrance Ceremony)

[**Thanksgiving**]   Father God, your beloved ○○○ is entering a new school today. Thank you for bringing him up and leading into the academic world. May he learn much while he is studying here, and may his knowledge lead him to know you intimately.

[**Petition**]   Please consider this man's soul, who wants to fulfill your will. Be with him from the first day to the last and make him a victor in this competition. As you gave him wisdom so far, continue to pour out your intelligence and wisdom on him and give him determination to study.

[**For The Student**]   God of Love, teach ○○○ to know that fear of the Lord is the beginning of wisdom. Throughout the days of his study, may his priority be to serve you. May his knowledge of you deepen as he learns more and comprehend the wisdom of heaven.

May he be his parents' joy and the pride of his teacher. Please help him to aim for the goal of your plan from the first day. May he look to the Cross and continue with patience and boldness, and not become discouraged.

In Jesus' name. Amen.

344
기쁠 때 드리는 기도문(졸업)

[찬양] 전능하신 하나님, 주님의 선한 손길을 찬양합니다. 마치 아버지가 자식을 돌보듯 오늘까지 당신의 한 자녀를 돌보시어 학업의 과정을 마치게 하시니 감사드립니다. 이제 졸업으로 말미암아 새로 전개될 새땅을 허락하셨사오니, 여호수아가 가나안 땅에 들어가듯 힘차게 들어가게 하옵소서.

[결단] 하나님 아버지, 그가 배움의 선한 길을 다 달려온 것이 아니라 이제부터 인생의 또 다른 광장에서 선한 일을 위하여 싸워야 할 것임을 인식케 하시고 무엇보다도 믿음을 지키게 하시옵소서. 의의 면류관과 영광의 면류관을 위하여 걷는 그의 길이 복 되고 힘차게 하옵소서. 주님께서 제자들을 파송하시면서 하신 말씀이 "내가 너희를 보냄이 양을 이리 가운데 보냄과 같도다. 그러므로 너희는 뱀같이 지혜롭고 비둘기같이 순결하라" 하셨사오니 주님께서 주신 말씀을 기억하게 하옵소서.

[졸업생을 위해] 오늘의 영광 된 졸업으로 말미암아 새 길을 가는 ○○○ 성도가 사람들을 조심할 것이나 두려워 말게 하시고, 오직 하나님 앞에서 생각하고 행동하여 좋은 열매를 맺어 생의 좋은 수확을 거두어 주님께 드리게 하시옵소서. 한 단계 높은 차원의 학문을 연구하거나 사회인으로 발을 옮길 때에 두려움에 사로잡히지 않게 하시고, 주님의 능력과 명철로 새로운 일이 시작되는 졸업이 되게 하옵소서.

모든 일에 시작이 있으면 끝이 있고, 끝이 났는가 싶으면 새로운 일이 전개되는 줄을 압니다. 이 새로운 일에 주님이 함께하셔야 하겠사오니 ○○○ 성도의 보호막이 되어 주시고 지혜와 총명과 모략을 선하게 사용할 수 있게 하옵소서.

예수님의 이름으로 기도드리옵나이다. 아멘

Prayers on Joyful Occasions (Graduation)

[**Praise**]   Almighty God, we praise you for you are good. You watched over this child like a father until his graduation day. Now, you are allowing him to walk into the new territory. May he walk vigorously, just as Joshua took the land of Canaan.

[**Determination**]   Give him the realization that he is not finishing the race but starting a new race. Above all, help him to guard his faith. May he walk vigorously in your blessing to achieve the crown of righteousness and glory. May he remember Jesus' word to his disciples, "I am sending you out like sheep among wolves. Therefore be as shrewd as snakes and innocent as doves."

[**For the Student**]   ○○○ is starting a new walk on this graduation day. May he be careful and not fearful. May he remember you in what he does and think, so that he will harvest good fruits for you. May he not tremble with fear as he steps into a higher level of study or enters into society. In your power and wisdom, make this graduation ceremony a new start for him.

Every beginning comes to an end and every end opens up a new start. Be with him in his new steps. Defend him and teach him how to use wisdom and strategy.

In Jesus' name. Amen.

346
기쁠 때 드리는 기도문(입사 및 승진)

[감사] 신실하신 하나님, 이 좋은 날에 하나님을 찬양케 하시오니 감사드립니다. 이제 당신의 아들(딸)을 강한 손에 붙드시어 늘 새롭고 능력있게 하옵소서. ○○○님의 삶에서 스치는 모든 사람들이 예수 그리스도의 향기를 맡게 하시기를 원합니다.

[간구] "내가 나 된 것은 주님의 은혜로라"고 고백한 사도 바울의 믿음처럼 언제나 주님의 은혜 안에서 감사의 삶이 넘치게 하옵소서. 삶의 현장에 찾아오셔서 균형잡힌 믿음과 인격이 되게 하옵소서. 하나님을 섬기는 것처럼 상사에게 순종하며 지혜로써 잘 받들게 해주시고 일터에서도 오직 주님의 향기를 발하여 그리스도의 이름을 빛나게 하옵소서.

[입사자를 위해] 하나님을 아버지로 모시는 ○○○님이 맡겨진 모든 일에 진실과 봉사로 충성을 다 기울이게 하시며, 사람 앞에서가 아니라 오직 하나님 앞에서 행하는 부끄럽지 않은 자 되게 하옵소서. ○○○님의 입술이 지혜를 말하며, 마음에 하나님의 법을 두게 하시기를 원합니다. 우리의 걸음이 실족치 않고 악에서 떠나 선을 행하게 하옵소서. 우리의 모든 경영과 계획을 주께서 아시오니 선하신 뜻 안에서 이루어져 영광스런 열매를 맺게 하옵소서.

[직장생활을 위해] 은혜로우신 하나님, ○○○님이 열매 없는 무화과 나무의 잎이 무성한 것처럼 허울좋은 사람이 되지 않게 하시고, 알찬 생활로 많은 열매를 맺어 주님의 창고에 드릴 것이 많은 일꾼이 되게 하옵소서. 그를 통하여 하나님은 영광을 받으시고, 그가 수고하는 직장은 그로 인하여 더욱 복 되게 하옵소서. 예수님의 이름으로 기도합니다. 아멘

Prayers on Joyful Occasions (Joining a Company or Promotion)

[**Thanksgiving**]   Lord, we praise you on this beautiful day. Now hold this child strong in your hands. Renew him and empower him. May every one who passes him by, smell the fragrance of Jesus.

[**Petition**]   As the Apostle Paul confessed, "By the grace of God I am what I am." May your child's life overflow with thanksgiving in your grace. May he have a balanced faith and character. May he obediently serve his boss as he serves the Lord, spreading the fragrance of Jesus and causing Jesus' name to be honored.

[**For The Person who is Joining a Company**]   God, you are his Father! May he be true and faithful in everything he does, and not be ashamed before you. May he speak wisdom, keeping your law in his heart. May his foot not slip but do only good. Lord, you know all our actions and plans, and lead us into fruitful lives.

[**For Career**]   Gracious God, may his life be so fruitful. Don't allow him to become like the fig tree which had only leaves but no fruit. Be glorified through his life and may his work be blessed by having him.

In Jesus' name. Amen.

기쁠 때 드리는 기도문(이사 및 입주)

[감사] 좋으신 하나님, 어제도 오늘도 영원토록 변함없이 동일하게 저희를 사랑해 주시고 용납해 주심을 감사드립니다. 하나님께서 이 가정의 의식주를 간섭하시어 새로운 보금자리를 마련하고 이사케 하셨으니 진심으로 감사드립니다.

[가정을 위해] 주님의 이름으로 이 거룩한 가정을 축복합니다. 지금까지 이 가정에 베푸신 주님의 사랑도 크지만, 앞으로 더욱 큰 은혜를 베풀어 주시어서 하늘의 영원한 장막을 맞을 때까지 믿음으로 살게 하옵소서. 주님께서 주신 새 장막의 지붕 아래서 이루어지는 모든 일들이 당신의 뜻에 합당하게 이루어지기를 원합니다.

[간구] 자비로우신 하나님, 순간순간마다 이들의 보호자가 되어 주시어, 이 가정에 주님의 평안이 깃들 수 있게 하시고, 주님이 주시는 복을 받기에 합당한 가정, 가족들이 머무는 처소가 되게 하시옵소서. 믿음의 조상들이 가는 곳마다 제단을 쌓은 것같이 이곳에 거하는 동안 날마다 제단을 쌓고 주님을 찬양하며 주님의 음성에 귀 기울이게 하옵소서.

[가족을 위해] 우리의 출입을 살피시는 하나님, 하나님께서는 그 사랑하시는 백성에게 잠을 주신다고 하셨사오니, 이 집에 거하며 살아가는 모든 믿음의 식구들에게 평안히 잠자고 일어나도록 낮과 밤을 지켜 주시기를 원합니다. 그리고 이 집에 출입하는 발걸음을 주님께서 인도하여 주시고, 나가도 들어와도 복받는 삶이 되게 하옵소서. 주님의 따스한 햇살을 이 집과 여기 거하는 모든 가족들에게 비추어 주시옵소서. 서로 사랑하며 아끼고 하나님나라를 이루는 가정이 되게 하옵소서.

예수님의 이름으로 기도드립니다. 아멘

Prayers on Joyful Occasions (Moving into a New House)

[**Thanksgiving**]   Good God, thank you for loving us and accepting us unconditionally. Thank you for your care concerning the matters of clothing, food and lodging. We truly thank you for preparing a place for this family so that they can move into a new nest.

[**For this Home**]   We bless this family in your name. Pour out even greater grace that they may live by faith until they enter their lodging in heaven. May everything they do be fitting with your will.

[**Petition**]   Merciful God, be the Protector of this family. Give them your peace and make them fit for your blessings in their dwelling place. As the forefathers of faith built an altar wherever they went, may this family build an altar of praise to you and hear your voice everyday.

[**For The Family**]   God, you know our coming and going. Your Word says that you give sleep to those whom you love. So give this household peaceful sleep and keep them day and night. Watch over their steps that they will be blessed when they come and go. Give them your warmth like sunshine to this household. May they build your kingdom here by loving and caring for each other.

In Jesus' name. Amen.

350
기쁠 때 드리는 기도문(개업)

[경배] 크고 위대하신 하나님, 그 크신 사랑과 은혜를 감사하여 주님의 이름을 높입니다. 영광과 찬양의 경배를 받으시옵소서. 보잘것없는 저희를 잠잠히 사랑하시며 너는 내 것이라고 지명하여 불러 주심을 감사하며 크신 하나님을 찬양합니다.

[예배] 오늘, 주님께서 사랑하시는 성도 ○○○님이 사업을 시작하면서 먼저 하나님께 예배드림으로 감사와 영광을 돌리고자 하오니 이 예배를 받아 주시옵소서. 살렘 왕 멜기세덱이 떡과 포도주를 가지고 와서 아브라함을 축복함과 같이 저희들도 새로이 시작한 이 사업장에 함께 모여 하나님께서 복 주시기를 간구하오니, 아브라함에게 복을 주신 하나님께서 사업을 경영하는 모든 일에 함께하사 창대케 하여 주시옵소서. 모든 일을 주께 맡기고 의지하는 믿음으로 이 일을 경영케 하시고, 오직 하나님이 복 주실 때 이룰 수 있다는 신앙을 갖게 하옵소서.

[사업을 위해] ○○○님이 시작하는 이 사업을 통해 하나님의 영광을 나타내게 하옵소서. 사람이 마음으로 자기의 길을 계획할지라도 그 걸음을 인도하는 자는 여호와이시라 하셨사오니, 사랑하는 성도 ○○○님이 계획하고 시작한 일의 한 걸음 한 걸음을 주께서 인도하여 주옵소서. 그리하여 "네 시작은 미약하였으나 네 나중은 심히 창대하리라" 하신 말씀이, 이 사업에 그대로 임하는 복을 누리게 하옵소서. 우리의 삶을 지키시는 주님을 찬양합니다. 이같이 좋은 날을 주셨사오니 감사하오며, 하늘의 뜻을 구하는 저에게 성실한 인내를 허락하시고 언제나 변함없는 주님의 사랑에 감사하게 하옵소서.

예수님의 이름으로 기도드립니다. 아멘

Prayers on Joyful Occasions (Opening Shop)

[**Worship**]　　Great and Almighty God, we exalt your name. We thank you for your love and grace. We thank you for quietening us with your love when we are so lowly. We praise you for saying to us, "You are Mine."

[**Worship**]　　Today, your beloved ○○○ is worshipping as he starts his new business. Just as Melchizedek, King of Salem, brought bread and wine to Abram and blessed him, please bless ○○○ and cause his business to prosper. May he commit his business to you, believing that he can only do it when you bless him with your blessing.

[**For Business**]　　Reveal your glory, through this business. Your Word says, "In his heart a man plan his course, but the Lord who determines his steps." So please guide ○○○'s business step by step. Your word also says, "Your beginnings will seem humble, so prosperous will your future be." May this apply to this business. Thank you that you keep watch over our lives. Thank you for giving us so wonderful a day. Give us patience in seeking your will and continue to give you thanks for your everlasting love.

　In Jesus' name. Amen.

352
기쁠 때 드리는 기도문(사업 확장)

[감사] 거룩하신 하나님, 귀하신 사랑과 은혜를 감사드립니다. 우리를 죄에서 해방시키려고 사랑하는 아들 예수님을 보내 주시고, 그 구원의 은총을 누리게 하심을 감사드립니다. 사랑하시는 ○○○님이 사업을 시작한 이래, 지금까지 주님께서 함께하시고 도우셔서 에벤에셀의 은총을 누리게 하심을 감사드립니다.

[사업체를 위해] 하나님 아버지, 보혜사 성령이 함께하시사 우리를 위로하시고 진리 가운데로 이끄심을 감사드립니다. 사무엘이 돌을 세우며 "여기까지 도우셨다"고 하며 주님 앞에 무릎을 꿇음과 같이, 사랑하는 ○○○님이 도우시는 하나님의 은혜를 감사하면서 저희들과 함께 믿음으로 무릎을 꿇고 찬송과 기도로 예배의 돌을 세우는 그 중심을 받으시옵소서.

원하옵기는, 이 사업이 더욱 확장되어 번창함으로써 사랑하는 성도가 주의 몸 된 교회에서 더욱 힘 있게 봉사하기를 원하오니 복 내려 주옵소서.

[은총] 좋은 것으로 채워 주시는 하나님, "너의 지경을 넓히라", "땅을 정복하라" 하신 말씀은, 주님의 택하신 백성들과 그들의 믿음의 영역과 경영하는 사업의 지경을 넓힘으로 하나님나라 영역을 더욱 넓히라는 은혜의 말씀인 줄 압니다. 또한 이 말씀의 실현은 하나님이 함께해 주셔야만 가능한 줄 믿습니다.

아브라함과 이삭과 야곱에게 복을 주사, 저들의 경영하는 모든 일을 점점 더 창대케 하신 하나님께서 사랑하는 ○○○님의 사업도 확장되도록 인도하여 주옵소서. 그리하여 주의 나라 확장을 위해 그가 더욱 힘 있게 봉사하도록 주께서 이끌어 주시옵소서.

예수님의 이름으로 기도드립니다. 아멘

Prayers on Joyful Occasions (Extension of Business)

[**Thanksgiving**]　　Holy Lord, thank you for your love and grace. Thank you for your grace. We are blessed that your Son came to us to save us from our sin. Thank you for being together with ○○○ since he started his business, that he experienced the God of Ebenezer.

[**For Business**]　　Father God, we thank you that Holy Spirit is with us and directs us in your truth. Just as Samuel set up a stone and said, "Thus far the Lord has helped us." We also kneel before you. We set up a stone of worship by prayer and praise.

　　We pray that you will bless ○○○'s business as he wants to serve the church more.

[**Grace**]　　God, you give us good things. You commanded to "Multiply on earth" and "Enlarge your territory." We interpret this to mean that we ought build your kingdom by growing our faith and business. Lord, only you can make it possible.

　　As you blessed Abraham, Isaac and Jacob, please bless ○○○'s business. Lead him to serve by extending your kingdom more and more.

　　In Jesus' name. Amen.

기쁠 때 드리는 기도문(임신)

[감사] 천지 만물을 조성하시고 인간의 수한을 정하시는 하나님께 영광을 돌립니다. 하나님의 섭리 중에 한 생명을 잉태케 하시고 그 어머니를 통하여 찬송케 하시오니 감사드립니다. 더욱 경건에 힘쓰고 깊은 은혜의 자리에 들어가게 하옵소서.

[임산부를 위해] 인생에게 복을 주시는 하나님, 새생명을 잉태한 자매가 혹시라도 근심이 있지 않게 하시기를 원합니다. 아름다운 그녀가 평안 속에 출산의 날을 기다리게 하시고 건강을 더하시어 순산의 기쁨을 누리게 되기를 원하오니 날마다 선한 생각 속에 주님과 동행케 하여 주시옵소서.

[간구] 좋으신 하나님, 그 놀라운 은혜를 인하여 감사를 드립니다. 베풀어 주신 그 사랑을 인하여 주님을 찬양하오며, 이 기쁨은 주님이 주신 기쁨이오니 모든 영광을 주님께 돌려드립니다. 한나의 기도를 들으시고 잉태케 하신 하나님의 은혜가 이 여종에게도 임하였사오니, 감사와 찬송을 드립니다. 주님께서 이 잉태된 귀한 생명을 돌보시사 건강케 하옵소서.

태중에 있는 생명을 하나님께서 보호하시고, 자매가 모든 것을 하나님께 맡기고 기도하는 시간을 더 갖게 하시어 사무엘같이 하나님의 음성을 들을 수 있는 아름다운 아이를 출산하게 붙들어 주시옵소서.

[가족을 위해] 이 가정에 아들을 주시려면 사무엘처럼 성전에서 자라 주께 드려지는 종이 되게 하시고, 딸을 주시려면 에스더처럼 나라와 민족을 위해 봉사하는 귀한 여종이 되게 하옵소서. 경건한 자녀를 주신 것은 경건한 백성을 이땅에서 창성케 하시고자 하시는 주님의 섭리인 줄 아오니, 경건에 크게 유익케 하옵소서. 예수님의 이름으로 기도드립니다. 아멘

Prayers on Joyful Occasions (Pregnancy)

[**Thanksgiving**]　Lord, we thank you for creating everything and deciding the days of men. We thank you for this pregnancy and for the mother's praise. May she become holier and experience your grace more deeply.

[**For the Woman Who is Pregnant**]　God, you bless Mankind. We pray for this mother that she will not have any fear. May she wait for the birth in peace. Keep her in good health so that she would have an easy labor. May she walk with you with sound thoughts.

[**Petition**]　God, you are so good. We thank you for your wondrous grace. We praise you for your love and give you all the glory. By your grace gave a child to Hannah when she prayed. By this same grace has come to this servant, so we give you thanks and praise. Please look after this new life to be healthy. May the mother commit everything to you in prayer and finally give birth to a beautiful baby who can hear your voice.

[**For The Family**]　If you are going to give a son, give a servant like Samuel, who was brought up in the Temple to serve you. If you are going to give a daughter, give a servant like Esther, who served her country and nation.

In Jesus' name. Amen.

기쁠 때 드리는 기도문(제대)

[감사] 인생의 생사화복을 주관하시는 하나님, 국가의 부름을 받아 군에 입대한 하나님의 사랑하는 아들이 어려운 일 없이 군복무를 마칠수 있도록 보호해 주신 은혜를 감사드립니다.

[은혜] 사무엘이 블레셋 군대를 물리친 후 돌을 취하여 미스바와 센 사이에 세워 "여호와께서 여기까지 우리를 도우셨다" 하고 '에벤에셀'이라 하였음과 같이 사랑하는 아들이 군복무를 무사히 마치게 된 것은 하나님께서 베푸신 에벤에셀의 은혜인 줄 믿습니다. 또한 군복무를 마치고 에벤에셀의 하나님께 진심으로 감사하는 그 중심의 믿음을 받으시고 복된 삶이 되게 하여 주옵소서. 이제부터 그가 새롭게 시작하는 생활에도 더욱 큰 믿음으로 승리하도록 주께서 복 내려 주시옵소서.

[제대 자를 위해] 은혜가 풍성하신 하나님, 주님께서 말씀에 이르신 충성과 인내와 순종의 정신을 그의 군생활을 통하여 체험적으로 익힌 줄 압니다. 이 정신을 제대한 후에도 교회생활과 사회생활에 잘 적용함으로써 태산과 같은 어려운 문제 앞에서도 흔들림이 없게 하옵소서.

[장래를 위해] 사랑하는 아들이 세상적으로는 땅을 정복하게 하시고 교회에서는 작은 일부터 충성하여, 마침내 주의 몸 된 교회를 야긴과 보아스와 같이 받들어 섬기는 중추적 인물로 삼아 주옵소서. 기드온의 용사가 하나님이 함께하심으로 블레셋 군대를 이긴 것처럼, 사랑하는 아들이 승리의 삶을 살 수 있도록 늘 함께해 주옵소서. 비록 군대를 떠났으나 나라를 위한 충성된 마음 변함없게 하옵소서. 제대와 함께 전개되는 생활에 주님께서 함께해 주옵소서. 예수님의 이름으로 기도드립니다. 아멘

Prayers on Joyful Occasions (Leaving the Army)

[**Thanksgiving**]   God who rules over everything, thank you for protecting your son so that he completed his military training.

[**Grace**]   Lord, your servant Samuel, set a stone between Mithbah and Shen. He named it Ebenezer, saying, "Thus far has the Lord helped us." We believe that your same grace is upon this son who finished his army training. Accept his faith and bless him to be victorious in his new life.

[**For The Man**]   Gracious Lord, we know that this young man learned to be loyal, patient and obedient through his army training experience. May he continue to be so as he readjusts in this church and in society so that he will stand firm before any difficulties he might face.

[**For The Future**]   May he acquire the land in secular society and be a pillar of this church life like Jakin or Boaz. Just as Gideon's soldiers won the victory in the fight against the Philistine army, always be with him to win the victory. Even though he has left the army, help him to stay loyal to the country.
In Jesus' name. Amen.

기쁠 때 드리는 기도문(퇴원)

[찬양] 반석이 되시는 하나님, 사랑하는 ○○○님이 연약하여지고 넘어질 때에 물결을 밟고 달려오신 주님을 찬양합니다. 그를 어려움에서 도우시어 구원을 베푸신 주님께 감사드립니다. 믿음의 기도는 병든 자를 구원하리니, 주께서 저를 일으키실 것을 믿은 대로 건강을 회복시켜 주신 일을 감사드리나이다.

[퇴원자를 위해] 우리가 나태하여지고 범죄의 길에 들어설 때, 여러 모양으로 깨달음을 주시오니 감사드립니다. 날마다 십자가에 가까이 가게 하시고 생존의 날까지 당신의 형상을 닮아가는 노력을 하게 하옵소서. 주님의 크신 긍휼과 자비의 손길이 ○○○님을 붙드셔서 이 기회를 통하여 믿음의 모습을 새로 정리할 수 있게 하시고 새로운 출발을 하게 하옵소서.

[돕는 이들을 위해] 아버지 하나님, 그동안 수고의 손길로 돌보아 주신 의사 선생님과 간호사 등 여러 의료진들에게도 주님의 사랑을 허락해 주옵소서. ○○○님의 건강을 위하여 기도해 주신 그 가족과 교회 그리고 주위의 여러분들에게도 은혜를 허락해 주옵소서. 저가 병든 가운데서도 소망을 갖게 하시며, 고난 중에도 말씀으로 위로받게 하시고, 평안을 주셔서 강한 힘을 얻게 하셨사오니 감사드립니다.

[간구] 이제 건강을 회복하여 온전한 몸으로 주님의 사역과 주님의 영광을 위해 헌신하게 하옵소서. 악마의 병기가 아닌 의로운 병기로 그 몸을 드리도록 인도하여 주옵소서. 사람의 몸은 그리스도의 성전인즉, 주님이 임하시는 성전으로서 다시는 영적, 혹은 육적인 병마가 침범치 못하도록 지켜 주옵소서.

만병의 의원이신 예수님의 이름으로 기도드립니다. 아멘

Prayers on Joyful Occasions (Leaving Hospital)

[**Praise**]　　God, you are our Rock. When your beloved ○○○ fell, you hastily ran to him. We praise you for your hands are stretched out to him. Just as we believe that the prayer of faith will heal the sick, so you restored him. We thank you.

[**For The Person**]　　Thank you Lord, you awake us whenever we become lazy or commit sin. May we approach the Cross and imitate you everyday. Take hold of ○○○'s life with your great Compassion and Mercy, so that he may be able to refresh his faith and start anew.

[**For Helpers**]　　Father God, show your love to these medical people – doctors and nurses. Pour out your grace on those who prayed for his recovery. Thank you for giving him hope in sickness, your Word in difficulties and peace to strengthen him.

[**Petition**]　　Now, having restored him to health, may he give himself entirely to glorifying you. Lead him to give his body to you as a vessel of righteousness. As his body is a temple where the Lord dwells, drive away spiritual enemies and diseases from him.

In the name of Jesus, who is the Doctor of all disease. Amen.

기쁠 때 드리는 기도문(수상)

[감사] 사랑의 하나님, 주님의 은총을 힘입어 ○○○님이 오늘 수상하게 된 것을 감사드립니다. 저에게 지혜를 주시어 오늘을 위하여 그동안 흘린 땀과 수고가 헛되지 않고 좋은 결과를 맺게 하시고 수상으로 영광을 누리게 하시니 감사합니다.

[결단을 위한 중보] 좋으신 하나님, 이 수상의 영광이 그의 육체에 머무르지 않고, 신앙의 경주에서도 승리하여 하나님의 영원한 상급을 받을 수 있는 자리에까지 달려가게 도와주옵소서. 그에게 수상의 영광을 먼저 하나님께 돌리는 신앙을 주시오니 감사합니다. 앞으로 모든 일에 더욱 충성하는 주의 일꾼이 되게 하옵소서. 이 세상 살면서 그에게 기쁨을 안겨 준 당신의 은혜를 감사하고 그 은혜를 찬양하며 늘 감격의 기쁨에 살도록 도와주시옵소서. 육신의 일은 다 소멸될 것이나 성령의 일은 영원한즉 영원한 주님의 일을 위하여 보다 힘써 영원한 상급을 거두게 하옵소서.

[수상자의 장래를 위해] 인도자가 되시는 하나님, 수상의 영광으로 말미암아 ○○○님을 더욱 붙잡아 주시옵소서. 좋은 일로 교만하여 자긍하지 말게 하옵시고, 행여나 이 일로 시험에 드는 일 없도록 강하신 손으로 붙들어 주시고 보다 큰 면류관으로 그의 진로를 보살펴 주옵소서. 죽도록 충성하면 생명의 면류관을 주시겠다고 언약하신 하나님께 영광을 드립니다. 오직 주님만을 위하여 죽도록 충성하는 주님의 자녀가 되게 하옵소서.

[간구] ○○○님으로 하여금 이번 수상을 진실한 마음으로 감사하게 하시고, 육체를 위하여 심는 자가 되어 육체로부터 썩어질 것만을 거두는 자가 되지 않게 하시고 성령을 위해 심고 거두는 자가 되게 하옵소서. 예수님의 이름으로 기도드립니다. 아멘

Prayers on Joyful Occasions (Receiving an Award)

[**Thanksgiving**]　　Thank you that ○○○ is receiving the award today. It is because you gave him wisdom and, in your grace, you helped him along to bear good fruit.

[**Intercession for Determination**]　　Good God, may he also be rewarded in the race of faith to receive your everlasting crown. Thank you for his faith that he always gives you all the glory above all. From now on, may he be even more faithful in all things. May he always spend his life giving thanks to you who brought such joy into his life. May he work hard for the everlasting reward, for the works of the flesh will perish but the work of the spirit will last forever.

[**For His Future**]　　Lord, our Guide, keep him balanced in moments like this, not to fall into the temptation of being proud. May he receive even bigger awards in the future as he walks humbly. We give you glory because you promised to give us the crown of life to those who serve you faithfully. May he be faithful to you only till death.

[**Petition**]　　May he be grateful to you from the bottom of his heart. May he sow seeds in the Holy Spirit and not to the flesh, so he can joyfully harvest what he sows.
　In Jesus' name. Amen.

어려울 때 드리는 기도문(환자)

[감사] 사랑의 하나님, 우리를 죄악 가운데서 건져 주시고 하나님의 자녀로 삼아 주심을 감사합니다. 하나님께서 우리를 만세 전에 택하시고 부르셔서 오늘이 있음을 믿습니다. 죽을 수밖에 없었던 생명이 사망에서 구속함을 받았사오며 주님의 은혜와 사랑을 맛보며 살고 있습니다.

[치료받기를 위해] 은혜가 풍성하신 하나님, 이 시간에 이웃의 병든 지체를 위해 기도드립니다. 참으로 좋은 이웃인 ○○○님이 원치 않는 병으로 이처럼 고생하고 있습니다. 주님께서 저를 만져 주시기를 소원합니다. 그가 해야 할 일이 많은데 이렇게 병중에 있으면 어떻게 하겠습니까? 속히 건강을 회복시켜 주옵소서. 사랑하는 지체를 불쌍히 여기시고 긍휼함을 베풀어 주옵소서.

자비로우신 하나님, 주님의 능하신 팔로 그를 붙들어 주시고 모든 병의 근원을 소멸시켜 주시옵소서. 믿음의 기도는 병든 자를 일으킨다는 말씀에 의지하여 믿음으로 아버지께 간구하오니 사랑하는 ○○○님을 병에서 건져 주시어 속히 어두운 날이 지나고 맑고 건강한 날을 맞게 해주옵소서. 이 병이 육신적으로는 말할 수 없는 괴로움이지만 영적으로는 깊은 하나님의 사랑을 체험할 수 있는 기회가 되게 하옵소서.

[환자 가족을 위해] 굳세게 하시는 하나님, 안타깝게도 육신이 연약해질 때 마음까지 약해지기 쉽사오니 환자를 간호하느라 지쳐 있는 가족들에게 말씀의 평안과 담대함을 허락하시고 믿음을 더하여 주옵소서. 하나님이 함께 하시는 사실을 꼭 믿게 하시고 주님의 권능의 팔로 일으켜 주심을 체험하게 하여 주시옵소서. 예수님의 이름으로 기도드립니다. 아멘

Prayers in Difficult Times (In Sickness)

[**Thanksgiving**]   God of Love, thank you for saving us from sin and adopting us as your children. We believe in your planning and choosing us who are here today. We were destined to perish but you redeemed us. We are enjoying your grace and love.

[**For Healing**]   Gracious God, we pray for our good neighbor ○○○, who is suffering from disease. We pray that you will touch him. He has so much to do, he should not be in bed. Please restore his health. Have mercy on him and show him your compassion.

Merciful God, hold him with your powerful hands and remove the cause of the disease. We rely on your Word and pray the prayer of faith, which makes the sick person well. So please heal him and let this dark night pass swiftly. Please use this difficult time as a spiritual opportunity to experience your love.

[**For The Family**]   God who gives strength! Lord, this family is so exhausted from nursing the patient. Give your word of peace and boldness to them as it is easy to be weak when they are physically exhausted. Give them faith to see you are alive and that you are able to raise him up with your mighty hands.

In Jesus' name. Amen.

어려울 때 드리는 기도문(입원)

[감사] 긍휼이 풍성하신 하나님, 사랑하는 우리의 지체가 육신의 연약함으로 입원하여 치료를 받게 되었습니다. 비록 육신이 병약하여 잠시 병원에 머물러 있어야 하오나 하나님만을 의뢰하는 믿음으로 담대케 하시오니 감사합니다.

[병 낫기를 위해] 믿음의 기도가 병든 자를 구원한다는 말씀을 의지하여 기도합니다. 언제나 주님의 일에 앞장서고, 다른 지체들에게 아름다움을 보여 주었던 주님께서 귀히 여기시는 주의 백성이오니 입원실에 오래 머무르지 않게 하옵소서. 그 크신 하나님의 경륜이 이 병실 안에서 열매 맺도록 역사하여 주옵소서. 비록 육신은 사망의 음침한 골짜기로 다니는 것 같을지라도 조금도 두려워하지 않는 까닭은 주의 막대기와 그 크신 지팡이가 병든 이를 안위하시기 때문인 줄로 믿습니다.

능력의 하나님, 이 시간 주님을 의지하는 마음으로 머리를 숙였습니다. 연약한 육체에 전능하신 하나님의 은혜와 돌보심이 나타나기를 간구합니다. 주님은 연약한 자의 피난처시요, 요새시며 의뢰할 하나님이십니다. 이 시간에 주님의 돌보심이 함께하실 때, 살리시는 하나님의 능력이 나타나 건강해질 수 있음을 믿고 감사드립니다.

[간구] 비록 병약하여 병상에 누워있지만 사랑의 하나님께서 곤비치 않도록 지켜 주심을 감사드립니다. 병상에 있는 동안 주님의 크고 놀라운 사랑을 경험하고 하나님과 더욱 가까워지게 하옵소서. 하나님의 사랑의 그늘에서 속한 쾌유가 있기를 간절히 원하오며 예수님의 이름으로 기도드립니다. 아멘

Prayers in Difficult Times (Staying In Hospital)

[**Thanksgiving**] Compassionate God, our blessed brother is to receive hospital treatment. Even though he stays in hospital, we thank you for his strong faith in trusting you only.

[**For Healing**] We pray trusting your Word that the prayer offered in faith will make the sick person well. ○○○ has been in the forefront of your work and has been a good example to us all. But now he is in hospital. We pray that he will quickly come out and that your work will bear fruit in this sick room. We believe your Word: "Even though I walk through the valley of the shadow of death, I will fear no evil, for you are with me; your rod and your staff, they comfort me."

Powerful Lord, we bow our heads before you in trust. We pray that your grace and care will be shown to this weak body. You are the refuge and the fortress for the weak. You are worthy of all trust. We thank you, believing that your power will make him well.

[**Petition**] We thank you for keeping ○○○ from becoming tired even in his sick bed. Draw him close to you while he is lying in bed. We pray that he will be healed in your care.

In Jesus' name. Amen.

366
어려울 때 드리는 기도문(수술)

[찬양] 사람의 생명을 주관하시는 하나님, 참으로 사랑스런 지체와 한 교회 안에서 공동체를 이루어 지내었으나 이렇게 원하지 않는 어려움으로 입원하여 수술을 받게 되었습니다. 저를 회복시키기 위한 수술임을 생각할 때, 주님의 은혜를 찬양합니다.

[의사와 간호사를 위해] 사랑하는 ○○○님을 주님의 이름으로 축복합니다. 의사의 손에 육신을 맡기기 전에 먼저 하나님께서 친히 만져 주시기를 기도합니다. 이 시간에 부족한 종의 기도를 받아 주시어 ○○○님을 주님의 강한 팔로 붙들어 주시기를 원합니다. 집도할 의사와 간호사들에게 지혜와 은혜를 베풀어 주시고 혹여라도 실수하지 않도록 주장해 주옵소서.

[환자를 위해] 아버지 하나님, 이제 한 시간이 지나면 수술실로 자리를 옮기게 됩니다. 마취사를 비롯하여 수술을 위한 모든 과정이 주님의 보호하심 속에 이루어지게 하옵소서. 간절히 구하옵나니, 우리의 눈에 보이지 않는 곳까지도 깨끗하게 살펴 수술하게 하옵소서. 온몸이 성별함을 받도록 신령한 은혜의 역사가 일어나게 해주옵소서. 거듭난 자만이 하나님을 바라본다고 말씀하신 것처럼 마음의 수술대 위에서 ○○○님의 영혼까지 맑고 신령하게 고쳐 주시옵소서.

[수술 이후 회복을 위해] 생명을 살리시는 하나님, 하나님께서는 언제나 우리의 마음을 감찰하시고 필요한 덕과 지혜로 모든 일이 합력하여 선을 이루게 해주심을 믿습니다. 사람의 손이 움직일 때마다 하나님의 손이 함께해 주심을 믿음으로 바라보면서 마음의 평안과 안식을 얻게 하옵소서.

예수님의 이름으로 기도드립니다. 아멘

Prayers in Difficult Times (Undergoing an Operation)

[**Praise**]   Lord, you rule over all life. Our lovely brother is undergoing an operation he probably didn't want to go through. We praise your grace, thinking that he will be restored following this operation.

[**For the Doctors and Nurses**]   We bless, our beloved brother ○○○ in the name of the Lord. Please lay your hands on ○○○, even before the doctors treat him. Please accept the prayer of this unworthy servant and hold ○○○ with your strong arms. Give the doctors and nurses wisdom and grace so that they will not make any mistakes.

[**For Patience**]   Father God, they are going to move him to the operation theater. Watch over the whole operation including the anesthetics. We pray that you will search the unseen corners of his body. May the operation go well. May your grace make him well. As your Word says that only those who are born again will see God, purify his body and soul at this time.

[**For the Recovery**]   God, you give us life. We believe that you see through our heart and give us wisdom to make everything good. Help us to rest peacefully, believing that you are in charge of the doctor's hands.

In Jesus' name. Amen.

어려울 때 드리는 기도문(사업 실패)

[감사] 인간의 삶을 주장하시는 하나님, 아버지의 사랑을 감사합니다. 이 시간 특별히 사랑하는 ○○○님을 위하여 기도드립니다. 그가 이제까지 성실하게 사업을 해왔으나, 그만 어려움을 당했습니다. 몹시 힘들고 지친 상황이오나 낙심하지 않고 하나님께 기도드릴 수 있는 믿음을 주시니 감사를 드립니다.

[축복] ○○○님의 형편을 아시는 하나님, 저가 잠시 어려운 가운데 있지만 주님의 백성으로서 누리는 은혜의 삶이 풍성해지기를 바라옵고 기도합니다. 저에게 하나님에 대한 소망을 허락하시고, 용기와 인내를 더해 주셔서 이 어려운 때를 잘 극복할 수 있도록 도와주시옵소서. 하나님을 사랑하는 자, 그 뜻대로 부르심을 입은 자들에게는 모든 것이 합력하여 선을 이루시는 것을 믿습니다.

[간구] 이 시간 ○○○님에게 환란 날에 피난처가 되시는 하나님의 도움이 필요합니다. ○○○님을 도와주시옵소서. 그에게 강한 믿음을 허락하셔서 이 어려움을 이기게 해주시옵소서. 사방으로 우겨쌈을 당하여도 싸이지 아니하며, 답답한 일을 당하여도 낙심하지 아니하며, 핍박을 받아도 버린 바 되지 아니하며, 거꾸러뜨림을 당하여도 망하지 아니하고, 일곱 번 넘어지나 여덟 번 일어설 수 있는 담대한 믿음을 허락해 주시옵소서.

[결단] 하나님 아버지, 사랑의 주님께서 저희를 사랑하시는 것을 믿습니다. 이번의 이 어려움이 결국에는 ○○○님에게 큰 유익이 될 줄을 믿습니다. 이 어려움이 전화위복의 기회가 되게 하여 주옵소서. 하나님을 목자로 삼는 사람은 부족함이 없음을 믿습니다. 예수님의 이름으로 기도합니다. 아멘

Prayers in Difficult Times (Failure of a Business)

[**Thanksgiving**] God, you are our Advocate. We thank you for your love. At this time we pray for our beloved ○○○. He has been sincerely running his business but is now facing difficulty. He is very tired and weary but we thank you that he can pray to you.

[**Blessing**] Lord, you know ○○○'s situation. We pray that your grace will abound towards your child ○○○, at this difficult time. Give him hope, boldness and patience to be able to overcome. We believe that you work for the good of all who love you.

[**Petition**] At a time like this, we need your help for you are our Refuge. Help ○○○! Give him strong faith to overcome. Give him bold faith, which will enable him to overcome this difficult time. Paul wrote, "We are hard pressed on every side, but not crushed; perplexed, but not in despair; persecuted, but not abandoned; struck down, but not destroyed." A man may fall seven times but can rise up again 8 times. Give ○○○ such faith.

[**Determination**] Father God, we trust in your unfailing love. We believe you can turn this misfortune into an opportunity for blessing.
In Jesus' name. Amen.

370
어려울 때 드리는 기도문(불합격)

[감사] 신실하신 하나님, 실패자의 손을 이끌어 주시는 은혜를 생각할 때 감사를 드립니다. 불합격의 시련을 겪으면서 낙망의 자리에 머물러 있지 않게 하시고 새힘을 얻어 다시 도전하는 용기를 주옵소서. 다시 한 번 기회 주심을 믿고 감사드립니다.

[결단] ○○○님이 언제나 하늘의 진실로 땅 위의 삶을 살게 하옵소서. 진리를 위해 살고자 높고 큰 삶의 꿈을 그려 보면서 무엇인가 옹골찬 일을 계획해 보던 때의 열심과 인내를 가족이나 주위의 사람들이 모두 지켜 보았나이다. 그러한 중에 어려움을 당한 ○○○님의 마음을 하나님께서 위로하시고 넉넉한 은총을 부어 주시옵소서.

[간구] 하나님 아버지, 나를 위해 지식을 얻으려 하고 하나님의 뜻보다는 내 명예와 출세를 위해서 노력하고, 하나님의 지혜와 그 능력보다 나 자신을 믿고 앞날을 계획할 때 실패와 헛수고와 무의미가 자신을 기다리게 되는 것을 깨닫게 해주시옵소서. 여호와께서 집을 세워 주어야만 쌓아올린 지식의 탑이 바벨탑이 되지 않고, 여호와께서 우리의 성벽을 지켜 주시지 아니하시면 경성하는 파수꾼의 수고가 헛되다는 것을 잘 알게 하옵소서.

[가족을 위해] 좋으신 하나님, ○○○님의 가족을 기억해 주시옵소서. 온 식구들이 하나님의 은혜를 깨닫게 되는 기회가 되게 하옵소서. 그리고 ○○○님이 하나님의 사람이 되도록 기도하게 하시고, 강한 의지와 탐욕으로 인한 부실함 위에 미래의 꿈을 뿌리 내리지 아니하도록 지켜 주옵소서. 하나님을 경외하며 그 도에 행하는 일이 지식의 근본 됨을 먼저 깨닫게 해주옵소서.

예수님의 이름으로 기도드립니다. 아멘

371
Prayers in Difficult Times (Failing an Exam)

[**Thanksgiving**]   Faithful God, we thank you for your grace, holding the hands of the one who failed. Give him courage to start again. Thank you for giving him another chance.

[**Determination**]   Let ◯◯◯ live his life on earth by the truth of heaven. We have all seen him planning his life with eager patience to fulfill his vision. Please comfort ◯◯◯ and fill him with your all-sufficient grace.

[**Petition**]   Father God, help us to learn that when we work for our own fame and not yours, we trust in our self rather than in your wisdom, and failure awaits us. Our own knowledge becomes like a Tower of Babel. And the labor of the builder and the watchman is in vain unless you build the house and watch over the city.

[**For The Family**]   Good God, remember ◯◯◯'s family Use this opportunity as an opportunity to learn of your grace. May the family pray for ◯◯◯ to be your man and not root his vision in on his strong will or greed. May he fear you and know that trusting your truth is the foundation of knowledge.

In Jesus' name. Amen.

어려울 때 드리는 기도문 (취직 낙방)

[영광] 위대하신 하나님, 주님께서는 높은 산꼭대기에도 나무를 심어 자라게 하시며, 깊은 산골짜기에도 고운 꽃과 싱그런 풀을 나게 하시는 신비의 능력을 소유하신 창조주이심을 믿고 영광을 돌립니다.

우리들이 남에게 누를 끼치지 않는 삶을 살기 위해 "일하기 싫거든 먹지도 말라"고 하신 말씀의 의미를 바로 깨닫고, 건강의 복을 주셔서 열심히 일하면서 살 수 있기를 소망하며 기도하게 하시고, 취직하기 위해 노력하게 하시오니 감사드립니다.

[축복] 열심히 일하기 원하면서도 적당한 일자리를 얻지 못해서 낙심 중에 있지 않도록 그를 붙잡아 주시옵소서. 그리고 낙방으로 인해 초조한 일과를 살아가는 힘 없는 자가 되지 아니하도록 지켜 주옵소서. 일하는 자로서의 권리가 언제나 보장되도록 도와주시고, 일하는 자로서의 기쁨으로 가정과 사회와 그리고 하나님의 나라를 평화롭고 행복하게 가꾸어가게 하옵소서.

[낙심한 자를 위해] 자비로우신 하나님, 천지만물을 지으실 때부터 땀 흘려 일하면서 사는 비결과 이치를 깨우쳐 주셨음에도 불구하고, 허물과 부조리와 불황으로 인하여 일하고 싶어 하면서도 일자리를 얻지 못해 고생하는 상황을 불쌍히 여겨 주옵소서.

이 일로 인하여 수많은 기술자와 근로자들이 희망을 포기하지 않게 하시고, 세상을 원망하면서 폭력에 호소하지도 않게 해옵주소서. 일 그 자체가 하나님께서 위탁해 주신 신성한 일들이 되게 해주옵소서. 또한 사람이 빵으로만 살 수 없음을 바로 이해하며, 말씀을 읽으며 일하는 기쁨을 간직하는 ○○○님이 되게 해주옵소서.

예수님의 이름으로 기도드립니다. 아멘

Prayers in Difficult Times (Failing a Job Interview)

[**Glory**]　　God of Glory, we give you glory for you are the Creator of the world. You have mysterious power, causing trees to grow on high mountains also flowers and grass in deep valleys. We know that your Word says to us, "If a man will not work, he shall not eat." You don't want us to burden another's shoulders. We thank you that ○○○ has hope in good health and is trying to get a job.

[**Blessing**]　　Lord, hold him strong so that ○○○ would not despair because of not getting a job even though he tries so hard. Hold him not to spend his days in doubt. May this country be a place where worker's rights are guaranteed, happily building families, society and God's kingdom here.

[**For the One Discouraged**]　　Merciful God, have mercy on the many who are going through difficult times without jobs. Even though you have taught men the principle of work, sin and economic depression have caused this situation. Help the many workers not to give up their hope or try to find a solution in violence. Help us to understand that work is holy and man does not live by bread alone. Please teach ○○○ the joy of reading your Word.

In Jesus' name. Amen.

어려울 때 드리는 기도문(이혼)

[소망] 위로자가 되시는 하나님, 하나님은 우리의 크고 작은 모든 일들을 감찰하시는 줄로 믿습니다. 어려워진 ○○○님의 가정을 돌보시고, 그 가운데에 성령의 위로와 은혜를 더하여 주옵소서. 답답한 중에 있는 저들을 친히 찾아오셔서 주님의 품에 안아 주시고, 자신을 스스로 돌보며 더욱 하나님 앞에 바로 서서 새로운 삶을 살아가게 하옵소서.

[축복] 주님의 택하신 자녀가 이렇게 홀로 서게 되었습니다. 믿음의 눈을 열어 함께하시는 하나님을 보게 하시고 하늘의 평화를 누리게 하옵소서. 이후로 ○○○님과 하나님이 동행하여 주시고 말씀으로 그의 앞길을 한 걸음씩 인도하여 주시기를 간절히 소원합니다. 주님이 가장이 되시고 모든 어렵고 험한 길에서도 형통한 은혜를 주시옵소서. 세상 사람들의 인심은 실패하고 외로워질 때, 그 곁을 떠나지만 주님은 우리가 어떠한 형편 가운데 있을지라도 함께하시오니 우리들의 소망이요, 위로자가 되십니다.

[장래를 위해] 많은 그리스도인들이 세상 줄이 끊어질 때에 도리어 주님의 사랑의 줄이 더욱 강하게 이어지는 것을 간증합니다. 이 성도님에게도 이런 체험의 믿음을 더하여 주옵소서.
○○○님의 마음속 깊이 자리잡고 있는 상처를 보혜사 성령의 위로하심으로 싸매어 주시고, 더 큰 은혜 주심을 따라 상대방의 허물을 용서하며 주님을 바라보게 하옵소서.

[위로] 이 시간, 마음에 혹시라도 미움이나 원망이 남아 있다면 청결한 마음을 갖게 하시어 하나님을 뵐 수 있는 은혜를 내려 주옵소서. 모든 계획을 주님께 맡기게 하시고, 낙망하거나 불안해 하지 않는 하늘의 평안으로 채워 주셔서 새로운 삶이 이어지게 하옵소서. 예수님의 이름으로 기도하옵나이다. 아멘

Prayers in Difficult Times (Divorce)

[**Hope**]   Lord, our Comforter, you watch over every detail of our lives. Please look after ○○○'s family which is in difficulty and give them the grace and comfort of the Holy Spirit. Come to him for he is in distress and help him to stand before you and start his life again.

[**Blessing**]   Your beloved son is now on his own. Open his spiritual eyes to see you and enjoy the peace from above. Please be with ○○○ and guide his steps. Be the head of the family and prosper him through these difficult times. You are our hope and comforter because you will never leave us even though others can turn away from us when we fail.

[**For The Future**]   Lord, many Christian witness that when they are isolated from the world, they grew much closer to you. Give ○○○ this same experience.
Heal ○○○'s hurt with the comfort of the Holy Spirit and help him to forgive his divorced partner as you give him increased grace.

[**Comfort**]   By your grace, cleanse his heart just in case he still harbors any bitterness towards his divorced partner. May he commit all his plans to you and start his new life in your peace.
In Jesus' name. Amen.

어려울 때 드리는 기도문(재난)

[감사] 구원의 하나님, 우리의 풍랑당한 것을 아시고 친히 오사 즉시 손을 내밀어 구원해 주시는 하나님을 찬양합니다.

○○○님께서 부지불식간에 재난을 만났으나 하나님께서 넉넉히 이기게 하심을 믿습니다.

[위로] 말세에 많은 고통이 있을 것이라는 예고대로 온갖 재난이 우리를 고통스럽게 하고 있나이다. 그 재난 중에서도 주님의 손에 굳게 붙잡히게 하시어 살아계시는 아버지의 품에 안기게 하옵소서. 또한 이 어려움을 이기며 낙심하지 말고 믿음으로 승리하게 하옵소서. 오히려 아버지 하나님께 매달리는 신실함을 갖게 해주시기를 원합니다.

[격려] ○○○님을 위하여 간절히 기도할 때, 믿음의 사람인 욥을 생각하게 됩니다. 욥은 의인이었지만 시험을 당하였습니다. 이 세상 사는 동안 뜻하지 아니한 재난이 죄의 대가로 오기도 하지만, 욥처럼 믿음을 시험하기 위하여서도 오는 것을 알 수가 있습니다. ○○○님이 만난 재난이 욥의 시험처럼 믿음의 연단을 위한 것이라면 인내로 이겨서 이 일로 말미암아 하나님께 더욱 인정받는 믿음의 사람이 되게 하옵소서.

[은혜] 신실하신 하나님, 이 재난이 ○○○님에게 새사람 되는 은혜의 기회가 되게 하옵소서. 그래서 나그네로 지나는 동안 이 육체로 범죄하지 않게 하시고, 시련을 통하여 더욱 하나님을 가까이 뵐 수 있는 은총을 주시옵소서. 욥은 하나님을 원망하지 않고 도리어 찬송하며 믿음을 지켰사오니, 이 가정에도 이런 믿음을 주시옵소서. 그리하여 이 가정에도 욥이 누렸던 복을 더하여 주옵소서. 예수님의 이름으로 기도드리옵나이다. 아멘

377
Prayers in Difficult Times (A Disaster)

[**Thanksgiving**]　　God of Salvation, we praise you for your outstretched hands to those who feel wretched. ○○○ fell into this disaster without seeing it, but we believe that you will cause him to overcome.

[**Comfort**]　　Many disasters are troubling us as anticipated in the Bible. Embrace us in your arms in the midst of disasters. Help us to overcome by faith. May our faith increase through them. Let us cling to you more faithfully.

[**Encouragement**]　　Lord, we think of Job when we pray for ○○○. Job was a righteous man yet he was tested. We know that disasters can be the result of sin but also can be a test of faith. Lord may ○○○ be purified through this time of trial and overcome by patience, so be approved by God moreover.

[**Grace**]　　Faithful Lord, use this time to mold ○○○'s life as a new person. Help him stay away from sin. Instead, draw him close to you. Give him the faith of Job so that he will not commit sin with his lips but keep his faith throughout. Restore him, and bless him just as you blessed Job.
　In Jesus' name. Amen.

378
어려울 때 드리는 기도문(도난)

[감사] 전능하신 하나님, 죄악에 물든 험악한 세상을 사는 저희들의 생명을 지켜 주시고, 강건한 은혜를 주시오니 감사드립니다. 불의의 사고를 만난 ○○○님의 가정에 성령으로 위로하심을 감사합니다. 뜻하지 아니한 도난을 당하였지만, 여기서 주의 권고하시는 말씀을 듣고 은혜를 받으며 감사하게 하옵소서.

[격려] 우리의 필요를 따라 하늘로부터 공급하시는 하나님, 저희들을 사랑하사 이땅에 사는 날 동안 궁핍하여 꾸는 자 되지 않고, 사용할 수 있는 적절한 물질을 허락해 주심을 감사합니다. 지금 저희들이 누리는 모든 것은 주님의 것입니다. 재산의 손실로 어려움을 당하였으나, ○○○님이 이러한 때에 지금 우리가 가지고 있는 물질이 내 것이 아님을 알게 하옵소서. 내 것으로 알았던 잘못을 뉘우치게 하시고, 하나님의 뜻대로 살게 하셔서 지금은 물질의 손해가 있으나 곧 풍성한 것으로 채워 주시는 경험을 갖게 해주옵소서.

[도적을 위해] 이 가정에 들어왔던 도적을 용서하게 하옵소서. 사랑하는 ○○○님이 재물의 손실로 어려움을 당하였지만 도적의 영혼을 사랑할 수 있게 하시고, 우리 주님께서 그에게 역사해 주셔서 그의 마음에 감동을 주시고, 회개하고 새사람 되게 하시며, 그 가정에도 부득이한 상황에 처하지 않도록 인도하여 주시옵소서.

[이웃을 위해] 자비로우신 하나님, 생활 전선에서 패배하여 곤고한 중에 지내는 이웃을 사랑으로 돌볼 수 있는 은혜를 주옵소서. 저희들이 언제나 나누어 주는 삶을 살아 사랑으로 주님의 일을 이루게 하옵소서. 예수님의 이름으로 기도합니다. 아멘

379
Prayers in Difficult Times (Theft)

[**Thanksgiving**]　　Almighty God, thank you for protecting our lives in this sinful world and giving us your grace. Holy Spirit, comfort ○○○ whose family has recently been burgled. Give him joy to hear your Word of counsel.

[**Encouragement**]　　Lord God, our provider, thank you for providing for us. All we have is yours. Help ○○○ to realize that none of our possessions is really ours at a time like this. May he repent of his fault of not counting such possessions as temporary and may he start again in your will and experience your recovery.

[**For the Thief**]　　Help ○○○ to forgive the thief even though he lost some material things. Rather give him love for the thief. We pray that you will touch the thief's life to repent and become a new person. Please help the thief's family not to be pressed by circumstances into such criminal actions.

[**For the Neighbors**]　　Merciful Lord, give your grace to us. So that we will lovingly look after our neighbors who are experiencing poverty because of loss or unemployment. May we fulfill your work with a sharing lifestyle.
　In Jesus' name. Amen.

어려울 때 드리는 기도문(교통사고)

[감사] 인생의 보호자이신 하나님, 이제까지 저희들의 생명을 안보하사 이렇게 살아가고 있음을 감사드립니다. 만유를 지으신 그 능력으로 지켜 주시는 은총에 진심으로 감사하지 않을 수 없습니다. 사람의 목숨이 질그릇보다 더 약하다는 것과 우리의 생명이 우리 것이 아님을 깨닫게 하시오니 감사합니다.

[위로] 어느 누구의 실수이든지 간에 저희들로서는 원치 아니하는 일을 당하였습니다. 지금 참화로 병실에 누워 있는 ○○○님을 주님께서 붙들어 주시옵소서. 그를 속히 일으켜 세워 주시기를 원합니다. 평안한 호흡을 허락하시고, 부러진 마디마디를 주의 손으로 어루만져 주시고, 통증으로 고통스러울 때 주님 당하신 십자가의 고통을 생각하며 견디어 내게 하옵소서. 오래 두지 마시고 고쳐 주시옵소서.

[축복] 이 병상을 지키시는 하나님, 무엇보다도 ○○○님에게 주님으로 인한 영혼의 충만한 평화를 누리게 하옵소서. 우리가 그를 위하여 기도할 것밖에는 없습니다. 예비된 복을 내려 주옵소서. 그가 병상에 있는 동안 주님과 교제하며 신앙을 견고히 할 수 있기를 원합니다. 신앙훈련의 기간이 되게 하옵소서. 주님의 화평을 찬양하는 믿음을 소유하게 하옵소서.

[가족을 위해] 하나님 아버지, 교통사고를 당한 ○○○님에게 복을 내리시어 본인에게는 평안이 넘치고, 이를 바라보는 가족이나 친구들에게 하나님의 사람 됨이 어떠한가를 알게 하시옵소서. 위문 오는 성도들에게는 은혜가 넘치게 하시며, 아니 믿는 불신자에게는 전도의 계기가 되게 하옵소서. 진료하는 의료팀에게도 은혜를 베푸시어 바른 결과가 나오게 하옵소서.

예수님의 이름으로 기도드립니다. 아멘

Prayers in Difficult Times (Car Accident)

[**Thanksgiving**]   Lord, our Protector, thank you for protecting our lives until now. We really thank you that, the Creator of the world, are looking after us with the same power. We thank you Lord, that you made us realize that we are like fragile jars of clay and that our lives belong to you.

[**Comfort**]   No matter who's mistake it was, ○○○ has had a car accident and is now lying in bed. Please hold him and help him to quickly get on his legs again. Help him to breathe comfortably; heal his broken bones and help him overcome his pain, remembering Jesus' pain on the cross. Please don't leave him there too long.

[**Blessing**]   God, you are watching over this sick room. Give ○○○ your abundant love. The only thing we can do for him now is to pray. Bless him with what you have prepared. We pray that he will become closer to you and that his faith will grow stronger. Use this time as a time of training. May he possess faith and praise you.

[**For The Family**]   Father God, bless ○○○ to dwell in your peace and use him to exhibit to everyone around him what it means to be a man of God. May all his Christian visitors experience your grace when they visit him, and use the opportunity to share the gospel with non-Christian visitors. Please bless the medical team to bring the right result.

In Jesus' name. Amen.

어려울 때 드리는 기도문(실종)

[찬양] 생명의 주관자가 되신 하나님, 험악한 세상의 삶을 사는 동안 지켜 주심을 찬양합니다. 때로는 원치 않는 고통으로 신음할 때가 있을지라도 곧 평안을 주시는 하나님을 찬양합니다. 우리가 광야와 같은 세상에서 어려움을 만날 때, 위에 계신 하나님을 바라볼 수 있는 신앙을 갖게 하옵소서.

[위로의 간구] ○○○님을 위하여 간구합니다. 안타깝게도 사랑하는 ○○○님을 잃었습니다. 인간적으로는 실종을 당하였으나, 지금 그가 어디에 있는지 하나님은 아실 줄 믿습니다. 우리의 피난처요 힘이 되심을 경험할 수 있는 신앙을 주심으로 이 고난을 잘 감당하게 하시기를 원합니다. 그리고 합력하여 선을 이루시는 하나님을 보게 하옵시고 승리하게 하옵소서.

[축복] 사랑의 하나님, 실종된 ○○○님을 주님의 이름으로 축복합니다. 그리고 찾기 위하여 백방으로 애쓰며 안타까워하고 있는 ○○○님을 축복합니다. 하나님은 믿는 성도들에게 "자기 백성을 결단코 버리지 아니하리라"고 약속하셨습니다. 그것은 하나의 약속의 말씀만이 아니고 역사적으로 분명한 증거를 보여 주셨사오니, 이 사실을 믿고 낙심하지 않게 하시고 새로운 힘을 얻게 하시옵소서.

[가족을 위해] 자비로우신 하나님, 이 가정의 식구들에게 평안을 주시옵소서. 그리하여 하나님의 가정은 어떤 환란 중에서도 살아계신 하나님의 보호와 인도를 받음을 이방인들에게 보여 주고 하나님의 영광을 드러내는 기회가 되도록 인도해 주옵소서.

예수님의 이름으로 기도드립니다. 아멘

Prayers in Difficult Times (When Somebody is Missing)

[**Praise**] Lord, who rules over lives, thank you for protecting us during our lives in this harsh world. Sometimes we have difficult times in groaning pain yet we praise you that your healing is on the way. When we face difficulties in this world like the Israelites, in the wilderness, we want to have faith which looks up to heaven.

[**Petition for Comfort**] Lord, we plead for ○○○. Our beloved ○○○ is missing. Lord, you know where he is now. Please give him the faith of knowing you as his refuge and strength to go through this time. May he have the victory and may everything work for him in the end.

[**Blessing**] God of Love, we bless ○○○ in Jesus' name. Also we bless those who are looking for him everywhere. you promised to your people, "Never will I leave you; never will I forsake you." Lord your promise is so clearly proved in history, so give us new strength not to become discouraged.

[**For The Family**] Merciful God, give the family your peace. Show to outsiders that you protect and guide believers' families. Reveal your glory through this time.
In Jesus' name. Amen.

어려울 때 드리는 기도문(실직)

[감사] 사람의 걸음을 인도하시는 하나님, 에덴 동산에 부족함이 없었던 것처럼 인생의 삶에도 부족한 것이 없게 하신 하나님께 감사드립니다. 또한 하나님께서 사랑하는 ○○○님을 지금까지 지켜 주심을 감사드립니다. 지금은 비록 실직한 중에 있지만 하나님께서 적당한 일을 할 수 있도록 도와주옵소서.

[소원의 간구] 하나님의 말씀에 생업은 하나님이 주시는 기업이라고 하셨습니다. 저희들에게 예수 그리스도 안에서의 영원한 기업을 주신 아버지께서 이 세상에 사는 동안에도 생업의 기업을 허락하실 줄 믿습니다. 하나님은 우리의 영혼도 사랑하시지만 우리 육신의 생활도 권고하신다는 것을 확신합니다. 사랑하는 지체에게 준비된 일자리를 허락해 주시기를 간절히 원합니다.

참 좋으신 하나님, ○○○님께서 직업을 기다리면서, 지난 날 맡은 일에 소홀함이 없었는가를 돌아보게 하시고 앞으로 하나님이 허락하시는 직업에 더욱 충실할 수 있는 마음의 자세를 갖게 하옵소서. 자신의 육신생활의 방편으로 직업을 구하지 않게 하시고, 무슨 일을 하든지 먼저 하나님의 영광을 드러내게 하옵소서.

[결단] 하나님께 부름받은 소명을 따라 나라와 사회에 봉사할 수 있는 목표를 갖게 하옵소서. 간절히 기도하옵는 것은 먼저 그 나라와 그 의를 구하는 영적인 바른 자세를 갖추게 하시고, 그리하면 모든 것을 더하시리라는 말씀의 약속이 이루어지게 하옵소서.

○○○님의 가족들도 믿음으로 기다리며 위로하게 하시고, 서로 아껴 주며 협력하는 사랑이 넘치는 가정이 되게 하옵소서. 예수님의 이름으로 기도드립니다. 아멘

Prayers in Difficult Times (Losing a Job)

[**Thanksgiving**]　　Thank you for making our lives beautiful without lack, as it was in the Garden of Eden. Thank you for keeping ○○○ until now. Please help him to find a suitable job for him.

[**Petition for desire**]　　A vocation is a precious gift from you. We believe that you will give us vocations in this world. We are convinced that you are mindful of our bodily life as much as our spiritual life. We plead to you to give the prepared job in your plan.

Good God, may this time be a time of reflection for ○○○ and prepare his heart for the future job. May he seek a job, which not only meets his needs but which will also reveal your glory in whatever he does.

[**Determination**]　　May he have a vision to do your calling by serving this country and society. You said, "Seek first Gods kingdom and his righteousness, and all these things will be given to you as well." Please fulfill this in ○○○'s life. May your love overflow in his family as they wait on you, caring and cooperating with each other.

In Jesus' name. Amen.

어려울 때 드리는 기도문(가난)

[경배] 전능하신 하나님, 주님의 보혈로 구원해 주시고 하늘의 양식으로 살게 하시니 주님의 위대하심에 경배드립니다. 주 안에서 형제 된 ○○○님의 가정을 신실하신 하나님의 손길로 보호해 주신 것을 생각할 때, 경배드리지 않을 수 없습니다. 주님의 이름이 경배를 받으시옵소서.

[가난한 자의 삶을 위해] 이 가정이 현재 가난으로 어려움을 겪고 있음을 주님이 아실 것입니다. 모든 것을 창조하신 하나님께서 ○○○님의 가정도 눈동자처럼 보고 계실 것입니다. 이 가정의 식구들이 이미 믿음으로 풍성함을 누리게 한 것을 감사하거니와 바라옵기는 물질의 풍성함도 주시옵소서. 가난하므로 하나님의 영광을 가리우기 쉽사오니, 연단을 위한 기간일지라도 깨달음을 속히 주심으로 그 기간을 단축시켜 주시고 모든 일에 하나님의 도우심을 힘 입게 해주옵소서.

[결단] 영광과 존귀의 하나님, ○○○님의 가난함이 주님의 뜻이라면, 주님께서 세상에 계실 때 가난을 몸소 체험함을 알게 하시고 위로받게 해주옵소서. 주님이 모든 권세와 영광을 가지시고도 스스로 가난하게 되심은 인간을 가난에서 부요케 하심이라 하신 말씀도 기억합니다. 진실로 가난하나 부하나, 그리스도 안에서 부족함이 없게 하시고 도리어 가난 때문에 원망하거나, 부함으로 교만한 죄를 짓지 않게 은혜를 주옵소서. 비록 육신적인 일에 필요한 것들이 부족하다 할지라도 우리의 영혼이 해함을 받지 아니하는 믿음을 간직하는 가정 되게 하시고, 위로부터 내려오는 참 평화를 맛보게 하시옵소서.

예수님의 이름으로 기도드립니다. 아멘.

Prayers in Difficult Times (In Poverty)

[**Worship**]　　All Powerful God, we worship you our Great God. You saved us by the Blood of the Lamb and feed us with the bread from heaven. When we think of your sincere care for this family. We can do nothing else but worship you only. Please accept our worship.

[**For Passing Through Times of Poverty**]　　Lord, you know this family's difficulty. You, the Creator of the world, must be watching over them. This family is already rich in faith, yet please make them materially rich too. If this is training for their faith, please help them quickly realize its purpose and help them not to hide your glory in their poverty.

[**Determination**]　　God of glory and nobility, if you meant for them to be poor, please comfort them by reminding them that our Lord Jesus also experienced poverty. We remember that Jesus chose to be poor, even though he had all the power and glory, in order to make mankind rich. Help them to be content, whether poor or rich, and keep them from sinning against you whether they are in wealth or poverty. Keep their spirits from being harmed because the lack of material things and may they enjoy true peace from above.

　In Jesus' name. Amen.

어려울 때 드리는 기도문(근심 중에 있는 자)

[감사] 아버지 하나님, 하나님의 자녀로 구속해 주신 그날부터 하늘의 은혜로 살아오게 하셨음을 감사드립니다. 아담이 범죄한 이후 이땅 위에는 고통과 근심이 끊이지 않고 있지만, 저희들은 특별한 은혜를 누리고 있습니다. 지금 사랑하는 ○○○님이 잠시 고난을 당하고 있사오나 하나님의 붙들어 주심을 소망하게 하옵소서.

[위로] 신실하신 하나님, 하나님을 바라보며 믿음으로 세상의 근심에서 벗어나게 하시기를 간절히 원합니다. 어려움을 당하고 있는 중에, 모든 악한 생각을 일으키는 요소들을 성령의 불로 태워 주시고 정결한 맘 갖게 하옵소서. 보혜사 성령의 역사로 세상이 알지 못하는 평안을 소유하게 하옵소서. "너희는 마음에 근심하지 말라 하나님을 믿으니 또 나를 믿으라"고 하신 주님의 말씀을 기억합니다. 예수 그리스도를 나의 생명의 주로 믿는 성도들이 근심과 걱정에서 자유함을 누릴 수 있게 하옵소서. "내가 너희를 고아와 같이 버려 두지 않겠다"는 주님의 음성을 듣게 하여 주옵소서.

[간구] 성령이 제자들의 마음에 임재함으로써 제자들에게 근심하지 말라고 하신 예수님의 말씀과 같이 근심과 걱정 대신 더 큰 기쁨을 체험할 수 있었던 것을 압니다. ○○○님에게도 이와 같은 신령한 은혜를 주시옵소서.

구원의 하나님, 인간은 연약하여 당장 당하고 있는 환경에 휩쓸려 걱정과 염려에서 헤어나오지 못하오니, 우리의 연약함을 도우시고 그리스도 안에서 참 된 자유와 평안을 얻게 해주옵소서. 하나님의 나라를 바라보며 살아가는 하루하루가 되게 하시기를 간절히 원합니다. 예수님의 이름으로 기도드립니다. 아멘

389
Prayers in Difficult Times (In Worry)

[**Thanksgiving**]　　Father God, we have been living in your grace since the day you adopted us as your children. The world is full of pain and worry ever since Adam sinned. Yet we are living in your special grace. For a short time your beloved ○○○ is suffering. May he take hope in your help.

[**Comfort**]　　Sincere God, we plead that you will free us from worldly worries. Consume all our evil thoughts by the fire of the Holy Spirit and help us to have pure hearts. Give us the peace which the world cannot give. We also remember Jesus' word, "Do not let your hearts be troubled. Trust in God; trust also in me." Help us to be free for we believe in Jesus the Lord of Life. May we hear your voice saying, "I will not leave you as orphans."

[**Petition**]　　We know that when Jesus told the disciples not to worry for he will send the Holy Spirit, the disciples could experience greater joy instead of worry. Give ○○○ the same grace.

　Savior God, we are so weak, we can't escape our worrisome circumstances. So help us Lord to know genuine freedom and peace in Christ. We want to be looking towards God's kingdom everyday of our life.

　In Jesus' name. Amen.

390
어려울 때 드리는 기도문(가정 불화)

[불화한 가정을 위해] 우리의 가정이 행복해지기를 원하시는 하나님, 이들 부부에게 사랑의 삶을 허락하시기를 원합니다. 서로에게 주어진 조건에서 성의를 갖고 바르게 이해를 하면서 잃어버린 화목을 다시 회복하기 위해 자기 중심에서 벗어나 서로의 입장에 설 수 있는 삶이 되게 하옵소서.

뼈 중의 뼈요 살 중의 살이라고 짝을 찾은 기쁨은 잠시 뿐이고, 서로가 책임을 전가하면서 고독하게 된 아담과 하와를 기억합니다. 이들 부부도 신혼의 행복과 즐거움을 잃어버리고 잠깐의 실수로 서로를 원망하면서 영원한 사랑을 의심하는 부부가 되었사오니 위로해 주시옵소서.

[회복을 위해] 사랑이신 하나님, 주 안에서 말씀으로 가정을 지키지 못한 믿음 없음을 용서하시고 다시 한 번 하나님의 소리를 듣게 하옵소서. 아내들을 향해 자기 남편에게 복종하기를 주께 하듯 하라신 음성이 들려지게 하옵소서. 또한 남편들을 향해 아내 사랑하기를 그리스도께서 교회를 사랑하시고 위하여 자신을 주심같이 하라신 주의 말씀이 들려지게 하옵소서.

결혼 전에 가졌던 아름다운 꿈과 현실과의 차이를 극복하기 위해 상대방의 일방적인 희생만을 기대하는 어리석음을 버리게 하시고, 행복한 가정을 만들어가는 지혜를 주시옵소서. 내가 남편에게서 무엇을 기대하듯이 남편도 아내에게 무엇을 기대하고 있다는 사실을 알고 노력하게 하옵소서.

[결단] 이 시간 서로가 자신의 잘못을 찾아 반성할 수 있게 하옵소서. 서로가 이해하며 그의 단점을 들추어내기보다는 그 장점을 보고 서로 도우면서 사랑을 회복하여 화목한 부부가 되게 하옵소서. 예수님의 이름으로 기도드립니다. 아멘

Prayers in Difficult Times (Family Disharmony)

[**For Family in Disharmony**] Lord, you want our lives to be happy. Please give your love to this couple. Help them to give themselves to understanding each other to regain their lost harmony. May they leave their selfishness behind and stand in each other's shoes.

We remember how Adam confessed that Eve was bone of his bones and flesh of his flesh and then, shortly after, they accused each other and became lonely. It is like that with this couple. Please comfort them.

[**For Recovery**] God of Love, forgive our lack of faith and give us another opportunity to hear your voice. May the wives hear the word that they should submit to their husbands as to the Lord. And may the husbands hear the word that they should also submit to their wives and love them as Christ loves the Church. Give them wisdom to build a happy family and not demand each other's sacrifice to fill the gap between their dreams and reality. Teach them to know that both parts have expectations and know how to try to make it better.

[**Determination**] Help them to examine themselves. May they see each other's good points and help each other rather than pointing out each other's bad points.

In Jesus' name. Amen.

어려울 때 드리는 기도문 (신체 장애자)

[감사] 좋으신 하나님, 인생에게 복을 주셔서 오늘도 은혜를 누리며 살게 하심에 감사드립니다. 특히, 이 시간에는 ○○○님이 세상에서는 비록 육체적인 불편함을 갖고 어렵게 살고 있지만 낙심하지 않음을 감사드립니다. 하나님께서 그를 긍휼의 손으로 붙들어 주시사 은혜의 깊은 체험 속에서 힘과 소망을 얻게 하심을 감사드립니다.

[신체장애자를 위해] 사랑의 하나님, 주님께서는 나면서 소경 된 사람에게도 그가 그렇게 된 것은 그를 통하여 하나님께 영광 돌리기 위함이라고 하셨습니다. 그의 작은 삶을 통해서 신체적으로 불편을 느끼는 모든 분들에게 하늘의 소망을 품게 해주시옵소서. 그리하여 스스로 절망하지 않게 하시고 자신의 생애에도 하나님의 계획하심이 있고 뜻이 있음을 알게 해주시옵소서.

내 눈이 어둡기에 더욱 하나님나라의 영광을 밝히 보게 하시고, 내 귀가 들리지 않아도 주의 부드러운 음성을 듣게 하시고, 내 몸이 부자유하지만 죄악에서 자유함을 얻어 신령한 복을 누리게 해주시기를 기도합니다. 헬렌 켈러와 성다미안처럼, 자기 처지가 그러하므로 같은 불행한 사람들의 벗이 되고 힘이 되는 큰일도 능히 감당할 수 있는 은혜를 덧입혀 주시옵소서.

[축복] 전능하신 하나님, 주님만이 ○○○님의 모든 것이 되심을 확신하며 믿음으로 승리하기를 원합니다. 온몸이 건강해도 그것이 얼마나 귀하고 감사한지를 모르고 살아가는 이들이 있으나 ○○○님은 주님을 영화롭게 하는 삶을 살게 하옵소서. 그의 생애에 주님이 밝은 등불이 되어 주시옵소서.

예수님의 이름으로 기도드립니다. 아멘

Prayers in Difficult Times (Physical Disability)

[**Thanksgiving**]   Good God, thank you for blessing us and giving us your grace. Especially today, we want to thank you for ○○○'s life that even though he is physically disabled, he has not lost heart. We thank you that your compassionate hands are strongly holding him and that ○○○ can receive the strength and hope through experiencing your grace.

[**For the Physically Disabled**]   God of Love, when Christ saw the blind man, it was to give glory to God. Use ○○○ as a beacon to give hope to the many who are physically disabled. May they not despair but know your good plan for their lives.

May the blind more clearly see your glory. May the deaf, clearly hear your voice. May the physically disabled be free in their spirits. May they be like Helen Keller or St. Damian who had severe disabilities yet they befriended many and strengthened many in your grace.

[**Blessing**]   Almighty God, we are convinced that you are our everything and we want to win the victory by our faith. There are many who are in good health but do not give thanks to you. Use ○○○'s life to glorify you. Be the light of his life.

In Jesus' name. Amen.

어려울 때 드리는 기도문(수감자의 가정)

[축복] 사랑의 하나님, 답답한 마음을 갖고 주님께 부복한 이 가정에 보혜사 성령께서 임재하시기를 소원합니다. 하나님께서 신령한 귀를 열어 주시어 아무도 들리지 않는 가운데서 위로와 소망의 말씀을 듣게 하시옵소서. 그래서 결코 낙심하지 않게 하시고, 모든 것이 합력하여 선을 이루게 하시는 하나님의 은총을 힘입게 하여 주시옵소서.

하나님, 언제나 우리 곁에 계시며 모든 깊은 사정까지도 감찰하시는 아버지께 감사드립니다. 이 가정의 아픔을 살펴 주옵소서. 이 가정이 지금은 답답한 중에 있지만 이런 일이 신앙적으로나 가정적으로나 앞으로 계획하는 일에 유익이 되게 하시옵소서.

[위로] ○○○님을 말씀으로 위로해 주시고 기도로 소망을 품게 하옵소서. 우리가 일상생활을 하는 동안 법이 무엇인지 그 형벌이 어떠한지 모르고 살아갑니다. 크나 작으나 법에 저촉되는 것은 원치 아니하지만 응할 수밖에 없음을 알 때, 이런 기간이 더욱 앞으로 흠 없는 여생을 살아가는 데 하나의 계기가 마련되게 해주시옵소서. 더욱이 하나님의 율법 하에 있는 인간은 다 죄인이지만, 그리스도 예수의 십자가의 사랑으로 구속받아 죄악에서 자유함을 얻고 하나님의 자녀 됨의 은혜를 깊이 깨닫게 하시며 감격함을 간직하게 하여 주시옵소서.

[수감자들을 위해] 언제나 시간과 공간을 초월해 계시는 하나님, 모든 일을 주께 의뢰하고 그 크신 도우심을 힘입게 하옵소서. 범법으로 갇힌 사람은 바른 길로 인도하시고, 무엇인가 뜻있는 일을 외치다가 수감된 이들에게는 마음의 평화를 주시고, 이 땅에 주의 나라가 세워질 그날을 기다리게 하옵소서.

예수님의 이름으로 기도드립니다. 아멘

Prayers in Difficult Times (For the Family of a Prisoner)

[**Thanksgiving**] Holy Spirit, please come to this distressed family who are bowing down before you. Open their ears and speak to them your Words of comfort and hope. Please help them not to despair but receive your grace to make everything good.

God, we thank you that you are always with us and watch over every detail of our lives. Please consider this family's hurt. Even though they are distressed now, make it a beneficial time for their family and faith.

[**Comfort**] Comfort ○○○ who is now in prison and give him hope in prayer. People are generally unaware of legal matters in everyday life. We realize that ○○○ violated the law. Whether it is a big or small matter, may this be a milestone in his life to live a flawless life. May he realize that we are all sinners in view of the biblical law but we are saved by the love of Jesus shown of the Cross. So may he thank you deeply.

[**For Prisoners**] God, you transcend space and time. May prisoners commit everything to you and receive your help. Lead those who have violated the law into the right path. Also to political prisoners, give them peace in looking forward to seeing your kingdom established on earth.

In Jesus' name. Amen.

견고한 믿음을 주소서

하나님, 오늘도 믿음으로 사는 자가 되게 하옵소서. 하나님을 기쁘시게 하는 믿음을 갖게 하옵소서. 믿음이 없이는 하나님을 기쁘시게 못한다고 말씀하였사온데 먼저 하나님이 오늘도 살아계신 것을 믿게 하옵시고, 하나님을 찾는 자들에게 상 주시는 이이심을 믿게 하옵소서.

무엇보다도 주님이 칭찬하신 믿음의 사람을 닮고 싶습니다. 하인이 중풍 병으로 집에 누워있을 때 "다만 말씀으로만 하옵소서 그러면 내 하인이 낫겠삽나이다"라고 고백한 백부장의 믿음을 닮고 싶습니다. 도마와 같이 늘 의심하며 눈으로 보이는 것만을 더욱 신뢰하며 살아가고 있는 저희들에게 말씀대로 역사하시는 바를 눈으로 보지 않아도 믿는 믿음을 주옵소서.

하나님, 믿는 자에겐 불가능이 없다 하셨습니다. 저희들이 바라옵기는 믿음 안에서 저희들이 비전을 갖게 하시고 꿈을 꾸게 하옵소서. 믿음 안에서 꾸는 꿈들이 현실임을 확신케 하시며 선한 뜻을 바라며 그 선한 바를 이루시는 주님만을 바라보기를 원합니다. 주님께서는 옥합을 깨뜨린 여인의 헌신을 칭찬하심으로 믿는 자에게 거룩한 낭비가 요청됨을 깨우쳐 주셨습니다. 저희들도 옥합을 깨뜨려 주님 머리에 부어 드린 마리아의 기쁨을 맛보게 해 주옵소서.

주님 앞에 드리는 헌신이 결코 낭비가 아님을, 결코 사라지는 것이 아님을 확신합니다. 주님의 기쁘신 뜻을 이루는 데 우리의 삶을 아낌없이 드릴 수 있는 견고한 믿음을 주옵소서.

예수님의 이름으로 기도드립니다. 아멘

Give us a Firm Faith

God, we want to live by faith to please you, for your Word says, "without faith it is impossible to please God." First of all, may we believe that you are alive and that you reward those who seek you.

More than anything else, we want to imitate the faith of the centurion, whose servant was sick at home. He confessed, "But just say the word, and my servant will be healed." We are like Thomas, who doubted and trusted only what he could see. Give us faith to believe in what you are doing without seeing it.

God, you said, "Nothing is impossible with God." Give us dreams and visions in faith. We are convinced that dreams in faith are reality and we look only to you who can fulfill our dream.

Mary Magdalene broke open an expensive jar of ointment to anoint Jesus. It seems like a waste to us. But you taught us that through it she expressed her gratefulness and love to you. May we taste the joy of Mary who broke that jar of ointment.

We believe that giving to you is never a waste which will disappear. Give us firm faith to give our lives to do your will.

In Jesus' name. Amen.

성령 충만하게 하옵소서

은혜가 많으신 하나님, 저희들은 세상의 영을 받은 자가 아니라 오직 하나님께로 온 영을 받았음을 믿습니다. 이는 우리로 하여금 하나님께서 우리에게 은혜로 주신 것들을 알게 하시려고 주신 것임을 깨닫습니다.

하나님께서 저희들을 위해 내려 주신 은혜의 자리에 온전히 서서 그리스도께서 온 세상을 구원하시는 주님이신 것을 세상을 향해 분명히 고백하고 자랑하며 살게 하옵소서. 저희들의 생명 길을 밝히시는 하나님의 말씀을 대할 때 저희들의 지식과 지혜만으로 대하지 않게 하셔서 그리스도를 아는 지식에서 날마다 자랄 수 있도록 진리의 영이신 성령님 도와주옵소서.

임마누엘이 되신 하나님, 날마다의 삶을 살아가면서 저희 혼자만의 힘으로는 이 힘든 세상을 이길 수 없음을 고백합니다. 육체의 소욕을 꺾으시며 하나님의 소원대로 살도록 강하게 이끄시는 성령님 우리에게 충만히 임하셔서 "오호라 사망의 몸이로다!"라고 탄식하며 살아가지 않도록 도와주시기를 원합니다.

성령님은 우리를 자유케 하시는 능력이며 우리의 위로자이십니다. 우리의 삶에 오셔서 우리의 모든 죄악을 태우시고 모든 억압으로부터 해방시켜 주옵소서. 우리의 굳어진 마음을 부드럽게 하시사 원수까지도 사랑할 수 있는 자가 되게 하옵소서. 무엇보다도 성령님의 역사를 제한하지 않게 하시고 항상 민감하게 하시며 기름 부으시는 역사를 받아서 힘 있는 신앙생활 하도록 도와주옵소서.

예수님의 이름으로 기도합니다. 아멘

Fill Us with Your Holy Spirit

God, who abounds in grace, we have the Spirit from you – a spirit which is not from the world. We realize that you gave us your Spirit because you wanted us to know what you have given us in your grace.

Standing firm in the place of your grace, may we proudly witness that Jesus is the Savior of the world. Your Word is the way of life. Holy Spirit, when we read the Word, help us to grow in the knowledge Christ everyday but not try to understand relying on our knowledge and wisdom.

God, our Immanuel, we confess that we cannot overcome this harsh world by our own strength. Holy Spirit, fill us so full and break our fleshly desire and lead us to do God's will.

Help us not to spend our lives in mourning, "What a wretched man I am!"

Holy Spirit, you are the power to free us and comfort us. Come into our lives. Burn out all our sin and free us from all our bondages. Soften our hearts so that we can love our enemies. Most of all, help us not to obstruct your work but be sensitive to you to live vigorous Christian lives in your anointing.

In Jesus' name. Amen.

영적 성장을 위한 기도문

✓ 기도의 문이 열리게 하소서

　우리가 기도하기를 원하시는 하나님, 우리 인생이 마땅히 구해야 할 것이 있음에도 불구하고 구하지 못했고, 찾아야 할 것이 있음에도 찾지 않았던 자신의 게으른 모습을 회개합니다. 우리의 부요가 되시는 하나님 앞에 엎드려 영육간의 필요를 간구해야 함에도 불구하고 세상에서 나의 필요를 허덕이며 찾고 찾았던 부끄러운 모습을 고백합니다.

　기도의 능력을 간과하고 살았던 불신앙을 깨뜨려 주시고 구하고 찾고 부르짖는 열심 있는 기도의 자리를 회복하게 하옵소서. 기도를 하되 열릴 때까지 두드리게 하시고, 얻을 줄 알고 믿고 구하게 하시며 하늘의 문이 활짝 열릴 때까지 일어서지 않게 하옵소서.

　우리의 기도를 응답해 주시는 하나님, 작은 일부터 큰일에 이르기까지 정성껏 기도하게 하시고 역사를 만들어가시는 하나님의 나라와 공의를 먼저 생각하고 구하는 저희들 되게 하옵소서. 저희들이 애써 기도했음에도, 저희들이 오랫동안 간구했음에도, 저희들이 힘써 부르짖었음에도, 아무 응답이 없는 것처럼 느껴질 때에도 기도에 대한 신뢰를 잃지 않게 하옵소서. 하늘 문이 닫힌 것으로 간주하지 않게 하옵소서. 더욱 인내하게 하시고 보이는 것으로 해답 삼지 않게 하옵소서. 혹 우리의 정욕 때문에, 우리가 회개하지 못한 죄악 때문에, 혹 잘못 구한 것 때문에 닫혀져 있는 기도의 문이 있다면 깨닫게 하시고 열려질 수 있도록 자신을 고쳐 나아가는 용기를 주옵소서.

　예수님의 이름으로 기도드립니다. 아멘

Prayers for Spiritual Growth

Open the Gate of Prayer

Lord, you want us to pray. We confess our laziness that we have not asked nor sought you for what we ought. Lord, our treasure, we confess that we first sought after our own material and spiritual needs from the world, before we sought you.

Break our unbelief, which does not consider the power of prayer. Restore us to searching, tear-stained prayer. May we continue to knock on the door until it is opened and continue to ask, believing we have received what we ask.

God, who answers our prayers, may we pray about every matter, large and small, and put your kingdom and righteousness first.

Help us not to lose confidence in prayer when we feel as if there is no answer to prayer even after praying so long and hard. Help us not to assume that the gate of heaven is closed. Instead, let us persevere and not judge by what we can only see with our eyes. If any door is closed to prayer because of our fleshly desire or any unrepented sin, help us to see the real issue and have the boldness to reform our lives.

In Jesus' name. Amen.

감사하는 삶을 살게 하소서

범사에 감사하라고 하신 하나님, 우리의 어두운 눈을 열어 주시옵소서. 주님의 은혜로운 광채와 인자하심이 모든 피조물 위에 내리는 것을 보게 하시옵소서. 내가 오늘도 숨 쉬고 있다는 것에 감격할 줄 알게 하시고 햇빛과 무릇 생명 있는 것들 위에 내리는 하나님의 사랑과 경륜을 보아 알게 하여 주옵소서. 그리하여 모든 피조물 위에 쏟아지는 자비로운 손길로 인해 감사의 신앙을 갖게 하소서.

우리에게 때로 연약함과 질병을 허락하사 하나님을 의지하게 하시니 감사합니다. 우리 삶 속에 시련과 고통을 두시어 우리가 진토임을 기억하게 하시며 연약함을 깨닫게 하시니 감사합니다. 성도들과 교회를 주시고 하늘 순례의 길에 함께 걸어갈 수 있는 고마운 이들로 인해 감사합니다.

그 모든 것보다 나로 하여금 생명의 주를 알게 하셨사오니 내 평생 감사를 드릴 수밖에 없나이다.

하나님 아버지, 항상 기뻐하고 항상 기도하고 범사에 감사하라고 명령하신 말씀에 순종하게 하셔서 나의 감정과 주위 환경에 흔들리지 아니하고 감사할 줄 아는 신앙의 심지가 있게 하옵소서. 감사를 잃어버리게 하는 그 어떤 요소가 나를 가로막고 있을지라도 깨어 기도함으로 감사의 조건들을 깨닫게 하시고, 영안을 열어 주셔서 하박국의 노래가 내게 끊이지 않게 하시옵소서. 그리하여 그 어떤 조건과 환경 속에서도 절대 감사의 신앙을 갖게 하옵소서. 예수님의 이름으로 기도드립니다. 아멘

May We Live Grateful Lives!

God, you told us to give thanks in all things, open our eyes to see that your grace and goodness is on all your creatures. Help us to be grateful of the fact that we are alive today. We are grateful to your merciful touch to all.

We thank you Lord, that sometimes you allows us to have weakness and disease so that we may trust you better. We thank you for the trials and pains for they remind us that we are only clay.

We thank you Lord, for giving us companions to walk by our side on our pilgrim journey. Above all I give thanks to you that you allowed me to know the Lord of life.

Father God, help me to obey your Word, "Be joyful always; pray continually; give thanks in all circumstances, for this is God's will for you in Christ Jesus." Help me to stand firm giving you thanks and not be swayed by my emotion or circumstance.

There may be something blocking me from giving thanks in prayer. Open my spiritual eyes so that the song of Habbukuk will never cease in my life. Give me the faith which will enable me to give you thanks in any condition or circumstance I may be in.

In Jesus' name. Amen.

말씀으로 승리하는 삶을 살게 하소서

오 하나님, 우리를 도우셔서 말씀 안에서 참된 지혜를 얻기를 원합니다. 무엇을 할 것이며 무엇을 하지 않을 것이며, 언제 행동할 것이며 언제 행동을 중단해야 할 것인가를, 언제 말해야 하며 언제 침묵해야 할 것인가를 알게 하여 주소서. 그리하여 주님의 도우심과 인도하심을 받아 우리의 악한 생각과 우리의 부끄러운 말과 후회할 수밖에 없는 행동으로부터 저희들을 지켜 주옵소서.

참된 지혜는 세상의 지식과 학문과 경험으로부터 오는 것이 아님을 잘 알고 있습니다. 우리 삶의 지침이며 생명 길을 가르쳐 주는 말씀을 떠나서는 지혜로운 삶을 살 수도 없고 생명 길을 갈 수도 없음을 잘 알고 있습니다.

오 하나님, 위로부터 오는 참된 계시의 말씀을 내 맘에 두시사 하나님의 원하시는 길을 걷게 하시고, 우리의 어두운 눈을 열어 주의 기이한 법을 보게 하시고 항상 말씀 안에 거하게 하옵소서.

주의 말씀으로 말미암아 주님을 발견할 수 있는 지혜를 주시고, 우리를 맡기는 믿음 또한 허락하옵소서. 그리하여 주 예수 그리스도를 아는 지식으로 날마다 자라게 하셔서 우리의 마음과 생각이 허탄한 데 있지 않게 하옵소서.

"양식이 없어 배고픈 것이 아니요 물이 없어 갈한 것이 아니요 여호와의 말씀을 듣지 못한 기갈이라" 하셨사오니 말씀이 없어 갈한 삶을 살지 않도록 꿀 송이 같은 주의 말씀을 오늘도 사모하며 그 말씀으로 승리하게 하옵소서.

예수님의 이름으로 기도드립니다. 아멘

May We Live Victorious Lives!

O God, give us true wisdom from your Word. Teach us to know what to do or what not to do, when to act or not act, when to speak or keep silent. Keep us safe from making mistakes we'll regret later, both in what we say and do.

True wisdom does not come from worldly knowledge or experience. We know very well that it is not possible to live wisely or walk on the way of life without your Word, which is a compass in our lives pointing to the way of life. O God, plant your Word of revelation from above in my heart, so that I may walk as you want me to. Open our darkened eyes to see your marvelous law and help us to always dwell in your Word.

Give us wisdom to find you in your Word, and faith to entrust our lives to you. Help us to grow everyday in knowing you so we will not waste our thoughts on vain things.

Your Word says, there would be a famine, "not a famine of food or a thirst for water, but a famine of hearing the words of the Lord."

Let us not starve without your Word but long for your Word which is as sweet as honey. Let us be victorious today by your Word.

In Jesus' name. Amen.

주님만 바라보게 하소서

참 좋으신 하나님, 매일 하나님을 더 잘 알게 도와주셔서 매일 더 온전하고 복된 삶을 살아가게 하시고 생의 의미를 더 잘 알게 하시니 감사합니다. 이 하루도 하나님께 좀 더 가까이 나아가게 하시고 좀 더 사랑할 수 있게 하옵소서. 제 마음속으로 그릇 된 생각이 들어오지 않도록 마음을 지켜 주시고 무엇보다 보아서는 안 될 것들에 눈길이 머물지 않게 하옵소서.

우리의 소망이신 하나님, 안목의 정욕에 사로잡혀 어그러지고 썩어져가는 것들에 나의 눈길이 가지 않게 하여 주옵소서. 정말 바라보아야 할 것이 무엇인지를 진지하게 생각하고 바라보게 하옵소서. 주님이 우리의 바라봄의 초점이 되게 하시고, 주님을 바라봄으로 거칠고 혼란스러운 삶 가운데 자신을 지켜갈 수 있기를 소원합니다.

내 눈이 주님께 고정될 수 있도록 성령님께서 붙잡아 주셔서 변하는 것, 없어지는 것, 소망 없는 것에 눈이 가지 않게 하시고 눈을 복 되게 하시사 영원히 변치 않고 쇠하지 않는 주님의 것에 마음과 생각과 눈이 고정되게 하옵소서.

연약한 저희들이 강하신 주님을 바라봄으로 주님의 사랑과 인내와 진실을, 고난 속에서도 결코 흩어지지 아니하는 참된 용기를 배우게 하시옵소서. 그 어떤 대적 앞에서도 결코 굴하지 않으시고 그 처절한 십자가 앞에서도 떨지 않으셨던 주님의 그 모습을 보게 해주옵소서. 이땅의 모든 두려움과 거짓과 핍박을 이겨 나아갈 수 있는 믿음을 주옵소서.

예수님의 이름으로 기도합니다. 아멘

May We Look Only to You!

Good God, we thank you for helping us to know you better everyday, to live a better and blessed life, and to know the meaning of life better. Help me to draw closer to you today and become more loving. Don't allow bad thoughts to enter my mind nor let my eyes dwell on things they shouldn't.

God, our hope, do not allow my eyes to be captured by fleshly desires and look at what is ugly and corrupted, but to seriously consider what I ought to look at.

Let us fix our eyes on Jesus our Lord, so that we will be able to keep ourselves in this tough and confusing world. Help me to focus on Jesus and not on things that change and soon will disappear without hope.

Bless my eyes to fix my mind and thoughts on everlasting, imperishable things.

Unworthy as we are, may we look up to our mighty Lord, so that we will learn of his love, patience, truth and true courage which will not be erased by any suffering. May we consider Jesus, who did not kneel before any of his enemies, nor feared the Cross. Give us the faith to overcome all fear, lies and persecution.

In Jesus' name. Amen.

사명을 잘 감당하는 삶을 살게 하소서

하나님, 미천한 저희들을 부르셔서 하나님나라의 도구로 사용하시는 하나님의 은혜를 감사드립니다. 부족하고 연약한 우리들을 늦은 오후 하나님의 포도밭에 불러 주심도 감사드립니다. 하나님나라와 뜻을 이룸에 동참할 수 있는 기회를 주시니 감사드립니다. 어떤 형편으로든지 어떤 모양으로든지 저희들을 불러 주심은 하나님의 교회를 통하여 당신의 기쁘신 뜻을 이루고자 함인 줄 믿습니다.

그 기쁘신 뜻을 위하여 부름받은 저희들이 맡은 일을 명예를 위한 일로 생각하지 않게 하소서. 봉사의 기회로 여기고 아무런 책임감도 없이 직분을 특권으로 여기거나 다른 사람을 지배하기 위한 일로 생각하지 않게 하옵소서. 오직 교회를 섬기며 성도를 섬기는 일이 우리의 의무라고 생각하게 하옵소서. 그래서 교만의 마음이 아니라 겸손의 마음으로 일하게 하옵소서. 말로만 섬기는 자들이 되지 않게 하시고, 행동으로 삶으로 순종으로 본을 보이게 하옵소서.

우리를 부르시고 사용하시는 하나님, 문제를 일으키지 않으면서 언제나 평화하며 일하게 하시고, 진실을 말하되 그것을 사랑으로 말하게 하시고, 그 어떤 법에 얽매이거나 내 자신의 권익과 위치를 위해 노력하지 않게 하옵소서.

이 시대에 교회와 하나님나라 확장을 위해 일할 일꾼을 부르실 때 '누가 나를 위해 갈까' 하는 물으심에 '나를 보내소서'라고 기꺼이 응답하는 자가 되게 하시옵소서.

예수님의 이름으로 기도드립니다. 아멘

May We Fulfill Our Callings!

God, we thank you that you called us, lowly ones, as instruments for your kingdom. You have called us to work in your vineyard in the late afternoon.

We are grateful that you gave us opportunities to build your kingdom together. Whatever the appearance may be, we believe that you want accomplish your will through the Church.

This is not for our honor. Let us consider this as an opportunity to serve others – not to rule over them. May we know our duty to serve humbly, without pride. May we obediently serve in action and lifestyle with more than words.

God, you call us and use our lives. Use us as peacemakers and speakers of truth in love. May neither law nor selfish ambition, for personal benefit or position, ensnare us.

When you ask, "Who will go for me?", may we be the ones who answer, "Here I am. Send me."

In Jesus' name. Amen.

복음 전파의 삶을 살게 하소서

추수할 일꾼을 찾으시는 하나님, 저희들의 영안을 열어 주셔서 희어져 추수할 밭을 보게 하시고, 일꾼이 없어 애타게 추수할 일꾼을 찾으시는 주님의 안타까움을 보게 하여 주옵소서. 때를 얻든지 못 얻든지 복음을 전파하라는 명령을 우리가 받았음에도 불구하고 그것이 어렵다는 이유로, 내 삶이 바쁘다는 핑계로 우리의 관심 밖으로 밀려 나가 버린 것을 회개합니다.

혹시 내가 자랑해야 할 복음임에도 불구하고 오히려 부끄러워하지는 않았는지를 살펴보게 하시고 전도할 문을 활짝 열어 주시사 그리스도의 비밀을 담대하게 말하는 용기 있는 자가 되게 하옵소서.

한 영혼이 천하보다 귀하다 하신 하나님, 한 영혼의 가치가 천하보다 귀한 줄 우리가 잘 알면서 한 영혼의 가치에 눈이 멀었고 영혼을 사랑하는 마음을 갖지 못한 것을 용서하옵소서. 내 마음이 세상의 가치와 자리에 가 있지 않고 하나님이 우리에게 명하신 전도하는 삶에 가치를 두고 살아가게 하옵소서.

입술을 열어 복음을 전파할 때 성령님의 도우심을 입게 하시고, 저로 하여금 하나님의 말씀을 전하는 온전한 도구로 쓰임받게 하옵소서. 오늘도 사람을 만날 때마다 전도할 수 있는 기회로 알게 하시고 그 영혼들을 저희 손에 붙여 주시옵소서. 담대히 하나님의 말씀을 전하는 종이 되게 하소서.

예수님의 이름으로 기도드립니다. 아멘

May We Live Gospel-Sharing Lives!

God, you seek workers for the harvest! Open our spiritual eyes to see the white fields ready for harvest. We repent that we have ignored the call to spread the gospel "in season and out of season." Our minds were so concerned with our own interest and we excused ourselves saying that we were busy.

May we examine ourselves to see if we have been ashamed of the gospel when rather we should be proud of it. Also open the door of evangelism widely so that we may speak the mystery of the Christ boldly.

God, you said that a single soul is more precious than the wealth and power of the whole world. Please forgive our negligence. May our hearts be focused on an evangelistic lifestyle and not on worldly values.

Holy Spirit, please help us when we open our lips to spread the gospel. Use us as your vessels. May we consider each meeting we have with people as an opportunity to share the gospel and bring souls to you.

Make us your servants to boldly spread your Word.
In Jesus' name. Amen.

영적 성장을 위한 기도문

영혼을 사랑하게 하소서

우리를 끝까지 사랑하시는 하나님, 우리를 사랑하셔서 독생자 예수님까지 내어 주신 하나님의 사랑을 감사드립니다. 멸망의 길을 거두시고 구원의 길을 베풀어 주심을 감사드립니다. 하나님의 형상대로 저희를 지으시고 모든 권세를 주셨음을 인하여 감사드립니다. 또한 생명 주시고 이김을 주신 주님을 찬양합니다. 사망 권세 이기시고 부활하신 주님을 찬양합니다.

은혜로우신 아버지 하나님, 측량 못할 주님의 사랑을 저희에게도 충만하게 부어 주셔서 세상 의지할 데 없어서 곤하고 지친 영혼, 하나님을 알지도 못하고 섬기지도 않으며 영원한 길을 알지 못하는 숱한 영혼들을 사랑하게 하옵소서. 진실로 우리를 사랑하시는 주님의 사랑으로 그들을 위하여 기도하게 하옵소서. 그들은 자기의 가는 길을 알지 못하오니 그들을 생명의 길로 인도하게 하옵소서.

주님께서 우리의 못난 모습 이대로 받으시고 사랑하셨듯이 우리도 그저 사랑하게 하옵소서. 사랑의 빚 외에는 지지 말게 하시옵소서. 우리의 힘으로는 할 수 없사오니 사랑의 은사를 허락하여 주셔서 "내가 너희를 사랑한 것같이 너희도 서로 사랑하라"신 주님의 말씀을 순종하게 하옵소서.

주님께서 십자가 위에서 쏟으신 보혈로 말미암아 흐르는 그 사랑이 오늘 저희 심령에도 흐르게 하시고 이 사랑의 큰 물결이 온 세상, 온 민족의 가슴마다 퍼져가게 하옵소서.

사랑의 실천자이신 예수님의 이름으로 기도드립니다. 아멘

Prayers for Spiritual Growth

May We Live Loving Lives!

God, you love us to the end. Thank you that you love us so much and you gave us your only Son, Jesus. Thank you for closing the way to destruction and opening the way of salvation. Thank you for creating us in your image and empowering us.

We praise you that you gave us life and victory! We praise you that you raised Jesus from the grave, overcoming the power of death.

Gracious, Lord, fill us with your immeasurable love, so that we may love the many who are weary not knowing where to turn. May we love those who do not know you, nor serve you. May we love who don't know the way to everlasting life. May we pray for them with the same love you show us. They don't know where they are going. Help us to lead them to the way of life. May we love just as you loved us. May we not be in debt except the debt of love.

We cannot love with our own strength, so give us the gift of love. May we obey your Word, "Love each other as I have loved you."

May the Blood of Jesus shed on the cross, flow into our hearts and may the way of love spread out to the hearts of the nations of the world.

In Jesus' name. Amen.

영적 성장을 위한 기도문

하나님의 영광을 위해 살게 하소서

우리의 창조주가 되시며 아버지 되시는 하나님, 우리에게 생명을 주시고 이땅에서 살도록 인도하신 분이 아버지이십니다. 우리의 인생이 어떻게 살아야 할지를 가르쳐 주옵소서. 또한 어떻게 살아야 할지를 위해 기도하게 하시고 계획을 세우거나 목표를 세울 때 바른 계획과 목표를 가질 수 있게 하옵소서.

"만물이 다 그로 말미암고 그를 위하여 창조되었고"라는 말씀을 기억합니다. 삶의 바른 목표가 무엇보다 중요한 것인 줄 잘 알고 있습니다. 우리 개인의 성취감보다 마음의 평안과 행복보다 그리고 가족과 직업 또한 우리의 꿈과 야망보다도 우리가 무엇을 위해 살아야 하는지를 바로 알게 하옵소서.

하나님, 우리는 하나님의 목적에 의해 하나님의 영광을 위해 지음받았음을 믿습니다. 하나님에 의해 하나님을 위하여 창조되었다는 것을 확신하기 전에는 결코 삶을 바로 이해할 수가 없음을 믿습니다. 우리가 우리 자신에게만 삶의 초점을 맞추지 않게 하시고, 하나님 기뻐하시는 일에 하나님의 영광을 드러내는 데 삶의 모든 초점을 맞추어 살게 하소서.

이땅의 사라질 헛된 것을 구하며 사라질 육신의 욕구에 마음을 두지 않게 하시고, 날마다 하나님의 얼굴을 구하며 주의 영광을 위해 달려가는 삶을 살게 하소서. 하나님은 모든 것을 그의 영광을 위해 만드셨다는 것을 알고 하나님의 영광을 온 누리에 나타낼 뿐만 아니라 그분의 영광을 구하며 오늘도 그렇게 살아가게 하옵소서.

예수님의 이름으로 기도드립니다. 아멘

May Our Lives Glorify You!

God, our Creator and Father, you gave us life and led us to live in this land. Teach us how we should direct our lives. Let us pray to set our targets rightly.

We remember the Word, "All things were created by him (Jesus) and for him." We know that our life goal is the most important thing.

Help us to know what to live for – for something more important than personal achievements, dreams and ambitions, than family or job or the peace and contentment of the heart.

God, we believe that we were created for God's glory. We are not able to understand our lives before we realize we were created by God and for God. May the foremost aim of our life be to bring you glory.

May we not give our hearts to perishable things or changeable desires, but only to seeking your face and running towards your glory. Knowing that everything is created for your glory, may our lives reveal your glory to the whole earth.

In Jesus' name. Amen

찬송하며 살게 하소서

하나님 아버지, 마음을 다하여 주님을 사랑하고 싶습니다. 목숨을 다하고 뜻을 다하여 주님을 섬기고 싶습니다. 온 마음과 힘을 다하여 주님을 찬양하고 싶습니다.

찬송은 정직한 자의 마땅히 할 바라고 말씀하셨사오니 나의 입술을 열어 주셔서 내 입이 주를 찬송하게 하옵소서. 잘됨만 바라보고 차고 넘치는 것으로 인하여만 찬송치 않게 하시옵소서. 하박국 선지자처럼 없는 것까지도 잃은 것까지도 감사하며 찬송하는 신앙이 우리에게 있게 하시고, 소유물로 인한 감사를 넘어서서 우리의 삶의 기쁨 되시는 주님 한 분으로 인하여 찬송할 수 있는 자가 되기를 원합니다.

은혜로우신 하나님, 나의 삶이 낙망될 때에 우리에게 있는 것을 찾고 찬송할 수 있게 하시고, 우리에게 생명 주심을 찬송케 하시고, 우리에게 우리가 사는 이 아름다운 세계를 주심을 찬미하게 하옵소서. 또한 건강한 육신과 정신을 주심에 눈을 뜨게 하시고 우리에게 친구들과 사랑하는 이들을 주심에 감격케 하시옵소서.

우리의 주인이시며, 우리의 구세주이신 예수 그리스도를 우리에게 주심을 인해 찬송의 입술이 열려지게 하소서. 바울과 실라가 옥 중에서 찬미할 때에 옥문이 열리는 역사를 본 것처럼 찬송의 사람을 통하여 우리 삶의 닫힌 문들이 열리는 은총이 있게 하옵소서. 우리의 입술에 파수꾼을 세워서 찬송이 끊이지 않게 하옵소서.

예수님의 이름으로 기도드립니다. 아멘

Prayers for Spiritual Growth

May We Praise You!

Father God, we want to love you with all our hearts. We want to serve you with all our lives. We want to praise you with all our strength!

As your Word says, "It is fitting for the upright to praise him." Open my lips to praise you. We will praise you not only for the good things and good times but also in troubled times too.

Like the prophet Habakkuk, may we praise you for things we haven't yet done or have lost. May we give you thanks for you are the joy of our life which surpasses all material things.

Gracious Lord, may we sing to you for what we have even in despair. May we sing to you for giving us lives in this beautiful world. May we also praise you for giving us sound minds and bodies. Lord, we are ever so thankful for giving us friends and beloved ones.

Open our lips to praise you for you gave Jesus, the Savior of the world. When Paul and Silas were imprisoned, you opened the prison gate for them. In the same way, may we also see closed hearts open when we praise you. May your praise always be on our lips.

In Jesus' name. Amen.

봉사의 삶을 살게 하소서

하나님, 섬김을 받기 위해 오신 것이 아니라 섬기기 위해 오신 주 예수님처럼 한 번밖에 살지 못하는 생의 기회에 더욱 봉사와 섬김의 삶을 살도록 도와주시옵소서. 이웃이 힘들어 도움을 요청할 때에 거절하지 않고 기꺼이 도와주는 사람이 되게 하옵소서.

어떤 일에든지 항상 모범이 되게 하옵시며 나쁜 본이 되지 않게 하여 주시고 항상 다른 사람들을 격려하는 자로 살게 하시고 낙심시키지 않는 사람이 되게 하옵소서. 비판보다는 칭찬을 하는 사람으로 살게 하시고, 비난보다는 동정을 아끼지 않는 사람이 되게 하옵소서.

하나님, 특별히 병든 자들을 가까이 하게 하시어 선한 사마리아인의 손길을 갖게 하소서. 피곤한 자들을 돌보아 쉼을 찾는 데 길잡이가 되게 하시고, 고난당하는 자들과 같이 아파하며, 기뻐하는 자들과 함께 기뻐해 주는 자가 되게 하옵소서. 항상 자신의 유익을 구하기보다 타인의 유익을 먼저 찾고 구하는 성숙한 삶이 있게 하시고, 도와주기에 빠른 손과 빠른 발을 가지고 사는 자가 되게 하소서.

무엇보다 주님께 봉사함이 가장 큰 기쁨인 줄 믿사오니 주님의 기쁘신 뜻을 좇아 봉사의 손길을 멈추지 않는 자가 되게 하시옵소서. 내 힘이 아니라 주님이 주시는 힘으로 하게 하시고, 주님이 우리에게 주신 그 사랑으로 감당케 하소서. 이웃을 섬기는 봉사의 삶을 통해 기쁨이 충만하게 하시고 그 기쁨으로 주님 앞에 나아가게 하옵소서.

예수님의 이름으로 기도드립니다. 아멘

May We Live Serving Lives

Lord, we only have only one life to live. And so help us to live lives of service like Jesus who came to serve and not to be served. May we not refuse our neighbors when they ask us, but happily give our help to them.

May we be good examples in every matter. Help us not to discourage others but always to encourage. May we not criticize others but praise them. May we not blame but rather sympathize.

God, use us like good Samaritans, e.g. drawing close to the sick. May we help the weary, share the pain of those in suffering and rejoice with those who rejoice.
May we seek others' benefit before our own, being mature and having quick hands and feet to help out.

As we know, the biggest joy comes from serving you. May we never cease from serving you. May we love not with our own strength but with yours. May we come before you, being full of joy from serving our neighbors.
In Jesus' name. Amen.

영적 기쁨이 회복되게 하옵소서

하나님, 우리 인생을 불행에 빠지게 하는 것들로부터 우리를 구원해 주시기를 위해 기도합니다.

육신의 정욕과 안목의 정욕과 이생의 자랑이 우리를 늘 유혹합니다. 그것이 참된 기쁨이 아닌 줄 알면서도 그것으로부터 삶의 유익과 만족을 구하려고 허둥대고 있는 모습을 발견합니다. 잠시 지나가는 잠깐의 만족뿐인 줄 잘 알면서도 자꾸 기웃거리는 연약한 모습을 긍휼히 여겨 주옵소서.

용서의 하나님, 다윗이 죄를 범함으로 인해 구원의 즐거움이 사라졌음을 탄식하며 기도했던 모습을 기억합니다. 사라진 영적 기쁨의 회복을 위해 간구했던 다윗의 기도가 나의 기도가 되게 하옵소서. 부지중에 지은 죄까지도 주님 앞에서 철저히 고백할 수 있는 용기를 주시고 하나님과 막힘이 없는 관계를 늘 지속할 수 있도록 도와주소서.

예배드림이 내 삶의 가장 큰 기쁨이 되게 하시고, 기도가 즐거움이 되게 하시고, 찬송이 희락을 맛보는 순간이 되게 하셔서 그 안에서 하나님이 주시는 참된 기쁨을 발견하며 살게 하옵소서.

우리가 세상 일의 분주함 때문에 영적 기쁨을 잃어버리며 살아가지 않게 하시고, 세상이 알지 못하는 주님이 주시는 평강을 맛봄으로 그 누구와도 그 어느 것과도 바꿀 수 없는 참된 기쁨을 향한 목마름이 있게 하옵소서. 주님께서 늘 함께해 주셔서 항상 기뻐하며 범사에 감사하는 삶이 우리에게 넘치게 하옵소서.

예수님의 이름으로 기도드립니다. 아멘

Restore Our Spirit's Joy!

God save us from things that make us unhappy.

We are always tempted by "the cravings of sinful man, the lust of his eyes and the boasting of what he has and does." We find ourselves struggling to receive benefit and comfort from those things even though we know the will only satisfy us for a moment. Have compassion on our weakness.

Forgiving God, we remember that David prayed in mourning when he realized that he had lost the joy of his salvation because of his sins. May we pray as David did and so recover the joy in our spirits. Give us courage to confess all our sins, even the ones committed unknowingly and help us to enjoy fellowship with the Lord always.

May worship be our greatest joy and prayer our greatest pleasure. May we find true happiness in praising God. Help us not to lose our spiritual joy in a busy life in the world.

Having tasted of your peace, may we pant for the true joy. Be with us always so that your joy and thanks will overflow in our lives.

In Jesus' name. Amen.

영적 성장을 위한 기도문

시험에 들지 않게 하소서

진리이신 하나님, 우리가 기도할 때에 무엇을 말해야 하며 무엇을 행해야 할지를 가르쳐 주시기를 원합니다. 내 지식과 판단만으로는 항상 실수하며 넘어질 수밖에 없다는 것을 잘 압니다.

바라옵기는 주의 진리로 나의 갈 길을 비춰 주시어서 실족지 않게 하시고, 밝은 빛 가운데 행할 수 있도록 인도해 주옵소서.

하나님 아버지, 시험에 들지 않게 기도하라고 하신 주의 말씀을 기억합니다. 겟세마네 동산에서 깊은 잠을 잘 수밖에 없었던 제자들과 같이 연약한 우리들도 영적인 깊은 잠에 빠질까 염려되오니 시험에 들지 않기를 위해 기도하게 하옵소서.

주님도 시험을 받으셨습니다. 우리의 연약함을 체휼하시는 주님이신 줄 믿사오니 우리가 시험받을 때에 도와주시기를 원합니다. 우리를 사랑하며 신뢰하며 믿어 주는 사람에게 상처를 주지 않게 하시고, 어떤 일로 인하여 후회나 부끄러움이나 양심의 가책이 따르지 않도록 도와주옵소서.

일시적인 충동에 빠지지 않게 하시고 세상적 열정이나 흥분에 마음을 빼앗길 때 그 행동의 결과가 어떠한 것인지 잘 알게 하시고 그것으로 시험에 들게 하지 마옵소서.

또한 우리의 잘못된 언행으로 인해 후회하지 않게 하옵시고 항상 우리의 생각을 맑히시고 행동이 진실되게 하시고 육신이 정결 가운데 거하게 하심으로 삶의 모든 것을 당신께 보여 드릴 수 있는 자리까지 이끌어 주소서.

예수님의 이름으로 기도드립니다. 아멘

May We Not Fall into Temptation!

God of Truth, teach us what to say and what to do in our prayer. We will only fall when we rely on our own knowledge and judgment.

We plead to you to shed your light on our path, so that we may walk in the light without our feet slipping.

Father God, we remember that Jesus told his disciples to watch and pray so that they won't fall into temptation.

We pray that we won't fall into deep spiritual sleep like the disciples who fell asleep at Gethsemane. Jesus, help us when we are tempted, for you were also tested.

Help us not to hurt those who love and trust us. Help us not to ignore our conscience and so do things we might later regret or be ashamed of.

Save us from temptations such as impulsive actions and worldly passions. May we be more careful with our words and actions so we don't live with regret.

Purify our thoughts and actions so that we may dwell in your holiness, being completely open to you.

In Jesus' name. Amen.

예배의 성공자가 되게 하소서

하나님, 많은 이들이 저들의 희망을 언제나 '터진 웅덩이'에서 찾고 있습니다. 하나님의 백성임에도 불구하고 생수의 근원이신 하나님을 버리고 다른 곳에서 참된 만족을 구하려 하고 있습니다. 오 하나님, 우리들 속에 그런 모습이 없게 하소서. 하나님과의 만남에서 살아있는 예배만이 거룩한 은혜와 생명의 능력이 있사온즉 험악한 세상을 이길 힘을 거기서 공급받게 하옵소서.

하나님이 저의 영혼을 만지시면 저들은 살아날 줄 믿사오니 습관에 베인 예배에서 벗어나게 하시고 하나님이 진정 찾으시는 신령과 진정의 예배를 드리는 자가 되게 하옵소서.

예배받으시기에 합당하신 하나님, 가인과 아벨의 제사를 기억합니다. 예배에서 실패하는 자가 되지 않게 하옵소서. 형식적인 예배, 마음이 없는 예배를 드리지 않게 하시고 삶으로, 인격으로, 성품으로 드리게 하옵소서. 제 삶의 가장 앞 자리에 예배가 있게 하시고 성령 안에서 드리는 예배를 통해서 자신이 누구인가를 알고 하나님을 붙들고 살 수밖에 없는 자신의 처지를 분명히 깨닫는 은혜를 주옵소서.

형식적인 신앙생활이 하나님을 갈망하는 예배를 통하여 깨어지게 하시고 다윗이 하나님께로부터 오는 구원의 즐거움을 회복하고 상한 심령으로 바친 제사가 열납된 것처럼 오늘 우리가 드리는 예배가 온전히 열납되기를 원합니다. 무엇보다 제 가슴속에 거룩하고 참된 영적회복의 은총을 주셔서 성공적인 예배자로 살게 하옵소서.

예수님의 이름으로 기도합니다. 아멘

May We Become Victors through Worship!

God, many search for hope from broken cisterns. Even your people are looking for satisfaction in wrong places and desert you, the source of Living Water. O God, let it not be so with us. Only through fellowship with you can we receive holiness and the living power to overcome this tough world.

We believe that when you touch people, they become alive. Free us from formal worship and teach us how to worship in spirit and truth.

God, you are worthy of all our worship. We remember the sacrifices of Cain and Abel.

May we not fail in worship. May we not worship from formality, without heart, but let us worship you with our lifestyle and character. Worship should take first priority in our lives. Give us grace to realize our true identity when we worship in spirit.

We can only be alive when we cling to you. Restore to us the joy of our salvation and may our worship be acceptable to you as we worship with broken and contrite hearts.

First of all, sanctify our spirits so that well be successful worshippers.

In Jesus' name. Amen.

일상생활에서 드리는 아침의 기도문

복 되고 진실된 하루가 되게 하소서

하루의 주인이신 하나님, 모든 것을 감찰하시고 살피시는 하나님의 은혜로 저희들의 하루가 복된 날 되기를 소원합니다. 삶의 현장에서 만나는 모든 사람들에게 필요한 사람으로 살게 하옵소서. 교만한 자리에 있지 않게 하시고 낮은 자리에 서게 하시며 양심을 따라 살게 하옵소서.

매사에 하나님의 가르침을 생각하고 묵상하는 자리에 있게 하셔서 시절을 좇아 과실을 맺으며 그 행사가 형통하고 복 있는 삶을 살게 하옵소서.

좋으신 하나님, 주어진 시간을 잘 선용할 수 있게 해주시옵소서. 오늘을 잘 선용하여 나에게 맡겨진 일에 더 부지런하게 하시고, 무엇을 행하든지 무엇을 생각하든지 진실되게 하시옵소서.

거짓과 아첨과 불평의 혀를 갖지 않게 하시옵소서. 거짓과 아첨과 불평은 하나님의 의를 이루지 못할 뿐만 아니라 그런 모습으로는 결코 행복할 수 없다는 사실을 잘 알게 하여 주옵소서. 하루를 마감할 때에 하루의 삶을 하나님 앞에 내 놓을 만한 복 되고 진실된 알맹이가 있는 하루의 삶이 되게 하시옵소서.

매일 더 진실되고 매일 더 복된 삶을 살아갈 수 있도록 도우시사 하나님 앞에 섰을 때 진실되고 최선을 다한 자로 칭찬받을 수 있도록 도와주옵소서.

예수님의 이름으로 기도드립니다. 아멘

Make This Day Blessed and True!

Lord, you are the Lord of Today. Please make today a blessed day in your caring grace, which follows and watches over us in everything we do. Help us to be sensitive to the needs of everyone we meet today.

Don't allow us to walk in the way of the proud but of the humble. May we follow the voice of our conscience.

May we remember your teaching and meditate on it in everything we do. Then we may have blessed and fruitful lives.

Good God, help me to use my time wisely. May I be diligent and sincere in whatever I do and think. Do not allow my tongue to speak any lies, complaints or flattery. For we know that these things will neither build God's kingdom nor make us happy.

When each day comes to its end, we want to present it to you as a blessed, true fruit.

May we grow each day in your blessing and, when we stand before you, may we be praised as the ones who are faithful and did our best.

In Jesus' name. Amen.

일상생활에서 드리는 아침의 기도문

승리하는 하루가 되게 하소서

하나님, 오늘 하루를 지날 때에 저를 위협하고 방해하고 넘어뜨리려는 그 어떤 위협들의 존재로부터 보호해 주옵소서. 내 생각을 하나님으로부터 멀어지게 만들며 하나님의 말씀을 부인하게 하고 말씀을 흩트려 놓으려는 마귀의 공격이 있다는 것을 기억합니다. 하나님으로 하나님 되지 못하게 내 생각과 마음을 공격하는 어둠의 세력들이 내 옆에 잔존해 있다는 것을 압니다. 그래서 사도 바울이 우리의 싸움은 혈과 육에 대한 것이 아니라고 말씀한 것을 기억합니다.

우리의 도움이시며 방패가 되신 하나님, 하루의 짧은 시간 속에서 하나님의 백성으로 살아가려면 마귀와 끊임없이 싸워야 하오니 약한 모습으로 있지 않게 하시고 마귀의 궤계를 능히 대적하기 위하여 하나님의 전신갑주를 입고 무시로 성령 안에서 기도하며 살게 하옵소서.

비진리가 가득한 세상입니다. 불의가 만연한 세상입니다. 말씀대로 살아가기가 어리석다는 것을 가르쳐 주는 세상입니다. 하나님의 방법대로 살아가면 살 수 없다는 것을 말해 주는 이 어그러지고 거스리는 세대 속에서 하나님의 방법과 말씀대로 살면 이기고 잘 되고 행복하고 만족한 삶이 될 수 있다는 것을 보여 주는 사람이 될 수 있도록 도와주옵소서.

내 힘만으로는 부족하오니 성령님이시여 함께하셔서 어떠한 환경 가운데 거할지라도 언제나 위엣 것을 바라보며 승리하는 사람으로 살도록 도와주옵소서.

예수님의 이름으로 기도드립니다. 아멘

May We be Victorious Today!

God, protect me today from spiritual beings who are trying to threaten and disturb me to make me fall. The Devil is attacking and wants to push my thoughts away from God and cause me to deny God's Word.

These powers of darkness attack my thoughts and mind so that God can be God of my life. This is why the apostle Paul said that our fight is not against flesh and blood.

Lord, our help and refuge, in our continual daily battle against the Devil, may we be strongly clothed in the armor of God and pray continually in the spirit. We should not be weak.

The world is full of what is not true or righteous. The world teaches that it is difficult to practice what your Word teaches. Yet may we show the world that living according to your Word makes us healthy, happy and satisfied.

Holy Spirit please help me to be victorious in all circumstances because this isn't possible in my own strength. May I set my eyes on things above.

In Jesus' name. Amen.

430
일상생활에서 드리는 아침의 기도문

건강한 하루를 살게 하소서

하나님, 오늘 아침도 일터에 나가 일할 수 있는 건강을 주신 것 감사합니다. 사랑하는 가족들이 한상에 둘러앉아 식사할 수 있게 하시고, 움직이고 걷고 보고 듣고 두 손으로 일할 수 있는 건강 주신 하나님의 은혜를 생각하게 하옵소서.

이 시간 일터로 가고 싶어도 건강 때문에 일할 수 없는 이들이 있다는 것을 잊지 말게 하소서. 함께 맛있게 음식을 나누고 싶으나 음식조차 제대로 섭취할 수 없이 몸이 쇠잔한 사람이 있다는 것을 생각하게 하소서. 주님께서 우리에게 주신 재능과 건강에 대한 복을 생각할 때 다시 한 번 감사드립니다.

임마누엘의 하나님, 분주한 일터에서나 복잡한 거리에서나 모든 일과 가운데 함께하시어 오늘 하루의 안전을 지켜 주시옵소서. 건강할 때 남의 유익을 위해 더 많이 일할 수 있는 자 되게 하시고 건강할 때 무언가를 더 베풀 수 있는 자가 되게 하옵소서. 건강 잃고 후회하지 않도록 오늘 주님이 우리 곁에 붙여 주신 이들을 더 잘 섬기고 주님의 사랑으로 대하게 하옵소서.

육신의 건강도 지켜 주시고 마음의 건강도 지켜 주셔서 다투거나 시기하거나 질투하거나 미워하지 않게 하시고 순수함과 겸손함과 진실됨으로 오늘을 살게 하옵소서. 그리하여 종일토록 마음에 잘못된 생각이 자리 잡지 않는 마음이 건강한 자로 살게 하여 주시옵소서.

예수님의 이름으로 기도드립니다. 아멘

May we Spend This Day Soundly!

God, thank you that you gave me health to work today. Thank you that my family can eat together sitting around a table. Thank you that I can move, walk, see, hear and work with both my hands. This is your grace to me.

Now we think of those who aren't strong enough to work, even if they would like to. We also think of those who are too weak to eat food. We remember all the talents you have given us. Lord, we thank you for all these and also for the good health you grant us.

God our Immanuel, be with me today at my busy work place and keep me safe on the crowded road. May I work more for the benefit of others and give more charitably while I have a healthy mind and body, and not regret when I am not so. Please help us to treat those you've sent to us and serve them better today. Keep me healthy in body and mind. Then I will live purely and sincerely without jealousy and hatred. May I be pure in heart.
In Jesus' name. Amen.

일상생활에서 드리는 아침의 기도문

용서하는 삶을 살게 하소서

하나님, 오늘도 많은 사람들을 만날 것입니다. 아끼고 좋아하는 사람들도 있고, 만나기 거북스러운 이들도 있습니다. 만나서 기분 좋은 이들도 있지만 만나기가 불편한 이들도 더러 있음을 고백합니다.

제 마음을 넓혀 주셔서 여러 부류의 사람들을 마음 편하게 만날 수 있도록 도와주소서. 부족한 종의 모난 마음을 다듬어 주셔서 어떤 사람을 만날지라도 두루 평화를 주고받으며 만날 수 있게 하옵소서. 나의 인내하지 못하는 생각과 마음을 고치시사 경멸당하고 모욕당하고 상처를 당하는 일들이 있을지라도 그때에 결코 분노하거나 괘씸한 생각을 가지고 복수하려는 마음을 가지지 않도록 당신의 능력을 베풀어 주시옵소서.

용서하시기를 기뻐하시는 하나님, 욕설을 퍼붓고 십자가 위에서 무고한 피를 흘리게 만들었던 그들까지도 용서하신 예수 그리스도의 그 용서의 삶을 본받기를 원합니다. 제자들을 사랑하시되 끝까지 사랑하시는 그 주님의 사랑을 소유하고 싶습니다. 이 시간 일흔 번씩 일곱 번이나 용서하라고 하신 그 말씀이 저희 마음속에 아로 새겨지게 하시고, 용서하는 삶이 되게 하옵소서.

하나님, 연약한 믿음이기에 모난 성품, 좁은 소견이기에 쉽게 용서할 수 없사오니 성령께서 도와주옵소서. 용서를 넘어서서 오히려 원수까지도 사랑할 수 있는 사랑을 주옵소서. 이웃을 위해 기도할 수 있고, 축복할 수 있는 자로, 모든 사람과 더불어 평화할 수 있는 자로 살게 하소서.

예수님의 이름으로 기도드립니다. 아멘

May We Live Forgiving Lives!

God, I will meet many people today. Some of them I love to see and some of them I am uncomfortable with. Some are so pleasant to see but some may not be pleasant at all. Increase my love so that I will be at peace with people of every kind. Mold my heart to be a peacemaker to all. Remove all impatient thoughts from my mind. Help me by your power to restrain myself when I feel like revenging scorn or hurt done to me.

Graciously forgiving God, I want to imitate Jesus' love which forgave those who nailed him and insulted Him. I want to have the love of Jesus who loved his own disciples even unto death. Engrave your Word in my heart, "Forgive seventy times seven", to live a forgiving life.

God, I am weak in faith, and rigid and narrow-minded in temperament, and so I find it difficult to forgive. Please help me, Holy Spirit. Moreover, give me the love by which I can forgive even my enemies. May I be a peace-maker who prays for his neighbors and blesses them.

In Jesus' name. Amen.

사랑의 삶을 살게 하소서

사랑의 하나님, 부족한 종이 오늘을 살면서 마땅히 해야 할 의무를 회피하거나 잊어버리지 않게 하옵소서.

제가 만나야 할 사람과 함께 일하고 함께 살고 있는 가족, 직장동료, 심지어 나의 일과 관계없는 그 어떤 사람에게까지도 사랑을 실천할 수 있게 하옵소서.

말로만의 사랑이 아니라 구체적인 실천이 있는 사랑을 하게 하옵소서. 사람들이 나에게 베풀어 주기를 바라듯이 나도 다른 이들을 관용하게 하시고, 동정과 이해심을 갖고 격려하며 축복하며 도와주고 사랑할 수 있도록 도와주옵소서. 남에게 사랑을 받기 전에 남을 먼저 사랑할 수 있는 자로 살게 하시옵소서.

사랑의 하나님, 나를 도우시사 항상 주님을 닮아갈 수 있도록 해주옵소서. 선을 행하시기를 기뻐하시며 섬기기 위해 사람들 사이에서 사셨으며 십자가 위에서조차 그의 원수까지 사랑하시고 용서하셨던 그 용서와 사랑을 주시옵소서. 그 사랑으로 살게 하셔서 내가 사랑할 수 없었던 사람까지도 사랑하고 축복할 수 있도록 도와주소서.

병들거나 고통 중에 있는 이들, 슬프거나 고독한 이들, 가난하여 주린 이들, 낙담에 빠져 신음하고 있는 이들, 시험당하거나 위험에 빠진 이들을 축복하고 사랑할 수 있는 자가 되게 하여 주시옵소서. 능력과 사랑으로 그들의 아픔과 상처를 위해 기도해 주며 함께 아파해 줄 수 있는 자로 살게 하여 주옵소서.

사랑의 실천자이신 예수님의 이름으로 기도드립니다. 아멘

May We Love Others!

God of Love, help your unworthy servant not to avoid what I need to do today. I want to show your love to my family, colleagues and anyone else with whom I am not directly connected.

I want to practice this love in tangible ways and not merely with words. Help me to be patient with others; to be compassionate; to understand others as I want them to understand me. Please help me to encourage, bless and love others. May I be ready to love others even before they love me.

God of Love, help me to be like you. Give me the love of Jesus which caused him choose to do good joyfully and live among men and serve them. He even forgave his enemies from the Cross. Give me the same will to forgive.

I desire to love those I find it difficult to love. I want to be somebody who can bless and care for those who are sick and lonely and those who are in despair, tempted or in danger. I want to pray for them and share their pain and wounds with your power and love.

I pray in the name of Jesus, who lived a life of love. Amen.

지혜 있는 삶을 살게 하소서

지혜의 근본이신 하나님, "너는 마음을 다하여 여호와를 의뢰하고 네 명철을 의지하지 말라 너는 범사에 그를 인정하라 그리하면 네 길을 지도하시리라"는 말씀을 기억합니다. 오늘도 내 지식과 명철로 살아가기보다 주님 주시는 지혜로 살기를 원합니다.

그리하여 무엇을 할 것이며 무엇을 하지 않을 것인가를 분별할 수 있게 하시고 언제 행동할 것이며 언제 행동을 중단해야 할 것인지를 분별하며, 언제 말해야 하며 언제 침묵할 것인가를 알게 하셔서 실족지 않는 온전한 삶을 살 수 있도록 도와주옵소서. 하나님께서 우리에게 지혜 주셔서 악한 생각과 우리의 후회할 수밖에 없는 행동으로부터 벗어나게 하옵소서.

솔로몬이 가졌던 지혜를 사모합니다. 지혜를 원했던 솔로몬의 소원이 나의 소원이 되게 하옵소서. 어그러지고 혼돈한 세상 가운데서 무엇이 옳은 것인지를 분별하며 살 수 있도록 도와주소서. 순결한 지혜를 주옵소서.

그리하여 나쁜 일을 생각하거나 계획하는 일에 빠지지 않게 하시고 평강의 지혜를 더하시어 이웃과 평화롭게 살게 하옵시고 품위 있는 지혜를 주셔서 모든 일에 비판적이기보다는 긍정적으로 대하게 하시고 남을 비난하기 보다는 칭찬과 격려를 많이 할 수 있는 자로 살게 하옵소서.

개방된 지혜의 생각을 갖게 하셔서 완고하거나 자기 주장에 빠져 외골수의 길로 가지 않기를 원합니다. 진리의 말씀을 기뻐하며 그 말씀을 따라 순종하는 삶을 살기를 원합니다. 주님이 주신 지혜로 사는 복된 하루가 되게 해주옵소서.

예수님의 이름으로 기도합니다. 아멘

May We Be Wise!

God, you are the source of all wisdom. We remember your Word, "Trust in the Lord with all your heart and not on your own understanding. In all your ways acknowledge him and he will make your ways straight." I want to lean on your wisdom today and not my own.

Give me discernment to know what to do and what not to do, when to act and when not to, when to speak and when to keep silent so that I may live a wholesome life.

Give me wisdom to leave evil ways and actions I might later regret.

I desire the wisdom of King Solomon. In the midst of this confused world, help me to discern between what is right and wrong. Give me pure wisdom!

Save my steps from thinking or planning evil things. Give me wisdom to live peacefully with my neighbors. Give me wisdom to live a noble life and be positive in everything I do, praising others.

Help me to be open-minded and wise, not rigidly insisting on my way to others. I want to rejoice in your Word and obey it. Bless my daily walk in your wisdom.

In Jesus' name. Amen.

일상생활에서 드리는 아침의 기도문

주님과 동행하게 하소서

임마누엘의 하나님, 하루를 살 때 나 혼자 있게 마옵소서. 에녹이 하나님과 동행하는 삶을 살았듯이 우리들도 하나님과 동행하게 하옵소서. 주님께서 이 세상 끝날까지 우리와 함께하시겠다고 약속하신 그 말씀을 의지합니다. 오늘도 제가 어느 길을 가든지 주님과 함께하시는 임마누엘의 복을 경험하기를 원합니다.

우리는 한치 앞도 내다볼 수 없는 연약한 인생들입니다. 나의 가야 할 길을 너무나 잘 아시는 주님께 저의 걸음을 의탁합니다. 주님께서 동행해 주시므로 인하여 절망의 길을 가지 아니하고 소망의 길을 가는 줄 믿습니다. 눈앞에 있는 것에 마음이 끌리고 당장 즐거워하는 것에 제 생각이 끌립니다. 그러나 주님이 동행하시면 그런 것에 마음을 빼앗기지 아니하고 선을 선택하며, 진리를 선택하며, 욕망이나 편견에 의해서 움직이지 아니할 줄 믿사오니 함께하시옵소서.

충동과 욕정을 억제하며 우리 자신을 잘 다스림으로 극기하여 살아갈 수 있는 힘을 주시옵소서. 주님과의 동행의 기쁨을 알아가기를 원하오니 함께해 주옵소서. 엠마오로 가는 제자들이 부활의 주님과 동행의 사실을 알았을 때 부활의 소식을 전하기 위해 기뻐 뛰며 나아갔던 것처럼 온 인류와 역사의 주인이신 창조주 하나님과 동행하는 이 벅찬 감격을 나 혼자만 간직하지 않게 하시고 모든 사람들과 함께 나누는 자가 되게 하옵소서.

유리하며 방황하는 울 밖으로 나간 양처럼 살지 않고 주님과 하루를 동행하며 주님의 어린양으로 살아가게 하옵소서.

예수님의 이름으로 기도드립니다. 아멘

May We Walk with the Lord!

God our Immanuel, may we not walk on our own. We want to walk with you as Enoch walked with you. We trust your promise, "Surely I am with you always, to the very end of the age."

Today, we want to experience the blessing of Immanuel, that you are with us wherever we may be.

We are weak people who do not know what will happen the next moment. We commit our ways to you, for you know all my steps. I walk in hope because you are with me, I will not despair. Amusing things we see easily distracts us.

However if you walk with us, we will not be distracted by these things but instead we will choose what is good and true. So please be with us.

Give us strength to be self-controlled in the face of impulsive, fleshly desires. We want to know the joy that comes from being with you. Like the disciples who you met on the way to Emmaus, may we share this overwhelming joy and shout about the news of the resurrection.

May, we walk with you like your lambs, not wandering around aimlessly.

In Jesus' name. Amen.

일상생활에서 드리는 아침의 기도문

기쁨이 있는 하루가 되게 하소서

항상 기뻐하라고 말씀하신 하나님, 오늘의 환경은 우리의 기쁨을 빼앗아가는 수많은 요소가 있습니다. 그럼에도 불구하고 삶의 한복판에 서서 이 말씀을 기억하고 하나님 영광 드러내는 자리에 있게 하옵소서.

기쁨이 우리 삶의 스타일이 되게 하시고, 우리 삶의 태도가 되게 하옵소서. 감정에 따라 기뻐하는 자가 되지 말고 항상 기뻐하는 사람이 되기를 원합니다. 건강한 인간관계에서 오는 기쁨이 있기를 원합니다. 부부간이나 형제 간, 이웃 간이나 직장 동료 간에 갈등으로 말미암아 상처를 입을 때 기쁨을 잃어버리기 쉽사오니 모든 사람과 평화하여 기쁨을 빼앗기지 않게 하소서.

용서하시기를 기뻐하시는 하나님, 모든 관용을 사람들에게 알게 하라고 말씀하신 것을 기억하고 용서하며 이해하며 사는 하루가 되게 하옵소서. 불필요한 염려가 내 삶의 기쁨을 빼앗아가는 줄 압니다. 오늘 하루도 아무것도 염려하지 말고 오직 기도와 간구로 구할 것을 감사함으로 아뢸 줄 아는 자가 되게 하옵소서.

항상 참된 것을 생각하게 하옵시고 무엇에든지 경건하며 무엇에든지 옳으며 무엇에든지 정결하며 사랑할만한 것들을 사랑하는 건강한 사고를 갖게 하옵소서. 그로 말미암아 기쁨을 창조하며 사는 자가 되게 하옵소서.

믿음의 눈을 갖기를 원합니다. 어떤 환경에서든지 여호수아와 갈렙의 눈을 갖게 하셔서 하나님이 함께하시는 세상을 볼 수 있게 하옵소서. 그리하여 기뻐하며 승리하는 하루가 되게 하옵소서.

예수님의 이름으로 기도드립니다. 아멘

May It Be A Joyful Day!

God, even though you told us to rejoice always, there are many things around us which steal our joy away.

May we stand firm and give you glory in the midst of our lives.

Let there be joy in our lifestyles and our attitudes. May our joy flow continuously, unhindered by our emotion. May there be the Joy, which comes from sound relationships.

May we live peaceably with our partners, brothers, neighbors and colleagues and not loose our joy through conflict.

Forgiving God, we want to keep your Word. May everybody know of your generosity because of our readiness to forgive and understand others.

Unnecessary worry can also steal my joy away. Today, instead of worrying, I want to only pray and make petitions to you in everything. May we always think what is right and be holy and pure in everything. May we have sound minds to give our affections only to what is worthy of praise. Help us to do this and so bring joy into our everyday life.

Give us spiritual eyesight! May we understand the world as Joshua and Caleb did. May we rejoice in victory.

In Jesus' name. Amen.

일상생활에서 드리는 아침의 기도문

평안을 누리는 하루가 되게 하소서

우리에게 평안 주시기를 원하시는 하나님, 이 세상에서 살아가는 동안 계속되는 환란의 파도와 폭풍우와 비바람과 더불어 싸워야 함을 압니다. 바라옵기는 환란이 없고 폭풍우가 없는 세상이 아니라 환란과 비바람 가운데서도 흔들림이 없는 평안한 삶을 살기를 원합니다. 평안을 주시기로 약속하신 주님의 약속을 바라보며 문제가 없어지기를 기도하기보단 문제 앞에 담대하게 서서 이길 수 있는 삶의 태도를 갖게 하옵소서.

도우시는 하나님 아버지, 세상이 주는 평안으로는 참된 안식과 기쁨을 누릴 수 없습니다. 다만 주님이 주시는 평안만이 참된 만족이 있고 행복이 있사오니 오늘 하루 하늘의 평안을 누리는 은총을 허락해 주시옵소서.

주님이 주시는 평안은 세상이 알지도 못하고, 세상이 줄 수도 없는 평안이라는 사실을 증거하는 삶이 되게 해주옵소서. 그 평안을 바라보며 평안의 하나님이 내 마음과 삶을 다스리기까지 순종하며 평안의 약속을 믿고 얻은 줄 알고 살아가게 하옵소서.

"환난을 당하나 담대하라 내가 세상을 이기었노라"고 약속하신 그 음성을 들으며 불필요한 염려나 불경건한 생각으로 마음의 평안을 잃어버리지 않게 하시어 세상을 이기고도 남는 주의 평안을 맛보며 살아가는 이 하루가 되게 하옵소서.

평화의 왕이신 예수님의 이름으로 기도합니다. 아멘

May It Be A Peaceful Day!

God, you always want to give us peace. On this earth we need to fight many waves of trials, which come to us like a storm. We do not ask you for a world without problems. Instead we pray for your peace, which enables us to stand firm in the midst of trials.

Let us not pray for the removal of problems but to have the right attitude to face them boldly and overcome them.

Only you can give us true peace, happiness and satisfaction. Bless us to enjoy your peace today.

Let my life witness to the peace, which you give but the world cannot give.

As I obediently trust that I have already received your promise, may my life continue to be ruled by your peace until the day your peace rules over my heart and mind completely.

May I remember your Word, "In this world you will have trouble. But take heart! I have overcome the world." Then I will be able to taste your peace today without unnecessary worry or unholy thoughts.

I pray in the name of Jesus, the King of peace. Amen.

444
일상생활에서 드리는 아침의 기도문

빛과 소금의 역할을 잘 감당하게 하옵소서

하나님, 우리를 향해 세상의 빛이라 소금이라 말씀하신 주님을 기억합니다. 오늘 하루도 이땅에서 빛으로 소금으로 살고 싶습니다. 모든 사람에게 유용한 사람으로 살고 싶습니다. 다른 사람에게 짓밟히거나 비웃음꺼리로 살지 않게 하시고, 비난받는 자리에 서지 않게 하옵소서.

나의 구원이신 하나님, 나의 삶을 통하여 주님의 빛 되심을 나타내어야 할 책임이 있다는 것을 기억하게 하옵소서. 항상 나의 친구들과 사랑하는 가족들, 나를 기억하는 모든 사람들에 대한 나의 책임을 기억하도록 도와주시옵소서. 나를 사랑하는 사람들에게 실망시키지 않으며, 나를 바라보는 사람들을 배반하지 않으며, 나를 특별히 마음속 깊이 간직하고 있는 사람들에게 슬픔이나 비탄을 주지 않도록 도와주시옵소서.

오히려 그들에게 하나님의 선한 증거를 나타낼 수 있게 하시고 주님의 법도를 가르치는 자리에 있게 하시옵소서. 항상 그리스도인으로서 아름다운 삶의 모범이 무엇인지를 위해 고민하며, 그 아름다운 삶을 나타내게 하시고, 오늘도 그리스도의 향기를 발하는 그리스도의 편지로 살아서 다른 사람들에게 하나님을 증거하며 살아가는 자가 되게 하옵소서.

주님의 명령따라 빛으로 살아가기를 소원하오나 우리의 힘으로는 감당하기 어렵습니다. 빛으로 오신 주님께서 도우시사 참빛을 알고, 빛 되신 주님을 나타내며 살아가는 이 하루가 되게 하여 주시옵소서. 예수님의 이름으로 기도드립니다. 아멘

Prayers in Everyday Life – Morning Prayers

May We Be Salt and Light!

God, we remember your command to be salt and light. We desire to be salt and light to this world today. We want to be people who are needed. Help us not to be people who are trampled on or scorned or blamed.

God of my salvation, let me not forget my calling to let your light shine through my life to my beloved people around me. Help me not to disappoint or betray them. Please remind me of my responsibility to my friends, family and those who remember me. May I not be a source of sadness or mourning to those who dearly love me. On the contrary, use me as your witness and teacher of your ways.

I want to aim to be a beautiful example of a Christian and a living letter of Christ who spreads the fragrance of Jesus' beautiful life.

We long to be a light to the world but we often fail in our own strength. Help us Lord, to be your light in the world.

May today be a day when we know the true light and shine with the light of the Lord.

In Jesus' name. Amen.

일상생활에서 드리는 아침의 기도문

가고 오는 길을 지켜 주소서

내가 약할 때나 강할 때나, 깨어 있을 때나, 잠이 들 때나 변함없이 나를 붙들어 주시는 하나님 아버지 감사드립니다. 오늘도 여러 곳으로 제가 다닙니다. 원하든 원치 않든 이곳 저곳을 다닐 때에 어떤 위험과 사고가 있을지 저는 잘 알지 못합니다. 전능하신 주님께서 저의 다닐 길을 인도하시사 안전하게 지켜 주시옵소서.

사랑이신 하나님, 주께서는 나의 앉고 일어섬을 아시며, 나의 길과 눕는 것을 감찰하시며, 내가 하늘에 올라갈지라도 거기 계시며 내가 바다 끝에 거할지라도 주의 손이 나를 인도하시며, 주의 오른손이 나를 붙드신다는 약속의 말씀을 의지합니다.

우리가 하나님을 꽉 붙잡았으니 안심이라고 생각하고 있는 어리석은 자가 되지 않게 하시며 하나님께서 우리의 손을 꽉 잡고 계심을 믿음의 눈으로 바라보게 하옵소서.

우리는 주님을 놓친다 할지라도 주님은 우리를 잡고 계시며 때로 우리는 잠들기도 하지만 하나님은 결코 졸지도 주무시지도 않고 우리를 지키신다는 이 믿음으로 하루를 살게 해주시옵소서.

하나님, 우리가 맹목적으로 안전케 해주시리라고 생각하고 안전을 지키기 위한 노력 없이 다니지 않게 하시고, 지켜야 할 세상의 법을 잘 지키며, 항상 주의하며 다니게 하옵소서. 하나님의 보호는 지금부터 영원까지 계속된다는 사실을 압니다. 모든 여정 속에서, 그리고 인생의 여정을 모두 마치고 하나님 앞에 설 때까지 우리의 출입을 지켜 주실 것을 믿습니다.

예수님의 이름으로 기도드립니다. 아멘

Prayers in Everyday Life – Morning Prayers

Please Watch over Our Coming and Going!

God, we thank you that you hold me whether I am weak or strong, asleep or awake. Today, I will have to go to many places, whether I want to or not. I do not know where there may be danger for me. Almighty God, direct me today and keep me safe.

Loving God, I trust in your promise: "You know when I sit and when I rise ⋯⋯ you discern my going out and my lying down. ⋯⋯ If I go up to the heavens, you are there; ⋯⋯ If I settle on the far side of the sea, even there your right hand will guide me and hold me fast."

May I not fool myself in thinking that I am the one holding you but rather see your hands holding me fast, in faith. We will walk today, believing that you are holding us tight even when we let go of your hand.
  you always watch over us even when we sleep – but you neither sleep nor slumber. May we also keep the law of this world. We know that your protection will be with us forever. We believe you watch over our pilgrim journey on earth until we stand before you, having completed the whole journey.
  In Jesus' name. Amen.

일상생활에서 드리는 아침의 기도문

가정과 가족들을 지켜 주소서

하나님, 제게 가정과 가족들을 주심을 감사드립니다. 저희 가정이 하나님을 경외하는 가정 되게 하신 것 또한 감사드립니다. 모든 가족들이 하루의 일과를 주님과 함께 시작하여 주님과 동행하는 하루의 삶이 되기를 원합니다.

가족들 각자에게 부여된 책임과 특권을 충실히 수행할 수 있게 도와주옵소서. 기도로 시작하여 기도로 마치는 가족들 되게 하시고 기쁨과 슬픔을 언제나 함께 나누며 서로의 짐들을 함께 나누어 질 수 있는 가족들 되게 하옵소서.

사랑의 하나님, 가정생활 가운데 언제나 주님을 모심으로 주님의 사랑 안에서 더욱 가까워지게 하시고 편안한 쉼과 안식이 있는 가정이 될 수 있도록 복 내려 주옵소서. 주님께서 저희 가족 모두의 영혼을 보호해 주시기를 원합니다. 우리의 들어오고 나가는 것을 다 감찰하시는 주님께서 가족 모두가 그 어느 곳에 거하든지 하나님의 확실한 보호 아래 있게 하시고 시험의 길로 다니지 않도록 도와주시길 원합니다.

가정 안에서 주님의 사랑으로 즐거워 할 수 있게 하시고 우리의 믿음이 나날이 든든해질 수 있도록 도와주시오며, 우리의 모든 도움이 천지를 지으신 여호와께로부터 온다는 사실을 굳게 믿게 하옵소서. 늘 건강으로 지켜 주시고 물질보다도 가족간의 사랑이 더 중요하다는 것을 명심하게 하시며, 그 무엇보다도 주님을 더 사랑하는 가정 되게 하시어서 하나님의 사랑과 성령님의 교제가 우리 가족 모두에게 날마다 넘치게 해주옵소서.

예수님의 이름으로 기도드립니다. 아멘

Prayers in Everyday Life − Morning Prayers

Please Protect Our Families and Homes!

God, thank you for giving me a home and family. I am so grateful my family love you as one. We want to be with you at the beginning and end of the day.

Help all family members to faithfully fulfill their roles. We want to start and close each day with prayer, sharing our joy and sadness with each other. We want to bear each other's burdens.

Loving God, may we grow closer to each other, having you as our Lord and living in your love. Bless this family so that it will be a place of rest. Lord, you know our coming and going. Keep us under your sure protection wherever we are and help us not to fall into temptation.

May we be happy in your love and grow in faith day by day. Help us to believe that our help comes from the Lord who made heaven and earth.

Please give us a good health and put our love first before material matters. May we love you as a family and may our fellowship with Father God and the Holy Spirit grow richer every day.

In Jesus' name. Amen.

450
일상생활에서 드리는 아침의 기도문

직장과 직장의 동료들을 위하여

일할 수 있는 직장을 주시고 함께 일할 수 있는 직장 동료를 허락하신 하나님, 서로가 맡은 일에 최선을 다하며, 행복한 얼굴로 웃으며 일하게 하시고, 맡겨진 일에 충실하게 하옵소서.

양심적으로 일할 수 있도록 하시며 정직하게 일하게 하시오며 근면하며 서로서로를 돌보아 서로 도우며 일할 수 있도록 도와주시옵소서. 낭비적인 경쟁이나 지배나 억압적인 관계에서 벗어나게 하옵소서. 상사는 아랫사람을 사랑으로 대하고 아랫사람은 상사를 존경하는 마음, 신뢰하는 마음으로 대하고, 동료 간에는 신의를 지키며 사랑으로 함께 일할 수 있도록 도와주소서.

각자 맡겨진 일에는 신중하고 정확하게 일할 수 있도록 지혜를 더하시고 맡은 일에 자부심을 갖고 일할 수 있게 하옵소서. 만나고 대하는 사람들을 기쁨으로 대하여 일하는 곳이 더 즐겁고 행복한 곳이 되게 해주옵소서.

우리가 복받기를 원하시는 하나님, 야곱으로 인하여 라반의 집이 복을 받고 요셉으로 인하여 보디발의 집이 하나님의 복을 경험한 것같이, 우리가 일하는 곳이 하나님을 섬기는 저로 말미암아 하나님께 복을 받게 하옵소서. 그리하여 하나님의 나라가 확장되는 곳이 되게 하시며, 주의 나라에서 경험되는 평강의 복이 넘치는 직장이 되게 하시옵소서.

직장의 이익을 위해 서로 협동하며 일할 때 분열이 사라지는 역사가 있게 하시고, 직장의 가족 모두가 하나님을 주인으로 모시는 역사가 일어나게 하옵소서. 예수님의 이름으로 기도합니다. 아멘

For Our Work Places and Colleagues!

God, you gave us our work and colleagues! Help us to work faithfully and be happy with each other. May we be honest and diligent workers looking after each other.

May we step away from destructive competition and power struggles. May those who are of higher status love those below them and may those of lower status respect and trust those above them. Also help colleagues to trust each other in love.

Give us wisdom to do tasks carefully and accurately and may we be proud of our work. May we treat each other pleasantly so that our work places may become happier.

God, you want us to be blessed. As Laban's house was blessed by Jacob's work and as Potiphar's was blessed by Joseph's work, my work place be blessed because I am there. Expand your kingdom and may your blessing of peace overflow in my place of work. May division disappear as we seek together for the common good and may everyone have you as their Lord.
In Jesus' name. Amen.

말에 실수가 없게 하소서

인간의 모든 심사를 아시고 우리의 말까지 들으시는 하나님! 오늘도 제 입술에 파수꾼을 세워 주셔서 원망과 불평의 말들, 부정한 말과 속이는 말들, 남을 무너뜨리고 이간질하는 말들을 내뱉지 않도록 도와주소서. '한입으로 찬송도 나고 저주도 나는 입이 마땅치 않도다' 라는 말씀을 기억합니다. 두 가지의 말을 말하지 않게 하옵소서. 경건한 말을 하게 하사 말에 실수가 없게 하옵소서. 늘 긍정적이고 생산적이고 남을 이롭게 하며 인격적인 실수가 없는 언어생활을 하게 하옵소서.

욥이 가졌던 신앙과 그 입술의 찬송을 갖기를 원합니다. 욥은 그렇게 힘든 시험의 나날 가운데서도 "주신 자도 여호와시요 취하신 자도 여호와시오니 여호와의 이름이 찬송을 받으실지니이다"라고 고백하고 기도했습니다. 모든 일에 하나님의 섭리와 경륜이 있다는 사실을 믿고 어떤 일을 만날지라도 어떤 환경에 처할지라도 하나님의 이름을 송축하며 합력하여 선을 이루시는 하나님을 바라보고 기도할 수 있는 입술이 되게 하옵소서.

사람들을 축복하며 주님을 찬양하며 칭찬과 격려를 아끼지 않는 입술이 되기를 원합니다. 말 한마디로 지쳐 있는 이에게 용기를 줄 수 있고 때로는 상처를 줄 수 있음을 기억하고 분별할 수 있는 지혜를 주옵소서. 성령님이시여 형편에 꼭 맞는 말들을 할 수 있도록 입술을 지키시고, 생각나게 하옵소서. 허탄한 말과 거짓 된 말을 담지 않도록 역사하여 주소서. 그리하여 하루를 마칠 때 언어생활로 인해 감사를 드리게 하옵소서.

예수님의 이름으로 기도드립니다. 아멘

Keep Our Mouths Safe from Making Mistakes!

God, you know what is in our hearts and hear our every word. Guard my lips today. May I say nothing negative nor anything which deceives, hurts or sows dissension. I remember your Word, "Out of the same mouth come praise and cursing. My brothers, this should not be." Save me from being inconsistent. May I say only what is holy, having no fault.

May my words always be positive, productive and beneficial to others. I want to praise you as Job did. In the midst of his trial, he confessed in prayer, What the Lord has given, he has taken away. May the name of the Lord be praised. My Lips will praise you in every circumstance, trusting in the way you work, making everything good in the end.

I want to bless and encourage others and praise you with my lips. Help me to bring a word to uplift all who are weary or hurt. Holy Spirit, help me to speak aptly; guard my lips and give me the right words to say. May I not speak what is untrue. May I give thanks to you at the end of the day for the words I have spoken that day.
In Jesus' name. Amen.

일상생활에서 드리는 저녁의 기도문

주 안에서 살게 하심을 감사합니다

하나님, 부족한 종이 세상 길로 나아가지 아니하고 주 안에서 살게 하심을 감사합니다. 세상의 짐들이 있었지만 그 짐들로 인하여 염려하기보다 기도하게 도와주신 것을 감사합니다. 해결해야 할 문제들이 있었지만 그 문제를 하나님 앞에 내놓고 간구할 수 있는 자로 살게 하심을 인하여 감사드립니다.

주님 안에서 사는 행복이 무엇인지를 조금씩이나마 알게 하시고 모든 문제들을 하나님 안에서 해결받을 수 있도록 믿음의 길로 인도하신 것 또한 감사를 드립니다.

오늘도 선한 길로 이끌어 주시고, 푸른 초장과 쉴만한 물가로 인도하심을 인하여 감사를 드립니다. 스스로 해결하지 못할 큰 산이 있고 큰 폭풍우가 있을지라도 해를 두려워하지 않을 것은 주께서 나와 함께하심을 믿는 믿음 때문입니다.

"오직 의인은 믿음으로 말미암아 살리라"고 하신 말씀을 좇아 모든 일에 하나님의 시각을 가지고 살 수 있도록 더욱 도와주시옵소서. 그 어떤 형편을 당하더라도 믿음으로 생각하고 믿음으로 행동할 수 있는 용기와 결단을 주시옵소서. 그리하여 오늘보다는 내일이 더욱 믿음에 굳게 서는 자가 되게 하시고, 하루의 삶 가운데 실수가 있고 주님 보시기에 부끄러운 모습이 있을지라도 주님의 크신 십자가의 사랑으로 덮어 주시옵소서. 주님의 그 사랑으로 더욱 용기와 힘을 얻어 내일 또 하루를 살게 하옵소서. "주 안에 있는 나에게 딴 근심 있으랴"라고 매사에 주님으로 인해 찬송하며 살게 하옵소서.

예수님의 이름으로 기도드립니다. 아멘

Prayers in Everyday Life — Evening Prayers

We Are Thankful That We Are in You!

God, thank you for keeping me, your unworthy servant, to walk in your ways. There were burdens from the world but you helped me to pray rather than worry. I thank you, Lord. Though there are many problems to be sorted out, I am thankful to you, Lord, because I can bring them to you in prayer.

you are teaching me to know the happiness of remaining in you, Lord. you also teach me the way of faith as my problems are solved one by one.

Thank you for leading me along a good path among green pastures by still waters where I can rest. Because you are with me, I am not afraid of any harm even when there is a big mountain I cannot climb or a big storm.

Help me to have your perspective in every matter, as I trust your Word, "The righteous will live by faith." Give me courage to make decisions and think and act by faith. Let me grow in strength day by day. Please cover my shameful deeds by the great love of the Cross. I will face tomorrow boldly because you love me. I will sing, "The trusting heart to Jesus clings, nor any ill forebodes ……"

In Jesus' name. Amen.

생업에 복 주심을 감사드립니다

오늘도 건강을 주셔서 일할 수 있는 자로 살게 하신 하나님 아버지, 제게 일을 할 수 있는 힘과 능력을 주신 것 감사를 드립니다. 맡겨진 일에 어떤 날은 마음먹었던 대로 일을 제대로 할 수 없었고 어떤 날은 제가 할 수 있었음에도 불구하고 게으르고 나태함으로 인해 하지 않았던 날도 있었습니다.

시간이 부족하다는 이유로, 또한 여러 가지 이유로 인해 최선을 다하지 못한 것을 회개합니다. 의지력이 부족할 때도 있었습니다. 그러나 실패하지 않고, 좌절하지 않으며, 희망을 포기하지 않도록 도우셔서 감사합니다. 더 열심히 노력하게 하시고 주님을 더욱 신뢰하면서 주어진 모든 일을 감당하게 하소서.

혹 사람의 눈에 보이려고 한 일들이 있거든 용서하시고 늘 장인의 마음을 가지고 일할 수 있도록 인도해 주옵소서. 매일매일 발전할 수 있도록 도와주시옵소서.

복의 근원이신 하나님, 여호와의 복이 일터 위에 충만하기를 소원합니다. 하나님을 의지하고 주신 일터의 소산으로 하나님나라를 위해 아름답게 드려지기를 소원하오니 주신 일터가 복을 받게 하옵소서.

물가에 심기운 나무가 그 뿌리를 강변에 뻗치고 더위가 올지라도 두려워 아니하며 그 잎이 청청하며 가무는 해에도 걱정이 없고 결실이 그치지 아니하는 것처럼 복을 받게 하옵소서. 그 복으로 인하여 더욱 하나님을 드러내며 하나님의 영광을 위해 귀히 쓰임받는 일터가 되기를 소원하오니 도와주옵소서. 예수님의 이름으로 기도드립니다. 아멘

Prayers in Everyday Life – Evening Prayers

We Are Thankful for Blessing Our Business!

Father God, I thank you for giving me health and allowing me to work. Sometimes I could not do as much as I had planned to do or I was lazy.

I repent that I did not do my best, having many excuses, e.g. lack of time, will power …… Yet I thank you Lord because you helped me not to fail in despair. Help me to do everything well and to persevere. Forgive me if I did things to boast. Help me to have a professional mind. Help me to do better everyday.

God, you are the source of all blessing. May your blessing overflow in our work place for we want to invest much of the harvest portion. Bless this place like a tree planted by streams of water, which yields its fruit even in a year of poor harvest and whose leaf does not wither. Help us Lord, because we want to glorify you and show you to others through the blessings you give.

In Jesus' name. Amen.

일상생활에서 드리는 저녁의 기도문

시험을 이기게 하시니 감사합니다

우리에게 힘을 공급해 주시는 하나님 아버지, 때때로 찾아오는 시험을 이길 수 있는 능력을 주시옵소서. 하루의 삶 속에서 이 모양 저 모양으로 다가오는 시험과 유혹의 손길이 있었습니다. 죄 짓게 만드는 순간순간들이 있었습니다. 그러나 분별할 수 있는 눈을 주시고, 피할 수 있는 능력을 주셔서 그런 시험의 올무에 빠지지 않고 믿음으로 극복하게 하시니 감사드립니다.

하나님, 우리가 이땅에 살 동안 시험에서 벗어날 수 없다는 것을 압니다. 육의 몸을 입고 있는 동안은 시험의 나날들이 있음을 압니다. 우리 앞에 시험이 올지라도 두려워 말고 담대히 시험에 맞서서 이길 수 있도록 주의 강한 손으로 붙들어 주옵소서. 교만하게 하는 시험이 있거든 겸손함으로 이기게 하시고 잘못된 욕망이나 헛된 생각에서 오는 시험이 있거든 정결함과 거룩함으로 이기게 하여 주옵소서.

우리의 마음과 생각을 주님의 평강으로 지켜 주셔야만 순결한 삶을 살 수 있사오니, 시험의 올무에 빠지지 않도록 믿음을 주시고 발걸음을 지켜 주시옵소서. 그리하여 시험에서 늘 승리하는 자로 살게 해주옵소서. 오늘 이 하루 그렇게 도와주셨음을 인하여 감사를 드립니다. 잘못된 시험에서 항상 이길 수 있는 믿음의 사람으로 지켜 주옵소서.

예수님의 이름으로 기도드립니다. 아멘

Thank You for Helping Us to Overcome Temptations!

God, you give us strength. Each day, there are many tests and temptations approaching us, from this way and that. However, you gave us discernment to avoid temptations and overcome by faith. Thank you, Lord!

God, we know that while we are on this earth, temptations will always be around us and we will not be able to escape from them. But hold us strong in your mighty arms so that we will face temptations without fear. We will overcome the temptation of pride with humility and defeat wrong desires or vain thoughts by purity and holiness.

Watch over our steps because we can only live a life of purity with your help. Give us faith so that we will not fall into temptations. May we always be victorious over temptation. Hold us Lord.
In Jesus' name. Amen.

일상생활에서 드리는 저녁의 기도문

행복한 가정 주심을 감사합니다

은혜로우신 하나님 아버지, 사랑하는 자녀와 자애로운 부모님과 함께 행복을 누릴 수 있는 가정을 주시니 감사합니다. 그 모든 것 가운데 예수 그리스도를 주인으로 모신 구원받은 가정이 되게 하시니 더욱 감사합니다.

가정이 무너지고 있는 요즈음의 세태를 봅니다. 가족이 해체되는 오늘의 가정 형편을 목도합니다. 불화와 질시와 미움과 분열의 영이 가득한 가정들을 보게 됩니다. 그런 가정의 모습이 전염되어올 것 같은 두려움이 있습니다만 주님을 주인 삼고 아버지 삼고 말씀을 붙들고 사는 가정은 무너지지 아니하는 줄 믿사오니 든든한 예수 그리스도의 반석 위에 저희 가정을 세워 주셔서 주님으로 인하여 흔들리지 아니하도록 도와주소서.

좋은 것으로 응답해 주시는 하나님, 이 밤도 저희 부모님을 지켜 주셔서 불안과 슬픔 가운데 있지 않게 하시고, 저희 자녀들과도 함께하시사 하나님의 사랑과 평안 속에 거할 수 있도록 도와주소서. 저희 부부를 축복하시사 하나님 안에서 기쁨과 슬픔을 함께 나누며 행복한 부부로 살게 해주옵소서. 가족 모두가 진실치 못하거나 불성실 하거나 서로에게 지워진 신성한 가족의 의무를 소홀히 하지 않도록 도와주소서.

무엇보다 저희 가족들이 어느 곳에 있을지라도 어떤 형편에 처할지라도 주님을 잊어버리는 일이 없도록 저희 가족들을 지켜 주시기를 다시금 기도합니다. 주님의 은혜가 저희 가족 모두에게 지금부터 항상 같이 하여 주시기를 소원하오며 예수님의 이름으로 기도드립니다. 아멘

Thank You for Giving Us Happy Families!

Gracious God, thank you for giving me a family with beautiful children and loving parents. Most of all, I am grateful that we have Jesus as our Lord.

Nowadays, we see many families are being broken up. We see families that are full of jealousy, hatred and division. Sometimes, I am afraid if these might contaminate my family too.

Yet I know that a family under your Lordship will never be destroyed. Lord, please set my family firmly on the Rock who is Jesus and not let us be shaken.

God, you answer us with good things, help my parents tonight not to feel sad or anxious. Help my children to dwell in your love and peace. Bless us in sharing our joys and sorrows. May we be a happy couple together for our lifetime.

May none of my family members be unfaithful or undutiful to each other. First of all, may we remember you wherever we go and in whatever we do. May your grace be on all our family members from now on, forever and ever.

In Jesus' name. Amen.

일상생활에서 드리는 저녁의 기도문

하루의 삶 속에서 지은 죄를 용서해 주소서

하나님, 이 시간 하루의 삶 속에서 제가 행한 잘못에 대해서 고백합니다. 알지 못하여 지은 잘못까지도 용서를 구합니다. 바르게 살고 싶었지만 부주의하게 행한 일들이 있습니다. 가식적으로 행한 일들도 있습니다. 하나님 보시기에 부끄러운 일들이 있었음을 고백합니다. 남에게 상처를 입힌 일도 있었고 나를 필요로 하는 사람들을 낙심시킨 일도 있었습니다.

친구들에게 신의를 지키지 못한 일들, 가족들에게 실망시킨 일들, 약속을 깨뜨린 일들, 하나님 앞에 지키고자 기도했던 일들을 지키지 못한 것들을 용서해 주옵소서. 또한 주님께 불순종한 일, 주님을 슬프게 한 일, 주님께서는 저를 끝까지 사랑하셨건만 그 사랑으로 이웃을, 가족들을, 뭇사람들을 사랑하지 못했음을 고백하오니 용서해 주옵소서.

깨끗한 마음을 주시는 하나님, 부정한 입술의 죄가 있었거든 깨끗이 씻어 주시고, 거짓과 불순종과 거역의 마음을 갖고 살았던 깨끗지 못한 마음도 순결하게 씻어 주시옵소서. 그리스도의 보혈로 씻김을 받아 죄악의 더러움에서 벗어나기를 원합니다.

긍휼이 풍성하신 하나님, 연약한 종을 도우시사 그 십자가의 능력으로 나의 영혼을 말갛게 씻어 주시고, 나의 몸을 지켜 주시며, 나의 심령이 주님을 닮아 흠 없고 정결한 백성으로 날마다 살게 하옵소서. 제 힘으로는 부족하오니 주의 성령께서 충만하게 역사하시어 그 힘의 능력으로 날마다 살게 해주옵소서.

예수 그리스도의 이름으로 기도드립니다. 아멘

Prayers in Everyday Life — Evening Prayers

Forgive the Sins I Committed Today

God, I confess I have done wrong things today. I ask your forgiveness on what I did not intend to do. I meant to live rightly, but something happened because I acted carelessly. There are things in which I have been a hypocrite. I am ashamed to stand before you. I have hurt or discouraged others.

Forgive me for not being trustworthy to my friends, discouraging family members, breaking promises and breaking vows to God. I confess that I have failed to love others to the end in the way Jesus did for us. Forgive me!

God who purifies hearts, cleanse my unclean lips, my rebellious and impure heart by the Blood of Jesus. I want to be free from my filthy sin.

Compassionate God, please help your weak servant. Purify my soul by the power of the cross and keep my body. Help me live a flawless, pure life, imitating you because I am your child. I am not able to live this way in my own strength so saturate me with your Holy Spirit to live by your power.
In Jesus' name. Amen.

한·영대표기도문

●

2005년 1월 10일 1판 1쇄 발행
2011년 2월 25일 1판 4쇄 발행

지은이 · 김장환 외 8인
번　역 · 홍다윗 외 1인
펴낸이 · 김기찬

펴낸곳 **한국문서선교회**
등록 · 1981.11.12 NO. 제 14-37호
주소·서울시 중구 신당 6동 49-20호
☎ 2253-3496·2253-3497
FAX. 2253-3498
정가 18,000원

●

잘못된 책은 바꾸어 드립니다.
＊ 판권 본사 소유 ＊

ISBN 978-89-8356-204-3-13230